圖書館 및 文獻利用法

圖書館 및 文獻利用法

진케이 게이즈 著
鄭 馺 謨 譯

한국학술정보[주]

인사의 말씀

개인의 저작전집은 대단히 훌륭하고 권위 있는 학자에 한해서 그분이 작고한 다음에 여러 해 지나서야 제자들이나 그 자손들이 뜻을 모아 편찬하는 것이 현재까지의 관행이라고 알고 있습니다. 그런데 본인의 저작은 그 내용이 허술하여 학술적 가치도 없어서 앞으로 나의 저작이 전집으로 출간되리라고는 전혀 꿈에도 생각하지 못했는데, 내가 죽기도 전에 우선 표면상으로나마 이와 같이 훌륭한 저작전집을 발행하게 되었으니 나는 운수가 대단히 좋은 사람이라고 스스로 생각합니다.

이 저작전집을 발행하게 된 과정을 간단히 말씀드리면 2001년 5월에 "한국학술정보주식회사"라는 처음 듣는 출판사에서 한 청년이 집으로 찾아와서 자기소개를 한 다음, 내가 지금까지 저작한 책들을 모두 빠짐없이 연대순으로 작성한 목록을 내 앞에 제시하고, 이들 책들을 모두 전집으로 엮어서 발행하고자 하니 허락해 달라고 했습니다.

나는 처음에 그의 말이 전혀 납득이 되지 않아서 몇 가지 사항을 물었습니다. 그 목록에는 책을 발행한지 30년이 지난 책도 여러 권인데 이제 이런 책을 다시 발행해서 누가 볼 것이며, 우선 출판사에서 이득이 없고 오히려 손해만 볼 터인데 왜 이런 책을 발행하려고 하는가?

그 젊은이가 말하기를 저희가 손해 보는 사업이야 하겠습니까? 저희들의 출판사 이름이 "한국학술정보주식회사"입니다. 학술적 가치가 있다고 판단되면 아무리 오래된 책이라도 이들을 주로 "전자책"으로 복원해서 주로 대학도서관이 보급하고자 합니다. 전자책은 발행 비용도 적게 들고, 아무리 많은 독자가 있어도 CD 한 장으로 모두 동시에 볼 수 있습니다.

둘째로 우리나라의 도서관도 이제 장서가 포화상태에 이르러 동일한 책을 복본으로 소장할 수가 없고, 오히려 이미 소장된 문헌도 한 권씩만 남겨두고 복본은 폐기해야 할 처지입니다. 그리고 과거에 발행된 책들이 대부분 인쇄가 선명하지 못하고 지질이 불량해서 삭거나 좀먹은 책들이 많아서 앞으로 50년만 지나면 거의 쓸모없는 것이 더욱 많아질 것입니다. 반면에 CD는 아무런 손상이 없이 영구적으로 보존될 수 있다고 보고 있습니다.

나는 젊은이의 말을 듣고 부끄러운 생각에 얼굴이 붉어졌지만 많은 것을 깨달았습니다. 내가 대학에서 30여 년 동안 도서관과 직접 관련된 전공분야의 교수였고 도서관장까지 지낸 사람인데 불과 10년도 안 되는 동안에 이렇게도 많이 변했는가? 전자공학과 컴퓨터공학이 이렇게도 빠르게 세상을 혁신시키고 있는가? 놀라지 않을 수가 없었습니다.

한편 이상과 같은 시대적 변화를 일찍이 예견하고 전자문헌출판에 앞장선 "한국학술정보주식회사"의 채종준 사장님의 선견지명에 경의를 표하는 동시에 나의 저작전집을 훌륭하게 발행해 주신데 대하여 진심으로 감사의 말씀을 드립니다. 아울러 그 동안 실무를 맡아서 처음부터 끝까지 성심으로 추진시켜준 장인호군에게도 감사하는 마음을 전합니다.

2004년 5월 20일
清 浪 드림

序 文

本書의 目的은, 많은 종류의 圖書館資料를 중점으로 해서, 圖書와 圖書館, 그의 組織과 整備 및 특정한 目的을 위한 그의 有用性에 관해서 간결하면서도 包括的인 說明을 가하고자 하는 것이다. 大學圖書館과 그것을 가장 效果的으로 利用하는 方法에 대해서 특별한 주의를 기울였다.

圖書館의 효과적인 이용은 人間의 學究的인 個人生活에 있어서 圖書와 그의 重要性을 認識하고 理解하는 데서 비롯한다는 것이 筆者의 信念이며 經驗이기 때문에 筆者는 ① 圖書와 圖書館의 여러 가지 상황에 관한 歷史的 發展과 ② 특정한 目的을 위한 모든 종류의 圖書館資料의 有用性에 대해서 중점을 두었다.

各章은 論理的인 순서로 배열되어 있어서 만일 讀者가 本書를 순서에 따라 읽는다면 그는 大學圖書館에 관한 충분한 說明과 모든 圖書館에 관한 合理的인 明確한 說明을 얻을 것이다. 여기에는 構想과 정보에 관한 약간의 重複이 있다. 이 重複은 계획적인 것이다. 各章은 全體의 必須的인 한 部分인 동시에 獨立되도록 계획했기 때문에 다만 제한된 時間에 圖書館利用法을 가르치는 敎育者는 그의 要求와 目的에 가장 알맞도록 章이나 章의 어떤 部分을 選擇할 수 있다.

本書에서는 수록된 書名의 수보다도 圖書를 이용하는 方法에 중점을 두었다. 圖書館資料를 說明하기 위한 書名의 選擇은 大部分 다음과 같은 몇 개의 選擇的이며 評價的인 書誌에 있어서의 基礎的參考資料에 관한 批評的 研究에 기초를 두었다.

Winchell, Constance M. *Guide to Reference Books*. 7th ed. Chicago; American Library Association, 1951.

Winchell, Constance M. *Supplements*, 1950-1952: 1953~1955: 1956~1958. Chicago: American Library Association, 1954~1960.

Shores, Louis. Basic *Reference Sources; An Introduction to Materials and Methods*. Chicago; American Library Association, 1954.

Southern Association of Colleges and Secondary Schools. *Commission on Colleges and Universities*. The Classified List of Reference Books and Periodicals for College Libraries. 3d ed. Atlanta, Ga.: Southern Association of College and Secondary Schools, 1955.

여기에는 筆者自身의 大學敎育과 參考業務에서 筆者가 사용하고 評價한 資料도 포함되어 있다. 여기에 列擧된 書目은 다만 현재 入手할 수 있는 것 가운데서 選擇한 sample이며, 各者는 分明히 그 自身이 選擇하는 書名을 追加하고, 收錄된 書名들 가운데의 어떤 새로운 版本과 새로운 書名으로 代置하고자 할 것이다.

本書는 특정한 圖書館의 硏究를 위한 便覽이 아니다. 本書는 圖書와 圖書館의 이용에 있어서의 指導를 必要로 하는 大學新入生과 기타의 學生들을 위한 敎科書로서 알맞도록 계획되었다. 本書는 圖書館學에 있어서의 入門課程을 위한 補充的 資料를 補給할 것이며, 參考圖書館員뿐 만아니라 圖書館이 어떠한 것이며 圖書館을 어떻게 이용하는 것인가를 배우는데 흥미를 가진 사람이면 누구에게나 유용하게 사용될 수 있다.

筆者는 著者들과 出版社 및 版權所有者들에게 그들의 資料의 이용을 親切히 許諾해 준데 대하여 감사하며, Constance M. Winchell女史의 著作(上揭한)에 대하여 특별한 謝意를 표하는 바이다. 그녀의 著作들은 여러 가지 종류의 參考質料를 說明하기 위해서 書名을 選擇하는데, 그리고 出版物의 眞狀을 立證하는데 筆者에게 특별히 유용한 것이었다.

　筆者는 나의 家族과 나의 친지 및 이 努力을 진정으로 保證해 준
專門同僚들에게 감사를 표하는 바이며, 圖書와 圖書館의 主題에 대한
이 試圖에 대하여 好意的인 反應을 보임으로써 나로 하여금 이것을
집필할 수 있도록 격려해 준 學生들에지 감사를 표하는 바이며, 특히
비평적인 협조와 무한한 興味와 격려가 不可避하였던 나의 남편에게
감사를 표하는 바이다.

Jean key Gates

序　論

大學圖書館은 大學 프로그램의 多角的인 면에서 요구되는 圖書 및 資料를 補給함으로써 大學의 프로그램에 이바지한다. 大學 프로그램이 多樣하면 多樣할수록 圖書館資料의 量과 多樣性은 더욱 커진다.

學生이 大學에 入學하면 그는 學業과 研究를 위하여 計劃되고 發展된 圖書館을 발견한다. 學生은 곧 圖書館이 自己의 生活의 한 부분이 되는 것이라는 것을 알게 된다. 圖書館이 그의 大學經歷 가운데 얼마나 많은 부분을 차지할 것인가, 그리고 圖書館이 그의 大學生活에 그리고 大學卒業 후에 얼마나 效果的으로 寄與할 것인가 하는 것은 圖書館을 이용하는 그의 能力에 달려 있을 것이다.

圖書館利用에 있어서의 能力은 態度와 知識과 技術의 結合이다. 이것은 우리의 文化遺産과 우리의 日常生活에 있어서의 圖書와 圖書館에 대한 重要性의 認識과 그들을 이용하려는 慾望과, 圖書館이 마련하는 모든 종류의 資料에 대한 知識과, 이러한 資料들을 檢索하고 選擇하고 이용하고 描寫하고 評價하는데 있어서의 技能의 發展에 달려 있다.

圖書館資料의 急增하는 數와 多樣性과 複雜性 및 學生自身의 學習을 위한 責任을 더욱 크게 차지하는 教授方法에 대한 强調와 더불어, 大學生은 그의 一學年時節에 圖書館利用의 能力의 限度를 達成하는 데서 비롯한다는 것이 不可避하게 되었다. 이 能力은 그의 大學經歷에서 每年 增進시켜야 한다.

達成하고자 하는 學生들을 위한 바람직한 基本的인 態度와 知識과 技能은 다음과 같다.

1. 圖書와 圖書館의 歷史的發展의 터득, 우리의 歷史와 日常生活에 있어서의 그의 重要性의 認識 및 그들을 利用하려는 慾望.

2. 大學圖書館의 目的과 圖書館에 所藏된 資料의 種類 및 그의 實體的인 排列과 構成에 대한 認識.

3. 圖書館을 이용하는데 있어서의 補助手段으로서의 分類體系에 대한 一般的概念.

4. Card 目錄의 目的과, 目錄 Card에 記載된 information의 各 項目에 관한 學生들에 대한 意味 및 그가 이 information을 사용할 수 있는 方法 등에 대한 知識.

5. 目錄을 떠나서 資料를 調査하는 能力.

6. 一般的인 것과 專門的인 主要參考圖書와의 熟達: 參考圖書가 어떠한 것이며 그들을 어떻게 利用하는 것인가.

7. 印刷된 書誌를 이용하는데 있어서의 經驗.

8. note 의 作成, 書誌의 편찬, term paper와 研究報告를 위한 脚注(footnote)를 作成하는데 있어서의 經驗.

9. 주어진 問題에 解答하거나 주어진 主題를 發展시키는데 필요한 圖書와 資料의 종류를 判斷하는 能力.

10. 多樣한 資料源을 이용하는데 관한 重要性을 理解하는 것. 一般的으로 各章에는 ① 用語의 定義, ② 歷史的發展에 관한 간략한 陳述, ③ 論究 및 ④ 적절한 例가 포함되어 있다.

參考圖書는 辭典, 索引, 便覽 및 기타의 종류에 따라서 一般的인 것 혹은 主題(專門的)別로 論究되었다. 단순한 書名의 列擧라기보다도 參考資料들이 어떠한 것이며 參考資料들이 이바지하는 目的이 무엇이며 어떤 種類의 問題에 대하여 解答하고자 試圖된 것인가 하는데 重點을 두었다.

學生은 말로서보다도 實踐에 의해서 學習하기 때문에, 그의 敎育의 모든 면은 各各의 經驗이 先行의 經驗에 의존하지만 새로운 資料를 소개해 가면서 學習經驗을 수반하는 것이 필요하다. 위에 提示한 學

習經驗은 Instructor's Manual에서 밝혔다.

技術的인 圖書館用語는 다만 그것이 不可避하다고 생각되었을 때에 한해서만 사용하였다. 用語는 거의 例外없이 學生과 一般人의 用語를 사용하였다.

目　次

第 1 篇　圖書館

第 2 篇　圖書館資料의 組織과 配列

第 3 篇　一般參考資料

第4篇 主題分野에 있어서의 參考資料

第5篇 研究論文을 위한 圖書館 利用

附 錄 一般的으로 사용되는 略字表

第 1 篇　圖書館

第1章 圖書 및 圖書館略史

　古代人들은 한꺼번에가 아니라 一定한 順序로 그리고 그들의 적절한 胎動에 의해서 歷史時代에 돌입했다. 各 時代는 그들이 발휘할 역할로 인해서 하나의 특색과 적절한 性格을 가진다[1].

　이 古代人들의 이야기－그들의 出現과 그들의 業績과, 그들의 通信手段과, 그들 相互關係에 곤한 順序－는 다음의 두 가지 方法으로 再構成되아 왔다: ① 道具와 기타 그들의 細工作品 그리고 바위[岩]와 돌[石] 위에 彫刻한것과 繪畵物을 포함하는 考古學的發見에 의해서, 그리고 ② 그들의 業績과 生活樣式을 記錄한 記錄文獻에 의해서.

　考古學的證據는 先史時代에 속하며, 記錄文獻은 傳統的인 歷史時代에 속한다.

　筆寫記錄은 筆寫體의 實在와, 記錄할 物體와, 筆寫의 道具와, 完成된 作品을 保管하기 위한 場所에 달려있다. 古代부터 現在까지의 圖書와 圖書館에 관한 이야기는 주로 이러한 筆寫體와 筆寫文獻의 形態와 그들을 保存하고 그들을 이용하기 쉽도록 한 方法에 관한 이야기다.

---

1) The Cambridge Ancient History. 2d ed. New York. Cambridge University Press, 1924, I, 2.

原始的인 意思傳達手段

先史時代의 人間이 말[言語]을 視覺的인 記號로 表現할 수 있는 것을 배우기 전에 그의 最初의 意思傳達手段은 몸짓에 의한 것이었을 것이다. 注目할 만한 事件을 紀念하기 위해서나 劃期的인 事件을 樹立하기 위해서 人間은 紀念碑라고 하는 돌이나 標石의 더미를 세웠다. 人間의 記憶을 돕는 역할을 한 매듭진 노끈이나 염주, 그리고 靑銅이나 木版에 긁어서 흔적을 낸 것들은 그를 追從한 사람들을 위해서 그가 남겨 놓은 메시지였다.

地域社會의 年長者들은 그들이 記憶할 만한 價値가 있다고 생각되는 것은 두 記憶하여 그것을 口授로써 다음 世代에 傳했다. 祈禱集, 典禮集, 說話集 및 醫學知識과 王과 聖侶들에 관한 記錄들은 口頭로 傳承되었다.

마침내 人間들은 바위나 돌 위에 새긴 粗雜한 그림의 手段으로 相互間의 意思傳達이 시작되었다. 이러한 彫刻은 세 가지 種類가 있었다. 그것은 ① 하나의 物體를 나타내는 象形文字 ② 物體에 의해서 示唆되는 槪念을 나타내는 表意文字 및 ③ 物體나 槪念의 音을 나타내는 表音文字이다. 이러한 古代의 彫刻記錄 가운데 어떤 것은 解釋될 수 있다. 粗雜한 筆寫記錄은 植物性纖維, 織物, 木板, 樹皮, 獸皮, 粘土板 및 金屬 등 손쉬운 다른 資料 위에 이루어졌다. 그러나 다만 粘土板과 金屬 및 돌 위에 새겨진 記錄만이 殘存하였다.

大部分의 歷史家들은 우리의 모든 筆寫體는 이러한 粗雜한 彫刻과 그림글씨에서 온 것이라고 하는데 意見이 일치한다.

筆寫와 圖書와 圖書館

古代: Sumerians, Babylonians, 및 Assyrians. 約 B.C. 3600年부터 2357年까지 Sumer文化는 Tigris-Euphrates 江流域에서 번창하여, B.C. 2474年부터 2398年까지 Ur의 黃金時代에 그의 全盛期에 이르렀다. Sumer의 歷史家들은 일찍이 B.C. 3100年頃 그들의 當代의 歷史를 記錄하기 시작하였고, 그들의 過去의 說話를 復活시키기 시작하였다.

Sumer人들의 筆寫體는 最古의 字體로 알려지고 있는데 이것은 人類에 대한 그들의 가장 偉大한 貢獻이 될 것이다. 그들의 筆寫形態를 表示하는 楔形(Cuneiform)이라는 낱말은 쐐기(楔)라는 意味로 쓰이는 Latin語의 Cuneus에서 온 말이다. 사용된 資料는 보드라운 粘土板과 쐐기처럼 뾰족한 金屬이나 象牙나 나무의 꼬챙이였다. 이러한 것들은 지금 우리들이 종이와 연필을 사용하는 것처럼 사용되었던 最初에 알려진 筆寫의 資料이다.

筆寫는 낱말과 이름 [名]의 目錄을 複寫하고 記憶하기 위해서, 詩를 짓기 위해서 그리고 數學的인 問題를 터득하기 위해서 專門的인 學校에서 敎育을 받은 筆寫者에 의해서 이루어졌다. 筆寫者가 그의 筆寫를 마치면 粘土板은 돌처럼 단단할 때까지 구워졌다. 이와 같이 구워진 粘土의 板角은 筆寫者의 손으로 들을 수 있을 만큼 작은 것인데 이것은 刻板(tablet)이라 일컬어졌으며, 이것이 最初의 冊이었다.

Sumeria人들에게는 이 筆寫物은 맨 처음에는 貿易과 商業의 한 道具였다. 그밖에 또 이것은 祈禱와, 典禮의 節次, 聖徒傳, 및 呪文등의 宗敎的인 일들을 記錄하기 위한 하나의 器具였다. 또한 이 粘土板에는 最初의 學校, 最初의 社會改革, 最初의 租稅賦課, 그리고 最初의 政治的 社會的 및 哲學的思考에 관한 記錄들이 保存되어 있다. 이것은 Sumeria人들이 文學作品을 낸 것보다 數百年前의 일이었다. 그러나 Sumeria의 古代都市의 廢墟에서 發堀한 大量의 粘土板과 圓筒形 土器 가운데는 Iliad보다 거의 1000年이나 더 오래된 文學作品이 收錄된 것도 있다. 이것은 人間의 最古의 文獻으로 알려지고 있다.

B.C. 2700年頃 Sumeria 人들은 個人의 圖書館과 宗敎團體의 圖書館 또한 政府의 圖書館을 設立하였다. 이러한 圖書館들 가운데 Tello 라는 곳에는 3000以上의 粘土板이 集藏된 圖書館이 있었다.

Sumeria는 約 B.C. 2357年 Elam人들이 Ur을 掠奪한 후에 勢力이 쇠 퇴되었으나, 그 文化는 Lower Mesopotamia에 있는 Babylonia로 넘어 가서 하나의 文明이 B.C. 689年까지 지속되었고, 이 文明은 人類에게 Hamurabi와 그의 有名한 Hamurabi 法典을 남겨 놓았다.

Babylonia 사람들은 Sumeria人들이 한 것처럼 뾰족한 쐐기 鐵筆로 습기가 있는 粘土에 글씨를 썼다. 그들은 처음에는 Sumeria글씨체를 사용하였으나, 마침내 그들은 Sumeria 낱말을 그들의 Babylonia말로 풀이하는 辭典이 필요하게 되었던 정도까지 이 글씨체를 變化시키고 發展시켰다. Sumeria文字와 Babylonia 文字는 글자[letter]보다도 오히 려 音節[syllable]을 나타냈다.

Babylonia 사람들로 말하면 筆寫는 주로 事務處理에 있어서 그리고 현 저한 事件을 記錄하는데 사용하기 위해서 發見한 것이었다. 그리하여 그 들의 冊은 政府, 法律, 歷史 및 宗敎에 이바지되었다. Babylonia의 寺院과 宮殿에는 많은 圖書館이 있었다고 알려지고 있다. 이들 가운데 하나도 殘 存한 것이 없지마는 가장 重要한 것 가운데의 하나인 Borsippa의 圖書館 의 粘土板은 Assyria의 王, Assurbanipal의 筆寫者들에 의해서 完全히 複 寫되었고, 王은 이것들을 Nineveh에 있는 그의 圖書館에 保存하게 하였 다. Borsippa에서 複寫한 이 粘土板의 複寫本은 Babylonia 사람들의 生活 에 관한 우리의 知識의 主要한 Source이다.

Assyria 王國은 역시 Sumeria에서 그 言語와 筆寫의 方法을 이어받 았으나 그 筆寫文字가 Babylonia의 文字에 類似하리만큼 그것을 修 訂하여 Babylonia 文字로서 同時에 存在하였다. 만약 人類 文明에 대

한 Sumeria의 貢獻은 筆寫였고 Babylonia의 貢獻은 法律이었다고 말할 수 있다면, Assyria後世에 대한 遺贈은 圖書館이었다.

Assyria에 있어서 가장 중요한 圖書館은 Assurbanipal(B.C. 626年頃 死亡)에 의해서 Nineveh에 設立되었다. 數萬개의 粘土板이 王의 筆寫者들에 의해서 이 巨大한 王圖書館에 運搬되었고, 筆生들은 그들이 發見한 筆寫物을 複寫하고 飜譯하기 위해서 Babylonia와 Assyria 全地域을 踏査하였다. Nineveh 圖書館의 目錄은 粘土板이 主題나 혹은 形態에 따라서 排列되어 있었던 各 藏書室이나 반침[書庫] (그 入口에 着色되었거나 彫刻된)의 內容을 열거한 것이었다. 各 粘土板은 識別標識가 있었다. 楔形(文字)의 가장 有名한 殘存하는 標本 가운데에는 現在 Paris의 Louvre博物館에 있는 Hammurabi 法典2)과 洪水에 관한 Babylonia사람들의 說話의 한 部分인 Gilgamesh Epic(叙事詩)이다. 이 文體의 組織에 대한 열쇠는 Iran(Persia)에 있는 한 山(Zagros) 기슭에 位置하고 있는 Behistun Inscription(磨崖)이다. 세나라말(Persia, Babylania, Elamite)로 쓰여진 이것은 Sir Henry Rawlinson이 1844年 Baghdad에 執政官으로 있을 때 그에 의해서 解讀되었다.

古代 Egypt人: 古代 Egypt의 文明은 Sumeria Balylonia, Assyria 文明과 同時에 변성하였다. Egypt人들의 最初의 것이라고 알려진 文字는 約 B.C. 3000年부터인데, 그들은 한 낱말에 관한 單純한 文字가 그것이 나타내는 思想을 가진다고 믿었다.

筆寫의 資料는 Papyrus紙였으며, 筆寫의 器具는 갈대의 날[刃]을 비벼서 만든 붓[筆]과 같은 Pen 이었다. Papyrus紙를 만들기 위해서 Papyrus줄기의 속[心髓]을 엷은 조각으로 쪼개서 나란히 판판하게 놓고, 또 한 겹을 그 위에 가로질러 놓았다. 이 두 겹의 Papyrus는 진[津]의 溶解液을 축여서 壓縮하고 두드려서 그 表面이 筆寫에 알맞을 만큼 매끄럽게 문질러서 잉크를 잘 받도록 아교풀로 처리하였다.3)

---

2) Hammurabi 法典은 粘土板에 쓰여진 것이 아니라 閃綠岩圓筒 (diorite cylinder)에 彫刻 되었다. 閃綠岩은 粒子모양의 水晶처럼 투명한 火成岩이다.

Papyrus풀[草]은 키가 큰 갈대와 같은 풀인데 Nile 江邊의 늪[沼]地 帶에 우거져서 자랐으며, Egypt사람들은 筆寫의 資料를 만드는 것 이 외에 다른 目的으로도 사용하였다. 그 뿌리는 말려서 燃料로 사용하 였고, 껍질[軟皮]로는 새끼줄을 만들었고, 줄기는 지붕을 이는데 그리 고 작은 뗏목배[舟]를 만드는데 사용하였고, 食糧이 不足할 때는 그 애순[筍]은 食料로 사용하였다.

Papyrus紙는 筆寫의 과정에서 그것을 구멍을 뚫는데 늘 위험이 있 어서 筆寫資料로서는 滿足하지는 못하였다. 또한 이것은 물[水]과 水 分의 浸害를 받기 쉽고 그것이 말랐을 때 대단히 여리고 부스러지기 쉬웠다. 이러한 制約이 있었으나 Papyrus紙는 古代 地中海世界全域에 알려진 筆寫의 資料였으며, 적어도 A.D. 1022年까지 사용된 것으로 알려지고 있다.

古代 Egypt의 圖書의 形態는 두루마리 [卷]였고, 一般的으로 높이 가 12inch未滿이며, 길이는 약 20feet였는데 Papyrus紙의 끝과 끝을 풀로 붙여서 만들어졌다. 筆寫의 字體는 象形文字(hieroglyphic)인데 이 낱말은 神聖을 意味하는 Greek의 hieros와 새긴다[銘]는 것을 意 味하는 glyphein에서 由來한 낱말이다. 가장 오랜 Egypt時代의 象形 文字의 筆體는 늦어도 A.D. 394年까지 사용되었다.

Egypt 사람들은 24개의 子音 alphabet을 發展시켰는데, 그들은 完 全히 alphabet의 筆寫體를 採擇하지는 아니하였다. 그들은 象形文字 와 表意文字 그리고 그들의 文字[letter]로 된 音節表示를 混合해서 筆寫를 위한 略畵體를 發展시켰으나, 그들의 紀念物에 神聖을 刻銘하 는데는 象形文字가 사용되었다.

Egypt의 筆生들은 最少限 700개의 각기 다른 文字(hieroglyphs)를 쓰는 것을 배우기 위해서 寺院學校에서 敎育을 받았다. 各 筆生들을 갈대붓[筆]과 작은 물병 그리고 그가 ink를 混合시킬 수 있는 두 군

---

3) 아교풀칠을 하는 것은 表面의 작은 구멍을 메우기 위한 절차였다.

데가 오목 들어간 調色板이 들어 있는 筆寫用具를 가지고 다녔다.

글씨는 낱말 사이의 간격도 없이, 句讀点도 없이 그리고 보통 題目도 없이 column안에 쓰여졌다. 冊(本文)은 바른 쪽 맨 처음에서 시작하여 바른 쪽에서 왼쪽으로 계속되었고, Egypt의 두루마리[卷]에는 宗敎的 政治的인 主題들이 收錄되어 있다. Paris의 國立圖書館에 있는 Prisse Papyrus (最古의 Egypt의 冊으로 알려진)는 B.C. 3000年代의 末期(2880)에 쓰여진 것으로 믿어진다. 이것은 Ptahhotep의 俗談이 收錄되어 있다. 現存하는 길이 130feet가 넘는 가장 긴 Egypt의 筆寫本은 Harris Papyrus인데 이것은 Rameses Ⅱ世의 統治時代의 年代記이다.

象形文字에 대한 열쇠는 Rosetta stone인데, 이것은 Egypt에 있었던 Napoleon의 遠征軍의 젊은 部下에 의해서 1799年에 Nile江의 河口근처에서 發見된 것이다. 세 가지 筆寫體(象形文字, 民用文字, 및 Greek文字)로 된 刻銘이 실려 있는 이 粘板岩의 平板은 France의 Egypt 學者 Jean Francois Champollion에게 Egypt의 象形文字를 解讀하는데 필요한 端緒를 주었다. 이것은 현재 London에 있는 大英博物館에 保存되어 있다.

Egypt의 圖書館에 대해서 알려진 것은 거의 없다. Egypt에는 아마도 政府文書館과 동시에 私立圖書館과 寺院圖書館이 있었을 것이다. B.C. 2500年代에 Gizeh에 하나의 圖書館이 있었다는 記錄이 있으며, B.C. 1250年頃에는 Rameses Ⅱ世가 Thebes에 圖書館을 설립하였다고 알려지고 있다. 卷子本들이 外部나 卷末에 識別하는 key word를 붙여서 진흙항아리나 金屬製의 圓筒에 보관되었거나, 書架에 쌓여 있었다.

古代; 기타의 셈족: Babylonia 民族과 Assyria 民族과 더불어서 기타의 Sem 族들이 'Fertile Crescent'[4] (초생달 모양의 기름진 땅)라고 알려진 近東地域에 살았다. 이들 가운데에는 Phoenicia人, Aram人,

---

4) 이 지역 Armenia와 Iran의 Taurus山派, Persia 灣 印度洋과 紅海, Egypt와 地中海로 둘러싸여 있다.(Cambridge Ancient History, 182)

Hebrew人들이 있었다.

Phoenicia는 古代에 Syria와 바다사이의 길이가 약 100마일, 넓이 가 10마일의 좁고 긴 地域에 주어진 이름이었다. 그들의 祖上이 Babylonia에서 온 것으로 생각되는 Phoenicia 사람들은 Sem族의 Canaanite에 屬했으며, 그들 자신이 Canaanites라고 하고 그들의 땅 을 Canaan이라고 불렀다. 그들은 그들의 古都市가 神들 自身에 의 해서 30000年前에 세워졌다고 주장하지만, Tyre가 세워진 것은 약 B.C. 2756년으로 알려지고 있다.5) Phoenicia의 主要都市가운데에는 Tyre, Sidon 및 Byblos가 있었다.

이러한 地理的환경에서 태어난 Phoenicia 사람들은 必然的으로 航海人이 되었고 古代世界에서 가장 번창한 貿易家가 되었고 B.C. 1200年頃 以後에는 地中海의 主人公이 되었다.

그대의 商品이 바다에서 왔을 때,

그대 (Tyre)는 많은 國民을 만족시켰노라;

그대의 풍성한 富와 商品으로

그대는 이 땅의 王들을 풍요하게 하였노라.6)

Phoenicia 사람들의 商品가운데 하나의 중요한 品目은 Papyrus였다. 그들은 Papyrus를 Egypt에서 輸入하여 地中海沿岸의 여러 나라에 輸出하였다. Phoenicia 사람들이 Papyrus를 가져올 때마다 그들은 또한 Egypt의 Alphabet도 가져왔다고 생각된다. 歷史家들은 Phoenicia 사람 들이 知識과 Alphabet文字의 사용법을 널리 傳播하는데 주요한 貢獻을 했다고 하며, 이 Alphabet 文字는 Egypt, Crete 및 Syria에서 발전하여 Greek와 Europe전체의 筆法의 기초를 이루고 있다.

Phoenicia 사람들은 文學的인 國民이 아니었으며, 글씨와 책은 그 들에게는 다만 그들의 많은 商業去來를 유지하는 手段에 불과하였다.

---

5) Herodotus in Book Ⅱ Paragraph 44에서 Tyre는 그가 그곳을 방문하기 2306年前 에 세워졌다고 들었다는 그의 論述에 근거한다.

6) Ezek 27 : 33 Revised Standard Version.

그들의 初期의 字體는 Hebrew 文字體와 아주 유사한 것이었으나, 그들은 이것을 흘림 글씨체로 變形하고, 거추장스러운 粘土板 대신에 Papyrus紙를 사용하였다.

처음에 Mesopotamia의 楔形文字體를 사용한 Aram인들은 Egypt 사람이나 Phoenicia 사람들로부터 Alphabet 筆記體를 배웠다. 처음에는 商業用으로 사용한 Aram의 이 Alphabet 筆體는 文學的인 道具가 되어 近東의 言語가 되었다. 이것은 또한 크리스트교의 言語였으며, 지금은 Alphabet諸國의 Alphabet이다.

Hebrew 사람들은 Mesopotamia와 Egypt 사이의 작은 나라인 Palestine에 살았으며, 그들의 歷史는 Abraham이 Canaan의 땅에 정착하려고 Chaldea의 Ur를 떠났던 B.C. 2200年頃에 이루어졌다고 한다. Hebrew의 文字는 Moses와 Table of Law에서 비롯하였으나 그들의 가장 오래된 記錄文獻과 가장 오래된 Canaan의 碑文에 있는 刻銘은 다만 B.C. 1200年頃부터 비롯한다. 그들의 가장 찬란한 文學期는 舊約聖書를 만들었던 時期였다.

筆寫資料는 Papyrus, 가죽, 및 羊皮紙였으며, 갈대솔이나 깃털로 썼고 책의 형태는 두루마리와 角板이었다. 이들의 圖書館은 寺院과 관계가 있었다. Phoenicia의 Alphabet와 유사한 22개의 子音으로 된 Alphabet를 가진 Hebrew의 言語는 Sem 語族가운데 가장 순하고 완전한 것이었다.

古代中國: 中國에서는 일찍이 B.C. 3000年頃에 筆寫術이 알려졌다. 中國사람의 筆寫資料는 뼈, 龜甲, 竹板, 木板, 綿, 絹 등 이었으며, 筆記道具는 사용된 筆寫資料이 따라서 鐵筆, 깃털, 붓 등이었다. 글씨體는 주로 表意文字였고 책의 형태는 角板과 卷子本이었다. 中國의 圖書館에 대해서는 알려진 것이 거의 없다.

古代Greece; Greece 사람들은 그들의 나라를 Hellas, 그리고 그들 자신을 Hellenes라고 불렀으며, 그들은 B.C. 146年에 Roma의 征服으로 그들이 멸망할 때까지 1200年間의 Greek 文化의 전성기를 통해서

Sicily에서 黑海까지와 Balkan 半島에서 북아프리카까지 全世界를 지배하였다.

쓰여진 記錄은 다만 B.C. 776년부터 비롯하지만, 口傳되었던 Homer(아마도 B.C. 9세기경)와 Hesiod(아마도 B.C 8세기경)의 叙事詩는 古代Greek인들의 생활－즉 그들의 전쟁과 航海의 모험과 日常生活－을 그리고 있다. B.C. 7세기와 6세기에 관해서는 다만 文學의 未完遺稿가 남아 있으나 이 未完遺稿는 새로운 형태의 詩, 특히 悲歌와 合唱抒情詩(Choral lyric)의 시초를 보여 주고 있으며, 哲學과 科學的硏究의 發生을 나타내고 있다. Aesop의 寓話도 이 時期부터이다.

5세기는 그리스文化의 黃金時代를 가져왔다. 이 時期는 文學創作의 最高의 形態－즉 Sophocles와 Aeschylus와 Euripides의 悲劇, Pindar의 抒情詩, Thucydides와 Herodotus의 歷史, Aistophanes의 喜劇, 및 Socrates의 哲學 등에 의해서 특징지어진다. 또한 古典期라고 말하는 이 高度의 文學的이며 知的인 創作의 시기는 B.C. 4세기에서 3세기에 이르렀으며, 이 文學的 知的創作性은 Plato와 Aristotle의 著作에서 또한 戱曲, 詩, 雄辯, 및 音樂에서 그 表現이 발견된다.

B.C. 323년 Alexander 大王의 서거로부터 비롯해서 Roma의 征服까지의 Hellenism 時代는 前世紀의 연속적인 文學活動과 새로운 科學的 知識(Euclid와 Archimedes의 著作에 있어서의), 藝術, 및 修辭學을 重視하게 되었다.

商業去來와 征服과 植民化를 통해서 Greece文化와 文明은 地中海와 아시아 세계에 전파되었으며, B.C. 146년 Roma가 Greece를 征服했을 때 Greece 자신도 이미 文化의 영향을 크게 받았었다. Greece의 思想, 藝術 및 文化는 Roma를 통해서 西歐文明의 기초를 형성하였으며, 그의 文化와 倫理, 法律과 政府, 藝術과 建築, 文學과 科學 및 運動경기에까지도 영향을 주었다.

초기 600년간의 Greece 文化에서는 圖書의 실제적인 標本은 없다. 아마도 6세기말에 Athens에는 學校와 책이 있었을 것이며, 한정된 讀

書大衆이 있었을 것이다. 5세기에 있어서의 文明의 발전은 敎育의 확장이 필요하게 되었으며, 그러한 圖書의 生産을 거의 중시하지 아니한 것 같으나, 책을 읽고자하는 사람에게 접할 수 있는 많은 圖書의 보급이 반드시 있었을 것이다. Hellenism시대에 圖書는 Greece의 君主들의 후원으로 대규모로 생산되었다.

古代 Greece에 있어서 筆寫에 사용된 資料는 나뭇잎이나 껍질이었고, 刻銘하는데 돌이나 靑銅, 書信이나 記帳을 하는 데는 왁스를 바른 木板이 사용되었다. B.C. 6세기부터는 Phoenicia사람들이 Egypt에서 가져온 Papyrus가 일반적인 筆寫資料였다. Hellenism 전성기의 Greece에 있어서는 羊皮紙와 上品皮紙가 사용되게 되었다.

羊皮紙는 筆寫를 위해서 마련된 動物의 가죽으로서 주로 羊이나 송아지 가죽이었다. 이 가죽은 그슬리지 않고 깨끗이 씻어서 털을 뽑기 위하여 石灰를 바르고, 털이 빠진 다음에는 각각의 가죽을 틀(frame) 위에 펼쳐서 문지르고, 精査된 粉筆가루를 끼얹어서 輕石으로 빛을 내었다. 羊皮紙의 이용은 새로운 筆記道具의 발전이 필요하게 되어 갈대나 깃털로 뭉텅한 펜이 만들어졌다. 이 펜으로 쓰여진 글씨의 모양은 Papyrus에 붓으로 쓴 筆體와는 전연 달랐다. 羊皮紙는 兩面이 매끄럽고 잘 찢어지지 않으므로 Papyrus보다 筆寫에 더 좋은 매개체라는 것이 입증되었다. Papyrus는 3세기 동안이나 羊皮紙와 경쟁을 했다. 그러나 A.D. 4세기에는 羊皮紙가 우세하게 되었다.

송아지 가죽으로 만든 Vellum은 羊皮紙보다는 무겁고 비싸다.

Vellum은 아마도 책에 사용된 資料 가운데서 가장 아름답고 지속적인 資料일 것이다.

Greece의 圖書의 形態는 두루마리와 왁스를 바른 角板과 古寫本이었는데 이 古寫本은 筆寫된 Papyrus나 羊皮紙가 현대의 圖書처럼 한데 묶여진 것이었다. Greece의 圖書의 主題는 文學 歷史 科學 數學 哲學 宗敎 政治 및 기타의 그들의 모든 文化와 文明의 측면을 나타내는 것들이었다.

초기의 Greece의 글씨는 Alphabet를 Greece에 가져온 Phoenicia 글
씨를 닮았다. 그러나 Greece 사람들은 점차로 文字의 形態를 變形시
키고, 몇 개의 母音을 첨가하고, 몇 개의 子音을 母音으로 전환하고,
小文字를 發明하고 왼쪽에서 오른쪽으로 쓰기 시작하였다. 최초의 圖
書는 單語와 單語사이의 띄어쓰기나 어떤 종류의 句讀點도 없었다.
하나의 論題에서 다른 論題로 바뀌는 것은 paragraphos라고 하는 가
로로 긋는 線으로 표시되었으며, 두루마리에 標題가 있는 경우에는
그 標題는 끝에 위치해 있었다. Greece가 Roma에 征服되기 전에
Greece의 文法學者들은 몇 가지의 句讀點을 소개하였다.

Greece에는 B.C. 5세기에 私設圖書館이 있었다는 증거가 있다.
Euripide의 중요한 圖書館에 뒤이어 기타의 私設圖書館이 있었는데
그 가운데 유명한 것은 Aristotle의 圖書館이다. Hellenism시대의
Greece에는 私設圖書館, 政府圖書館 및 王室圖書館이 있었으나 가장
중요한 圖書館들은 帝國의 植民地에 있었다. 이들 가운데 가장 큰 圖
書館은 Egypt의 Alexandria에 있었는데, 이것은 Ptolemy Ⅰ 세의 재림
기간에 建立된 것으로 Ptolemy 왕은 Demetrius에게 이 事業을 맡기고
그것을 관리하도록 하였다. 그 후 5년 동안에 그의 指揮下에 200,000
의 두루마리로 증가했다고 기록되고 있다. 外國人들은 Alexandria 航
口에 入航하는데 그들이 가지고 있는 책을 바치도록 했으며, 후에 그
原本대신에 寫本을 받았다고 전해지고 있다. Roma가 征服했을 때
Alexandria 圖書館은 세계 각 지역에서 모은 Egypt語, Hebrew語,
Latin語 및 기타의 言語로 쓰여진 筆寫本을 포함해서 700,000 두루마
리를 所藏하고 있었다. Alexandria의 政治的重要性이 쇠퇴하자 이 圖
書館은 수난을 겪었다. 수많은 책이 Roma 사람들에 의해서 불탔으
며, 또한 Moslem인들이 Egypt를 정복했을 때 이것은 완전히 파괴되
었다.7)

---

7) Egypt의 考古學者들에 의해서 發見된 papyri에서 Greece 文學作品의 遺稿가 大量
으로 發見되었다.

Alexandria에 있었던 圖書館 다음가는 중요한 圖書館은 Eumenes Ⅱ
세(197-159B.C.)에 의해서 建立된 Pergamum에 있었던 圖書館이었다.
Plutarch에 의하면 Caesar의 한 친구였던 Calvisius는 Antony가 200,000
권을 所藏한 Pergamum 圖書館 전체를 Cleopatra에게 주었다고 비난하
였다.8) Pergamum은 藝術과 文學을 권장하는데서 유명해졌고, 圖書의
生産力이 너무나 강하기 때문에 Egypt 사람들은 圖書의 複寫를 억제하
려고 Papyrus의 輸出禁止令을 내렸다. 이 法令은 筆寫資料로 사용하기
위한 羊皮紙의 生産을 증가시키게 하였다.

古代 Roma; Roma (B.C. 753년에 세워졌다)는 Greece와의 通商을
통해서 일찍이 Greece의 Alphabet을 채용했으며, Greece의 文化는 제
1차 포에니전쟁(Punic War, B.C. 264-241) 후로부터 Roma에서 중요
하게 되었다. Roma가 Greece를 征服할 시기에 Roma사람들은 Greece
의 文學 哲學 科學을 읽고 공부하고, 그들의 子女를 Athene로 敎育
을 받으러 보내고 때때로 Greece말을 할 정도로 Greece의 영향을 받
았다. 그리하여 Roma 사람들은 책에 있어서 Greece의 전통을 채택하
고 그것을 계승시켰다. Latin 文學은 B.C. 2세기에 시작되었다.

Roma 사람들이 筆寫에 사용한 資料는 Papyrus, 羊皮紙, Uellum,
왁스를 바른 木板, 鐵筆, 갈대필, 깃털펜 등이었다. 'pen'이라는 낱말
은 우연히 깃털을(feather) 의미하는 Latin 語에서 온 것이다.

Roma 사람들은 文學作品에서 사용하는 보통의 흐림글씨체와 다른
手書體를 발전시켰다. 이 手書體는 Greece의 筆體와 마찬가지로 대부
분 大文字로 구성되었다. A.D. 4세기 말경에는 크고 좀 둥근 字體를
사용한 大文字 筆記體(Uncial Script)라고 하는 또 하나의 다른 字體
가 標準的인 책의 筆體였으며, 그러한 筆體가 8세기 말까지 계속 사
용되었다.

古代 Roma의 圖書의 形態는 두루마리, 왁스 바른 木板, 둘로 접은

8) *Plutarch's I ives of Illustrious Men*, Corrected from the Greek and Revised by
A.H. Clough. Boston; Little, Brown &. Co. 1930. p.674

글판(diptych, 內面에 글을 쓰기 위해서 왁스를 바른 面이 서로 맞대도록 매어진 두 쪽의 판자)과 古寫本이었다.

두루마리는 글씨를 쓰고 읽기에 비교적 불편했기 때문에 이것은 불가피 보다 더 쓰기에 편리한 古寫本形態로 바뀌었으며, 이것은 Greece 사람들도 어느 정도 사용하였고, A.D. 2세기에는 그리스도교인들도 사용했다고 알려지고 있다. 異敎徒의 著作에서는 Papyrus 두루마리가 계속해서 사용되었으나, 이때부터 그리스도교의 著作에서는 古寫本이 일반적으로 사용되었다.

Roma의 책은 法律 科學 數學 哲學 政治學 및 宗敎와 世俗文學 등 모든 知識分野을 포함하였다. 최초의 한 筆寫本이라고 알려진 斷片은 Papyrus Ryland 인데, 이것은 A.D. 2세기의 前半期에 쓰여진(筆體로 보아서) St. John에 의한 福音에 관한 한 장의 Papyrus 조각이다. A.D. 4세기의 the Codex Vaticanus는 最古의 現存하는 古代筆寫本이다.

Roma의 將軍들은 Greece에서의 전쟁에서 모든 圖書館文獻을 가져왔으며, 이 文獻들은 전쟁약탈품으로 간주되어 그들의 개인藏書가 되었다. 실제로 圖書를 收集하고 圖書館을 세우는 것은 책을 읽을 수 없는 사람들일지라도 富裕層의 유행이 되었다. 모든 특권층의 Roma 인들은 자기 집의 필수적인 부분으로 상당한 藏書를 갖추어야 하는 것이라고 생각하였다.

Cicero (B.C. 106~43)는 그의 각 別莊에 私設圖書館을 가지고 있었다. Sulla는 B.C. 86년에 Athene를 정복하고 그와 더불어 Aristotle 의 圖書館을 捕獲하였다. 이 시기에 가장 중요한 圖書館은 Lucullus (약 B.C. 114-57)의 圖書館이었다. Plutarch는 이에 관해서 이렇게 말하고 있다.

'그가 圖書館을 設置한 것은… 칭찬을 받을 만하고 記錄할 만하다. 왜냐하면 그는 대단히 많은 훌륭한 筆寫本을 蒐集했기 때문이다. 그들이 利用에 기여한 것은 蒐集보다도 더 훌륭하였다. 圖書館

은 항상 開館되었으며 散策길과 閱覽室 이용은 모든 Greece인들에
게 無料로 개방되었다.'9)

Julius Caesar가 公共圖書館을 세우려고 계획했으나 그의 계획은
Augustus의 통치시기까지 수행되지 않았기 때문에 B.C. 39~27년 사이
의 Roma에 있어서의 최초의 公共圖書館 設立의 공적은 Asinius Pollio
에게 주어졌다. A.D. 4세기의 中葉에 Roma에는 적어도 28개의 公共圖
書館이 있었고, 이것은 奴隷이거나 自由民이거나 책을 읽을 수 있는
사람은 누구나 이용할 수 있었다.

Trajan의 公會堂(Forum of Trajan)에 있는 Ulpian 圖書館은 아마도
Roma의 圖書館들 가운데 전형적인 것이었을 것이다. Greece의 著作
物이 이 圖書館의 한쪽 편에 保管되어 있었고 다른 한편에는 Latin의
著作物이 놓여 있었는데, 책들은 書架 위나 箱子 속에 主題에 따라서
배열되어 있었다. 특별한 경우를 제외하고는 책은 閱覽室에서만 이용
되어야만 하였다.

Roma의 圖書館時代는 500년간 지속되었다. Roma의 圖書館은 野蠻
人의 侵入으로 파괴되었으며, 우리가 알고 있는 이 情報는 A.D. 79년
에 Vesuvius 火山의 폭발에 의해서 파괴된 Pompeii와 Herculaneum 都
市의 廢墟에서 나온 것이다. Herculaneum의 廢墟에서 發見된 유명한
圖書館에는 房둘레에 서 있는 파괴된 冊箱子 속에 수백 개의 불에 탄
Papyrus 두루마리가 있었다. 이 房의 中央에는 하나의 책상이 있었다.
이 房이 그 당시의 전형적인 Roma의 圖書館이었다고 생각된다.

中世의 修道院: Roma 帝國의 붕괴와 더불어 古典的인 文化의 衰
退期가 왔다. 中世暗黑時代(약 A.D. 400-900)를 통해서 그리스도교
의 藏書를 포함한 모든 圖書館은 野蠻人들의 손에 수난을 당했다.
약간의 世俗的인 文獻이 Constantinople로 옮겨져서 여기에는 이 世

---

9) *Ibid.*, p.367.

俗的인 文獻이 圖書館과 Moslem 帝國의 修道院에 保存되었고, 그리
스도교의 修道院에는 많은 그리스도교의 著作物이 蒐集되어 保存되
고 있었다.

修道院은 中世期를 통해서 文獻의 保存과 發展에 있어서 매우 중
요한 것이었다. 6세기에는 Cossiodorus가 南部 Italy에 書寫室을 갖
춘 Vivarium修道院을 設立했는데 여기에서 修道僧들이 筆寫本을 複
寫하였다. St. Columban은 6세기와 7세기에 프랑스의 Luxeuil와 北
部 Italy의 Bobbio에 修道院을 각각 설립하였다. St. Boniface는 8세
기에 獨逸에 修道院을 設立하고 그의 修道院圖書館 가운데 특히
Fulda에 있는 圖書館을 위해서 수많은 英語로 된 著作物의 寫本을
구함으로서 그의 故國인 英國의 文學發展에 공헌하였다.

筆寫本은 英國 Ireland 구라파 및 Moslem 帝國의 전역에 있는 수
많은 書寫室에서 修道僧들에 의해서 複寫되고 또 再複寫되었다. 이
러한 筆寫本들은 우리가 지금 알고 있는 古代世界에 관해서 많은 것
을 우리에게 말해 주고 있다. 이러한 修道院에는 聖經, Homer의 敍
事詩, Virgil의 詩, Greece의 戲曲 및 古代의 위대한 思想이 담긴 科
學 法律 哲學의 著書들이 保存되어 있었다.

York 家의 Alcuin은 Cassiodorus, St. Columban 및 St. Boniface의 전
통에 따라서 그리고 Charlemagne의 후원으로 Tours에 있는 그의 修道
院에 하나의 큰 圖書館을 建立하고, 알려진 全世界에서 책을 가져다가
修道僧들에 의해서 複寫할 수 있게 하였다. Alcuin은 또한 敎育制度를
소개하고 學校를 세우는데 영향을 끼쳤다. 學問에 대한 이 關心은 결
국 구라파 전역에 전파되었다.

修道僧들이 筆寫에 사용한 주요한 資料는 無色이거나 染色한 羊皮
紙나 Vellum, 깃털 펜과 여러 가지 색깔의 잉크였다. 修道僧들의 筆
體는 여러 修道院에서 國家的인 筆體로 발전시켰다. 圖書의 形態는
두루마리와 古寫本이었다.

손으로 책을 複寫하는 것은 지루하고 힘든 일이었다. 筆寫者나 筆

記者들은 경사진 책상에 앉거나 서서 여러 시간을 複寫했다. 한사람
의 筆寫者는 하루에 넓은 皮紙 3장 내지 5장을 完成해야만 했다. 이
러한 속도로 聖經을 複寫하는데 약 1년이 걸렸다. 한 사람의 修道僧
이 그의 筆寫를 끝내면 그 筆寫本은 校正을 보기 위해서 다른 修道
僧에게 주고, 裝飾文字나 紋章 細密畵 등의 裝飾이 필요할 때는 이
筆寫本은 裝飾을 위해서 또 다른 修道僧에게 주어졌다.

複寫의 筆體는 그 책의 성격에 따라서 결정되었다. 예를 들면, 聖書는
그의 중요성과 책의 부피 때문에 특수한 形態를 취했다. 최초의 책들은
裝飾이 없었으나, 결국 맨 처음에 시작하는 글자는 裝飾이 되었고, 책
가장자리는 精妙한 圖案으로 裝飾되었다. 책의 첫 페이지는 장식테두리
를 하고 採色된 細密畵가 소개되었다. 주요한 색깔은 紅·靑·黃金色이
었고, 가끔 자주 노랑 綠色이 쓰여졌다. 筆寫本(外部) 전체는 자주색으
로 染色된 羊皮紙 위에 黃金色과 銀色으로 글씨가 쓰였을 것이다. 가장
유명한 아름다운 筆寫本圖書로서 Ireland의 裝飾藝術로 되어 있는 것은
Book of Kells인데 이것은 8세기부터 전해지는 4개의 福音書 가운데 하
나의 裝飾된 筆寫本이다.

Book of Kells 이후 700여년에 複寫된 또 하나의 아름다운 筆寫本
圖書에 관한 이야기는 中世의 筆寫者의 藝術과 才能 및 獻納辭를 劇
的으로 묘사하고 있다.10)

15세기의 중엽에 한 富裕한 商人이 獨逸에 있는 하나의 筆寫者同
業組合 또는 筆寫室에 앉아 있는 筆寫長(Master Scribe)에게 가서
Bible을 복사하도록 주문을 했다. 비용은 절약할 것이 없고, 資料와

---

10) Dorothy Miner, *The Giant Bible of Mainz: 500th Anniversary*. Washington: The
Library of Congress, 1952 pp. 3-5에서 改作. 이 유명한 著書는 1952년에
Mr.Lessing J. Rosenwald에 의해서 Library of Congress에 寄贈되었다. 이것은 또
하나의 다른 큰 聖經인 Bible과 함께 Library of Congress에 항상 展示되고 있다.
Gutenberg Bible은 대략 같은 時期에 나온 것으로 손으로 쓴 것이 아니라 活字로
印刷된 것이다.

일솜씨는 가장 훌륭한 것이어야 했다. 그것은 보통의 裝飾工에 의해서가 아니라 발견될 수 있는 가장 훌륭한 藝術家에 의해서 값지고 아름답게 裝飾되어야만 했다. 크기로 말하면 그 商人이 Austria와 영국에 여행하는 동안에 그가 보았던 巨大한 聖經에 비견할 수 있어야만 했다.

그 地方의 羊皮紙製造業商들은 큰 페이지가 시끄러운 소리 없이 넘겨질 수 있도록 가장 品質이 좋고 흠이 없고 부드럽고 연한, 그리고 잉크와 색깔을 잘 받을 매끄러운 표면으로 된 빛나는 白色의 가장 큰 Vellum 皮紙들을 구했다. 本文은 읽기 쉽도록 두개의 칼럼으로 되어야 했으나 책 가장자리는 精妙한 採飾을 할 수 있도록 매우 넓어야만 했다.

일반적으로 作業은 여러 사람의 筆生에게 할당되었으나, 이러한 특별한 일을 위해서는 筆寫長이 모든 筆寫를 했다. 1452년 4월 4일에 筆寫長은 이 일을 시작했다. 그는 서두르지 않고 여러 달 동안을 일했다. 그가 피곤했을 때는 이 위대한 책에 흔들거리는 솜씨가 나타나지 않도록 하기 위해서 그는 다른 일로 바꾸어서 했다. 이 聖經의 각 책의 끝에 그가 그 점에 도달한 날짜를 기록했다. 1453년 7월 9일, 그가 일을 시작한지 15개월 후에 이 筆寫長은 이 일을 끝냈다. 그리하여 "The Giant Bible of Mainz"가 만들어졌다.

초기의 修道院圖書館들은 조그마했다. 筆寫本은 비싸서 큰 聖經은 10 talents(약$ 10,000)에 팔았고, 미사聖典은 하나의 포도원과 交換되었다. 하나의 修道院圖書館은 여러 책의 聖經, 교회의 기도전서, 聖者의 生涯, 초기의 기독교著作, 法律, 詩 및 약간의 古典的著作을 가지고 있었을 것이다.

책들은 큰 箱子나 欌 속에 保管되거나 혹은 책은 꺼내서 安全을 위해서 책상에 쇠줄로 매어 놓았다. 讀書는 주로 서서 했다. 일반적으로 책들은 主題나 종류－종교나 世俗, Greece語나 Latin語－에 따라서 배열되었다. 최초의 목록은 조잡한 대조목록이었다. 후에는 목록작성에 있어서 圖書와 그 內容에 대한 더 충분하고 정확한 묘사가 주어졌다.

中世의 大學: Roma의 沒落으로부터 12세기까지 教育은 修道院에서 이뤄졌으며 教育內容은 주로 聖經이었다. 어떤 教育은 貴族의 子弟들에게 베풀어졌고 어떤 경우에는 가난한 사람들 가운데의 유망한 아이들에게도 베풀어졌다. 商業中心地에는 書記를 훈련시키기 위한 學校가 있었다. 약 782년에 Charlemagne에 의해서 設立된 Ecole Palatine Academy에서는 女子도 男子와 마찬가지로 教育을 받았다.

12세기 중엽에는 사람들은 Latin語文法과 기타의 기초적인 主題를 공부하려고 學校에 갔다. 天主教學校의 隆盛과 Latin語文法의 연구, 自國語(庶民의 言語)의 글씨[字體]의 出現 및 점차 좋아지는 社會的・經濟的인 條件등은 大學을 隆盛하게 하였다.

이 時期의 大學은 일종의 guild로서 組織된 그리고 宗教團體나 市民政府에 의해서 學位를 부여하도록 權限을 委任 받은 教師의 한 集團이었다. 中世의 著名한 大學들은 Bologna, Paris, Prague, Heidelberg, Oxford 및 Cambridge 大學들이었다.

書籍商(Stationarii)과 그들의 筆寫者들은 中世의 모든 大學의 중요한 부분이었다. 이들은 教科書의 正確性을 保證하기 위해서 大學에 의해서 指名되거나 管理되었다. 이들은 教育에 사용되는 正確한 板本을 保管하고 學生들에게 그것을 빌려 주었다. 羊皮紙와 Vellum皮紙의 商人들은 大學에서 認可를 받았다. 大學들이 圖書의 주요한 需要와 供給을 이루었기 때문에 大學들은 圖書去來와 出版(複寫)業의 주요 센터가 되었다. 圖書의 形態는 두루마리와 古寫本이었다.

學生들은 그들이 필요로 하는 教科書를 빌릴 수 있는 限 圖書館은 거의 必要가 없었다. 그러나 學生들의 수가 증가함에 따라서 大學들은 圖書館을 設立해야만 하였다. 때로는 學生들의 利用을 위해서 篤志家들이 大學에 책을 기증하였다.

한 綜合大學內에 있는 各 單科大學은 그 自體의 圖書館이 있었다. 배열과 組織은 圖書가 가르치는 主題에 따라서 區分되었다는 것을 제외하고는 큰 修道院圖書館의 그것과 비슷하였다. 책은 크기나 受納 順에 따라서 배열되었고 때로는 큰 箱子보다도 오히려 書架에 배열 되었다. 더욱 중요한 책은 아직도 책상에 쇠사슬로 묶여 있었으나 어 떤 圖書館에 있어서는 學生이 그의 책을 가까운 책상에 가져가서 공 부하는 동안 앉아서 볼 수 있도록 하기 위해서 쇠사슬의 길이를 더 길게 하였다.

中世의 活字印刷: 14세기와 15세기까지는 中流階級은 책을 所有할 만한 社會的 知的 經濟的 水準에 도달하지 못하였다. 이 두 세기 동 안에 3가지의 發展이 中流階級이 책을 가까이하기 하는데 도움을 주 었다. 즉 (1) 책이 國語(庶民의 言語)로 쓰여졌다. (2) 筆寫에 종이 (紙)의 사용은 책을 더 豊富하게 그리고 훨씬 값싸게 하였다. (3) 活 字印刷術의 發明은 모든 種類의 圖書의 普及을 크게 증진시켰다.

印刷術의 成功은 그 위에 印刷할 값싼 物件과 活字에 바를 잉크, 테두리 위에 무거운 압력을 지탱할 수 있는 印刷機와 金屬工學에 관 한 일반적 知識에 달려 있었다.

15세기 中半期에 이러한 需要가 充足되었다. 종이는 印刷에 값싸 고 풍부한 資料였다. 2세기에 中國에서 發明되었으나 中國에서는 별 로 사용되지 아니한 이 종이는 貿易路를 통해서 西方으로 옮아갔다. 종이는 8세기에 Persia로 옮겨졌고, Egypt에서는 9세기에 Papyrus대신 에 사용되었다. 11세기와 12세기에는 Spain에서 Moslem敎徒들이 종 이를 사용했고, 1270년에는 南部 Italy에서 종이가 製造되었고, 14세 기 말기에는 프랑스와 獨逸에서 종이가 製造되었다. 종이를 만드는데 사용된 資料는 삼베의 헝겊조각이었다. 이 넝마는 펄프로 융화되어 나무테두리 위에서 엷은 종이로 만들어졌다. 이 종이는 말리고 눌리 고 눌려서 완전히 마르도록 매달았다가 잉크가 스며들지 않도록 하 기 위해서 아교풀칠을 했다.

알맞은 잉크는 당시에 藝術家들이 사용하던 油性페인트를 채용함 으로써 발달되었다. 올리브유와 포도즙을 짜는데 사용되었던 그리고

筆寫本圖書를 製本하는데 사용되었던 壓縮機는 큰 테두리 위를 누르는데 應用하기 위해서 사용되었다.

印刷術의 성공에 필수적이었던 金屬工學에 관한 일반적인 知識은 金細工者와 銀細工者들에게서 借用했다. 木板印刷를 위한 木板의 彫刻術과 金細工者와 銀細工者들에 의한 金屬의 刻銘術은 고도의 技術에 도달했었다. 이러한 知識은 金屬活字를 만드는 과정으로 쉽게 전환되었다.

아마도 人類文化史에 있어서 어떠한 事件도 活字印刷術의 發明보다 중요한 것은 없을 것이다.11) 전에는 修道院에만 한정되었거나 특히 부유층의 學生들만이 할 수 있었던 學問이 이때는 공부하고자 하는 사람은 누구에게나 미치게 되었다.

中國에서는 粘土로 만들어진 活字가 發明되었으나 거의 사용되지 아니하였다. 活字印刷術의 發展에 공헌한 사람은 1400년경 獨逸의 Mainz에서 出生한 John Gutenberg이다. 그의 創造的인 才態은 利用價値가 있는 資料들을 結合해서 現存하는 必須品(印刷機附屬品)을 供給했으며, 이러한 必須品들이 1450년과 1456년 사이에 만들어진 有名한 42行의 Bible의 印刷를 가능하게 했다. 이것이 活字로 印刷된 最初의 책이었다.

이 印刷된 책은 그것이 만들어진 方法에 관해서만 새로운 것이었고, 外貌에 있어서는 새로운 것이 아니었다. 字形은 筆寫體와 유사하였다. 採色과 朱書를 위해서 餘白이 남겨졌으며, 採色과 朱書는 손으

11) Babylonia와 Egypt의 사람들은 보드라운 粘土板이나 왁스위에 찍기 위해서 金屬이나 나무의 도장을 사용했고, Roma 사람들은 銀貨에 記號를 찍고 刻銘된 도장으로 公文書에 도장을 찍었고, 5세기와 6세기에 中國사람들은 짧은 格言과 呪文을 찍는데 刻銘된 도장을 사용했다. 印刷에 있어서 다음 단계는 本文과 圖解가 새겨진 木板에서 印刷한 즉面 木板印刷物이었다. 9세기경에 中國사람들은 이러한 方法으로 印刷된 完全한 책을 生産하였다. 이러한 種類의 책은 木板本이라 불리었다. A.D. 868년에 印刷된 木板本인 「金剛經」(*Diamond Sutra*)은 現在도 남아있다. 10세기경에는 이러한 方法의 印刷는 中國에서 일반화되었다. 구라파에서는 14세기경에 木板印刷가 있었다.

로 이루어졌다. 최초의 揷圖는 木板畵였다. 筆寫本圖書에 대한 이 類似性은 100년 이상 계속되었다.

모든 종이가 손으로 만들어졌을 때 종이의 낱장들은 거의 같은 크기였다. 한 책의 페이지를 만들기 위해서 종이가 접혀지는 수는 그 책의 크기를 表示했다. 만약 한 장 전체가 4페이지의 두장으로 만들도록 접혀지면 이것은 2折版(folio)이 라고 하였고, 8페이지의 4장으로 접혀지면 4折版(quarto), 16페이지의 8장이면 8折版(Octavo) 등등으로 불리었다.

최초에 印刷된 著作들은 incunabula(搖籃을 의미하는 Latin 말의 incunabulum에서 由來, 搖籃期本)라고 하는데, 이것은 印刷가 幼兒期에 있었다는 것을 의미한다. 초기의 印刷本의 主題는 Bible과 기타의 宗敎的著書, 敎科書, 歷史, 旅行記書 및 여러 가지 文學 등이 포함되었다.

15세기 終半期를 통해서 印刷術은 구라파의 모든 주요都市에 전파되었다. 20,000 이상의 이 時期의 각기 다른 著書와 版本이 傳來되고 있다. 16세기는 특히 수많은 印刷業體가 隆盛했고, 이들은 각기 그 特性을 지니고 있었다. 예를 들면 House of Estienne은 Greece와 Latin의 古典을 印刷했다. 印刷業者 Geoffroy Tory는 악센트, 소유격부호, 및 Cedilla (c)를 프랑스語에 導入한 공적이 있고, Aldus Manutius는 句讀點의 한 體系를 발전시켰다. 1700년경 印刷本은 標題紙, 揷畵, 目次 및 일종의 索引까지 갖춘 현재의 形態에 이르렀다.

Renaissance의 특징을 나타내는 知的인 好奇心과 自由의 産物인 印刷術의 發明은 學問의 再生에 비할 나위 없는 效果的인 原動力을 주었다. 전에는 손으로 한번에 하나씩 複寫했던 과거의 貴重한 筆寫本은 수많은 複本으로 再生産할 수 있었고 열렬히 그들을 구하려는 사람들에게 줄 수가 있었다. 이 印刷術은 또한 쓰인 著作物을 신속히 유용하게 함으로써 새로운 文獻의 生産을 촉진시켰으며, 이러한 식으로 印刷術은 專門的인 學者(著述家)를 탄생하게 하는 도움을 주었다.

印刷術과 印刷된 資料의 점진적인 普及은 宗教改革에 중요한 貢獻을
했으며, 이것이 地圖를 만드는데 刺戟을 주어 發見과 探險의 起原을
촉진시켰다. 印刷術의 發明으로 近代의 시초가 되었다.

　近代: 1500~1900; 1500년 이후의 圖書들은 形態나 內容에 있어서
매우 多樣하였다. 大形本도 많았고 小形本도 많았다. 책의 製本은 寶
石으로 장식하고 黃金으로 장식한 가죽製本에서부터 장식을 하지 않
은 Vellum에 이르기까지 그리고 결국에는 종이로 된 것까지 있었다.
印刷本의 字形은 筆寫體를 복사하는 것은 中止하고 모두 그들 자신
의 正體를 지니고 있었다. 16세기와 17세기에 定期刊行物이 發刊되
었고 17세기 말기에 新聞이 出現하였다. 1630년에 최초의 近代의 百
科事典이 Switzerland에서 出版되었다.

　이 두 세기 동안의 圖書의 內容은 宗教的이며 古典的인 主題와 동
시에 科學 迷信 旅行文 및 小說을 포함하고 있다.

　19세기에는 鉛板印刷機와 cylinder印刷機를 포함하는 새로운 機械
의 發展을 가져왔다. 어떤 책은 色探잉크로 印刷되었고, 한 책은 紅,
靑, 오렌지색, 자색의 4가지색으로 印刷되었던 것으로 알려지고 있다.
19세기에는 특히 영국에서 대단히 훌륭한 印刷本이 나왔다. 나무가
종이의 原料로 사용되게 되었고 圖書는 織物로 제본되었고 版權法이
제정되었다.

　植民地인 美國에서 印刷된 것으로 알려진 最古의 圖書는 1640년에
印刷된 Bay Psalm Book이었다. 초초의 印刷所는 1675년 Boston에 設
立되었다. Benjamin Franklin은 美國에서 가장 뛰어난 印刷業者였다.

　年鑑은 植民地의 印刷業者의 일반적인 出版物이었다. 기타는 新聞,
大版一面印刷物(broadsides), 宗教的 政治的인 팸플릿, 公式的인 政府
出版物, 宗教書籍, 古典 및 社會科學과 文學에 관한 책들이었다. 최초
의 미국의 雜誌는 1741년에 發行되었으며, 기타 몇 개의 잡지가
1775년 이전에 發行되었으나 아무 잡지도 革命을 무사히 겪지 못하
였다.

미국의 憲法은 權利宣言의 제1조에 出版業者와 出版의 중요성을 認定하여 이것이 出版의 自由를 보장하고 있다.

구라파에서는 圖書館이 1500년부터 1900년 사이에 번성하였다. Italy는 16세기에 圖書館의 數와 質에 있어서 탁월하였다. Venice에 있는 Laurentian Library, Milan에 있는 Ambrosian Library 및 Roma 에 있는 Vatican Library는 가장 중요한 것이었다.

프랑스에서는 bibliothéque Nationale(이것은 프랑스의 王들에 의해 서 이루어진 藏書에서 起源을 가졌으며 Fontainebleau에 王室의 集書 를 蒐集했던 Francis I 세로부터 비롯한다고 말할 수 있을 것이다.)는 Charles IX세(1560~1574)에 의해서 Paris로 옮겨졌으며, Louis XIV세 (1643-1715)에 의해서 크게 擴張增築되었다. 일찍이 1692년에 이 圖 書館은 일주일에 두 번씩 일반에게 공개되었다.

獨逸은 19세기의 가장 훌륭한 圖書館들을 가졌었다. 州立圖書館과 大學圖書館들은 規模와 內容과 組織에 있어서 탁월하였다. 독일에는 또한 目錄과 大衆閱覽室과 兒童集書를 갖추고 있는 貸出圖書館도 있 었다.

英國에서는 Oxford圖書館과 Cambridge圖書館과 大英博物館이 가장 훌륭한 것이었다.

기타의 Austria의 王室圖書館, Brussels에 있는 王室圖書館, Ghent와 Louvain에 있는 大學圖書館들은 1500년과 1900년 사이에 設立된 중 요한 도서관들이었다.

미국에 있어서의 최초의 大學들 — Harvard(1638) William and Mary (1695), Yale(1700), Princeton(1746) — 은 寄贈圖書로 혹은 寄贈書와 병행해서 시작했다. Massachusetts 입법회의는 1636년에 '學校나 大 學' (School or College)의 設立을 위해서 400파운드를 예치하기로 결 의했으나 Harvard는 John Harvard가 이 새로운 大學에 그의 財産의 半과 그의 全藏書 320권을 기증했던 1638년에 開校하였다. Yale大學 은 40권의 책을 가지고 시작하였다. 한 大學을 設立하려는 目的으로

1700년에 會合한 11명의 牧師들은 이 植民地(Connecticut)에 한 大學을 設立하기 위해서 그들이 寄贈했던 몇 권씩의 책을 各者 가지고 왔었다. 초창기의 大學圖書館에 있어서의 대부분의 藏書는 神學에 관한 책이었으나, 古典과 哲學의 寫本과 文學書도 있었다. 1725년까지 Harvard大學은 3,000권의 책을 가지고 있어서 미국에서 가장 큰 大學圖書館을 가지게 되었던 것이다.

초기의 大學圖書館에서는 學生들에게 책을 이용하게 하려는 努力이 없었다. 오히려 책은 學生들에게 禁止된 것같이 보였다. 이 禁止하는 態度는 19세기 동안에도 계속되었고 1850年代에도 어떤 大學圖書館은 2주일마다 겨우 한 시간 동안 開館되었고, 어떤 도서관은 일주일에 두 번 한 시간씩 開館되었으며, 하루에 한 시간씩 開館되는 도서관이 極少數였다. 어떤 도서관에서는 圖書를 記憶 判斷 想像의 3그룹으로, 혹은 歷史 哲學 詩의 3그룹으로 分類하려고 시도했다. 어떤 圖書館에서는 圖書가 形態나 受入順이나 혹은 寄贈者에 따라서 배열되었다. 책의 位置記號는 다만 실제적인 位置만 표시되었고, 그 책이 속해 있는 類(class)는 표시하지 아니하였다. 目錄은 책에 관한 情報를 거의 주지 않은 印刷된 List였다.

圖書는 그 대부분이 外國에서 가져와야만 했기 때문에 비싸고 貴했다. 초기의 植民地時代의 중요한 私設圖書館은 Plymouth Colony의 Elder Brewster도서관(약 400種의 著書), John Winthrop의 도서관(1000권 이상) 및 Cotton and Increase Mather의 도서관이었다. Virginia에서는 小地主階級도 책을 가졌었다.

Library of Congress는 1800년에 設立되었다. 1814년에 英國軍에 의해서 불타서 이것은 1815년에 Thomas Jefferson의 도서관을 구입하여 再建되었다. 미국에서 최초로 稅金으로 유지되는 圖書館이 1833년 New Hampshire의 Peterborough에 設立되었다. 1854년에 設立된 Boston Public Library는 美國에 있어서의 公共圖書館運動의 시초를 이루었다. 1876년은 미국에 있어서의 도서관에 대해서 큰 의의가 있는 해였다. 왜냐 하면 그해 동안에 Melville Dewey가 그의 「十進分類表」의 초판을 발행하였고, A.L.A가 조직되었기 때문이다. 1887년에는 專門司書의 養成을 위한 최초의 圖書館學校가 Melville Dewey를 우두머리로 하여 Columbia 大學에 設立되었다.

1890년부터 公共圖書館은 미국에 있어서 確立된 制度로 되었고, 그 후부터는 圖書館의 조직과 발전은 圖書館의 設立과 도서관 봉사의 발전과 普及을 돕기 위해서 設立된 州圖書館委員會에 의해서 原動力이 加해졌다.

現代 20世紀: 20세기에 있어서의 모든 圖書館은 規模와 중요성에 있어서 巨大하게 成長함으로써 특징을 나타냈다. 이러한 成長은 地方의 관심이 증가하고 民主社會의 教育的·社會的·文化生活에 있어서의 圖書館의 중요성을 認識하고, 慈善家들이 아낌없이 喜捨함으로써 가능하게 되었다. 圖書館에 대한 가장 큰 後援者는 Andrew·Carnegie이며, 그의 寄贈은 전체 40만 불에 달하였다. 기타의 後援者는 Rockefeller와 Ford財團 및 大衆들에게 그들의 稀貴한 藏書를 公開한 慈善事業家들이다. 稀貴本圖書館의 예는 New York市에 있는 Pierpont Morgan Library와 Washington D.C.에 있는 Folger Shakespeare Library이다.

各 州는 公共圖書館奉仕를 위해서 法律條項을 마련하였으며, 地方, 郡, 및 都市의 圖書館을 설립하는데 돕기 위해서 州圖書館委員會가 認可되었다. 公共圖書館은 현재 民主的 生活을 위한 教育을 하는데 있어서 公立學校에 대한 有力한 補充機構로서 인정되고 있다. 이러한 기능을 수행하는데 있어서 公共圖書館은 兒童들과 青少年들에게 특별한 봉사를 베풀고 있다. 즉 공공도서관은 教育的·市民的·文化的 계획을 증진시키고, 不具者들에게 유용한 特殊資料를 마련하고, 學校圖書館의 藏書를 보급하고, 自動車巡廻文庫를 통해서 圖書館資料를 농촌과 隔離된 地域으로 輸送해 주고 있다.

學校圖書館은 몇몇 州에 있어서는 일찍이 1835년에 認可되었으나, 1930年代에 이르러서야 비로소 學校 프로그램에 중요한 공헌을 하기 시작하였다. 1940年代 이후로 學校圖書館은 藏書數와 그의 利用에 중점을 두었다. 初等學校 圖書館은 中學校 圖書館만큼 신속히 발전하지 못했으며, 많은 地域에 있어서 初等學校는 아직도 州立圖書館이나 가까운 公共圖書館에 圖書貸借를 의뢰하고 있다. 그러나 1960년에 A.L.A에 의해서 채택된 初等學校 圖書館을 위한 새로운 基準은 初等學校의 圖書館의 數나 그의 이용에 있어서 큰 진전의 결과를 가져올 것이다.

法律 醫學 技術 音樂 및 기타의 主題分野에 있어서의 特殊圖書館과 동시에 특수한 機關의 도서관들이 20세기에 있어서 새로이 발전하고 있다.

美國의 大學圖書館은 책 수에 있어서 뿐만 아니라 大學의 學術的인 프로그램에 있어서의 그의 중요성으로 인해서 더욱 중요한 成長期에 들어섰다. 美國의 敎育廳(Office of Education)에 의하면 1959~1960년 사이에 美國에 있는 2011개의 高等敎育機關은 약 16700만권의 도서를 소장하고 있다.

오늘날의 大學圖書館은 하나의 分離된 기관이 아니라 大學의 不可缺의 부분이다. 大學圖書館은 오토지 大學이 그의 目的을 수행하는데 돕기 위해서 존재한다. 하나의 敎科書를 가르친다기보다도 오히려 하나의 主題를 가르치는 方法은 광범하고 集中的인 圖書館의 이용을 필요로 하게 되었다. 大學圖書館은 學生들에게 그의 課題를 위해서나 임의의 오락적인 讀書를 우해서 그들이 필요로 하는 資料를 提供하고 資料에 容易하게 接近할 수 있도록 추구한다.

20세기에 있어서의 圖書에는 훌륭한 가죽 製本으로부터 종이製本에 이르기까지의 印刷된 圖書가 있으며, microfilm과 microcard(閱覽機械의 도움으로 읽어야만 하는 圖書와 新聞의 작은 사진)가 있으며, 定期刊行物, 팸플릿 및 新聞이 있으며, 또한 20세기의 많은 圖書館과 博物館의 稀貴本圖書室에 있는 粘土板, Papyrus나 羊皮紙의 두루마리, 裝飾된 筆寫本, Vellum 古寫本 및 Incunabulum(搖籃期本) 등이 있다.

〈參考文獻〉

General

Dahl, Svend. *History of the Book*. New York, Scarecrow Press, 1958.

The Encyclopaedia Britannica; A Dictionary of Arts, Sciences, Literature and General Information. 11th ed. London, Cambridge University Press, 1910-1911. 26 Vols.

Hessel, Alfred. *History of Libraries*. 2d ed. Translated by Reuben Peiss. New York, Scarecrow Press, 1955.

Irwin, Keith Gordon, *The Romance of Writing from Egyptian Hieroglyphics to Modern Letters, Numbers, and Signs*. New York, The Viking Press, 1956

Langer, William L. (ed.) *An Encyclopedia of World History, Ancient, Medieval, and Modern, Chronologically Arranged*. Boston, Houghton Mifflin Company, 1952.

Larousse, Pierre Athanase. *Grand Dictionnaire Universel du XIXe Siecle Fra-ncais*. Paris, Larousse, 1865-1890, 17 Vols.

'Libraries', *The Encyclopedia Americana*, 1958 de., Vol. XVII.

Mc Murtrie, Douglas C. *The Book; The Story of Printing & Bookmaking*. 3d ed. New York, Oxford University Press, 1943.

Antiquity

Barnett, Lincoln. 'The Epic of Man', Part VI, 'The Oldest Nation; Egypt' Life, XLI (October 1, 1956), 78-98.

Bury, J.B., Cook, S.a., and Adcock, F.E.(eds) *The Cambridge Ancient History, 2d ed. Vol. I: Egypt and Babylonia to 1580.* B.C. New York; Cambridge University Press, 1924.

Durant, Will. *The Story of Civilization. vol. I : Our Oriental Heritage.* New York; Simon and Schuster, 1942.

Finegan, Jack. *Light From the Ancient Past: The Archaeological Background of the Hebrew-Christian religion.* 2d. ed. Princeton; Princeton University Press, 1959.

Hervey, Sir Paul (ed) *The Oxford Companion to Classical. Literature.* 2d ed. New York, Oxford University Press, 1937.

Herodotus. *The History of Herodotus.* Translated by George Rawlinson. New York; Tudor Publishing Campany, 1941.

Kenyon, Frederic George. *Books and Readers in Ancient Greece and Rome.* 4ed. New York, Oxford University Press, 1951.

Kramer, Samel Noah. *From the Tablets of Sumer.* Indian Hills, Colo.; Falcon's Wing Press, 1956.

Kramer, Samel Noah 'The Sumerins.' *Scientific American,* XXVII (Octeber, 1957), 70-87.

Lisser. Ivar *The Living Past.* Translated fromthe German by J. Maxwell Brownjohn New York; G,P. Putnam's Sons, 1957.

National Geographic Magazine. *Everyday Life in Ancient Times; Highlights of Western Civilization in Mesopotamia, Egypt, Greece, and Rome.* Washington D.C.; National Geographic Magazine, 1958.

Plutarchus. *Plutarch's Lives of Illustrious Men.* The Translation Called

Dryden's Corrected from the Greek and Revised by A.H. Claugh. Boston; Little Brown & Company, 1930.

The Middle Ages

Durant, will. *The Story of Civilization. vol. Ⅳ; The Age of Faith.* New York, Simon and Schuster, Inc 1942.

Hervey, Sir Paul, and Heseltine, J. E.(eds.) *The Oxford Companion to French* Literature. New York; Oxford University Press, 1959.

Hashins, Charles Homer. *The Renaissance of the Twelfth Century.* Cambridge Mass.: Harvard University Press, 1927.

Thompson, James Westfall. *The Medieval Library.* New York: Hafner Publishing, 1957.

Coulton, George G. 'Universities.' *A Cyclopedia of Education*, 1913 ed. vol. V

Colleges in the American colonies

Morison, Samuel Eliot. *The Intellectual Life of Colonial New England.* 2d ed. New York; New York University Press, 1956.

Wright, Louis B. *The Cultural Life of the American Colonies*, 1607-1763. New York, Harper & Brothers, 1957.

第2章 大學圖書館

大學(College)이란 말은 하나의 社會를 意味하는 Latin말에서 由來한 것인데, 元來 修道院에서 共同으로 生活하는 聖職團體와 같이 共同의 趣味와 機能을 가진 사람의 集團을 가리키는데 사용되었다. 中世에 있어서 綜合大學의 繁盛과 더불어 College라는 이름은 高度의 知識部門에 있어서 研究와 教育을 위해서 協同된 學者集團에로 양도되어, 한 大學은 綜合大學의 여러 學校가운데의 하나이다.

오늘날 사용되고 있는 이에 대한 定義는 이 後者의 意味에 약간의 增補와 修訂을 가해서 나온 것이다. 一般的으로 College라는 이름은 分離된 學校와 教授陣으로 區分되지 않는 高等教育機關을 指稱하는데, 大學은 藝術과 科學에 있어서의 學位에 이르는 4年間의 教科課程을 提示하고, 入學을 위해서는 認可된 高等學校나 그와 同等한 學校의 卒業을 要한다.

Library라는 낱말은 圖書를 意味하는 Latin말의 liber에서 書籍商을 의미하는 France의 librairie와 筆生을 의미하는 libraire를 거쳐서 온 것이다. 中世의 綜合大學들은 學生들에게 圖書를 補給하지는 않았으나 研究와 參考를 위해서 學生들이 필요로 하는 教科書를 貸本하거나 販賣하는 書籍商과 筆生을 指定하고 管制하였다. 이와 같이 낱말에 있어서 고유한 性格을 가진 圖書館은 利用을 위한 資料를 補給하는 概念이며, 오늘날의 大學圖書館은 中世의 大學의 書籍商과 같이 學生들이 研究와 參考에 필요로 하는 圖書와 資料를 補給하고 있다. 大學圖書館은 學生들과 教授 및 기타 사람들의 利用을 위해서 蒐集

하고 準備해온 圖書와 기타의 資料의 集書를 收容하고 있는 建物 또
는 一連의 書室이다.

大學圖書館의 機能과 機構

大學圖書館의 基本的機能은 그 大學의 **program**을 수행하는데 協助
하는 것이다. 大學의 特性에 따라 그 目的과 **program**이 決定되며, 그
圖書館은 그 大學의 敎科的 **program**에서 必要로 하는 圖書와 기타의
資料를 蒐集하고 有用하게 함으로써 이러한 目的의 實現에 寄與하는
것이다.

大學의 **program**에 있어서 그의 任務를 效果的으로 수행하기 위해
서는 圖書館은 다음과 같은 活動을 이행하여야 한다.

1. 圖書館은 圖書와 資料를 選擇한다. 이 選擇은 研究와 有用한 資
料의 評價에 기초를 두며, 敎授와 기타 그 大學社會의 構成員의 要求
에 기초를 둔다. 圖書館은 이러한 資料를 주로 購入과 寄與를 통해서
蒐集한다.

2. 圖書館은 이러한 資料를 學生과 敎授와 기타 그것을 要求하는
사람들의 利用에 對備한다. 이 對備는 다음과 같은 사항이다.

  a. 捺印, 풀칠, 打字 및 記載를 한다.

  b. 圖書館에서 사용하는 分類表에 따라서 資料를 分類하고 圖書
記號를 指定한다.(分類番號와 圖書番號는 한 圖書의 請求番號
가 된다)

  c. 이러한 資料들을 目錄한다. 目錄이란 各 資料에 관해서 著者,
書名, 出版事項, 페이지 수, 揷圖資料, 및 기타의 情報에 관한
記述的 情報를 記入하고 主題標目을 指定하고 參照를 내주고,
card 目錄과 기타의 **card file**을 整備하는 것이다.

3. 一般集書와 指定集書(reserve collection)에서 資料를 貸出한다. (指定圖書는 學科에서 指定한 圖書로서 이것은 한 場所에 같이 保管된다).

4. 質問에 解答하고, 書誌와 讀書目錄을 準備하고, 圖書館相互貸借制度에 의해서 資料를 借用하여 貸與한다)

5. 公式的인 講義나 授業을 통해서 그리고 card 目錄과 參考圖書와 기타의 資料와 施設의 利用에 있어서, 讀者들을 補助함으로써 圖書館 利用을 指導한다.

6. 豫算과 多樣한 圖書館活動에 관한 組織과 管理, 建物과 施設의 維持 및 公報活動 등을 포함하는 全體的인 圖書館 program을 統管한다.

大部分의 圖書館에 있어서 이러한 活動은 受書課, 目錄課, 貸出課, 參考閱覽課와 같은 課로 나누어지는데 이 모든 課는 圖書館長의 管轄下에 있다. 이러한 課들은 特定한 活動에 따라서 再分化되기도 하며, 이들이 混合되기도 하며, 이들은 다른 名稱(局·係)이 주어지기도 한다. 大學의 規模와 職員의 規模와 기타의 要素에 따라서 行政組織이 다르므로 圖書館의 行政組織의 特性은 어떠하던 간에 그의 目標는 그 大學의 教育的 program에 效果的으로 奉仕하는 것이다.

大學圖書館이 具備하는 資料의 種類

圖書資料의 量과 多樣性은 그 大學의 規模와 目的과 program에 따라서 다를 것이다. 그러나 大部分의 大學圖書館資料는 다음과 같은 것을 包括할 것이다.

1. 그 大學의 教育的 program에 包含되는 主題分野를 重點으로 한 一般的 性格의 參考圖書와 그 主題分野에 있어서의 參考圖書; 이러한

參考圖書에는 辭典, 百科辭典, 索引, 年鑑, 便覽, 地圖, 地名事典, 書誌 및 *Cambridge Ancient History*와 *Cambridge History of American Literature* 같은 어떠한 全集 등이 包含된다.

2. 다음과 같은 圖書의 集書
 a. 歷史, 教育 및 外國語와 같은 賦與된 各教科課程에 관계되는 圖書와 그것을 補助하는 圖書(全分野를 包括하는 圖書와 그 分野에 주어진 特定한 課程에 관계되는 圖書를 包含해서).
 b. 特定한 主題分野에 관계되지 않는 重要한 一般圖書와, 그 大學의 教科課程에 包含되지 않는 主題分野에 있어서의 重要한 圖書.
 c. 趣味를 위한 圖書와 娛樂的 讀書物.
3. 定期刊行物과 新聞－現在 發刊되는 것과 製本된 것, 그리고 어떤 圖書館에서는 microfilm과 microcard로 된 것.
4. Pamphlet와 clipping
5. 視聽覺資料; 여기에는 그림, 映畫필름, slide, filmstrip, 音樂, 音盤, 테이프레코드, 地圖 및 地球儀가 包含된다.
6. 政府出版物

規則과 規程의 目的

모든 學生들이 圖書館資料의 利用에 均等한 機會를 가지도록 하기 위해서 모든 圖書館에서는 一定한 規則과 規程을 制定한다. 이러한 規程은 貸出되는 資料의 種類, 利用者들이 借用할 수 있는 時間의 間隔, 借用期間이 경과하여 징수하는 過怠料, 圖書館施設(閱覽室 聽取室 會議室 및 기타 特殊部門의 利用과 奉仕時間 등을 規定한다.
대부분의 大學에 있어서의 新入生의 오리엔테이션 program의 하나는 圖書館을 見學하는 것이다. 많은 大學圖書館에서는 學生들에게 그

圖書館의 實體的 排列, 對備하는 資料의 種類, 그 圖書館에서 사용하는 分類表, card 目錄의 性格, 圖書館의 利用을 規定하는 規則 및 開館時間表 등에 관한 information을 收錄한 Handbook을 補給한다.

圖書館에 대한 오리엔테이션, 見學과 圖書館 Handbook은 圖書館에 대한 個人的인 槪觀으로서 이에 짜르는 學生들에게는 더욱 중요하고 더욱 영속적인 意味를 가질 것이며, 여러 개의 室의 配置와 그 目的을 그의 마음속에 확고히 하고, 具備된 參考圖書의 種類와 그의 位置를 檢討하고, 많은 種類의 圖書와 資料 및 그에게 有用한 奉仕를 직접 알게 될 것이다.

第3章 圖書의 部分

한 圖書의 物質的인 各部分에 관한 重要性과 意義 및 有用性을 理解하고 認識하기 위해서, 우리는 다만 初期의 圖書形態에 있어서는 讀者에게 도움을 주는 것이 缺如되어 있었다는 것을 想起할 필요가 있다. 古代의 Papyrus두루마리에는 글씨가 間隔이나 句讀點도 없이 바른 쪽에서 왼 쪽으로 縱으로 쓰여져 있었다. 이 두루마리는 일반적으로 書名이 쓰여지지 않았기 때문에 다만 外部에 붙어 있는 標識나 꼬리표에 의해서 識別할 수가 있었다. 이 標識는 Roma사람들이 titulus라고 일컬었는데 우리가 title이라고 하는 말은 여기에서 온 것이다. Greek사람들은 왼 쪽에서 바른 쪽으로 쓰기 시작하였고 몇 개의 句讀點을 사용하기 시작하였다.

中世의 筆寫는 '여기서 시작한다'는 Incipit로 시작해서 '여기에서 完結된다'는 Explicit로 끝났다. 일찍이 8世紀에 사용된 句讀點과 Accent는 오늘날 우리들이 사용하는 것과는 달랐다. 낱말들 가운데 分離된 것도 있었으나 이것은 개개의 낱말보다는 句와 綴字 group의 分離가 더 많았다. 이와 같이 긴[長] 羊皮紙의 筆寫를 迅速하게 혹은 쉽게 參照하는 것이 不可能하였다. 특히 冊에 採色裝飾을 한 頭文字는 中世의 筆寫의 素材에 대한 主要한 道標였다. 圖書의 形態(古寫本)로 나타내기 위한 最初의 著作들은 흔히 聖典과 法典에 관계되는 것이었다. 製本은 古寫本으로 나타났다.

初期의 筆寫와 印刷로 된 圖書에 있어서 著者 書名 및 出版에 관한 事項이 만일 표시된다면 冊의 끝에 있는 刊記라고 하는 별도의

說明에 자리를 차지하였다. 最初의 印刷된 圖書에 있어서 本文은 縱으로 羅列되어 있었고 낱말들은 빈틈도 없이 계속해서 쓰여졌다. 그러나 점차로 한 줄 안에 있는 낱말은 서로 分離되었다. 다음에 낱말은 句讀點의 手段에 의해서 文章으로 區分되게 되었다. 16世紀에 Venice의 有名한 印刷業者이며 學者인 Aldus Manutius는 句讀點의 方法을 導入했는데, 여기에서 現代의 널리 使用되고 있는 制度가 점차 發展되었다. 그가 導入한 句讀點表示의 대부분은 Greek의 文法學者들에 의해서 使用되었던 것이지만 그 가운데 어떤 것은 새로운 意味가 주어졌다.

　약 1463年頃에 나타난 最初의 標題紙는 書名과 著者名이 주어졌고, 1470年代에는 出版年度가 追加되었다. 페이지 수와 欄外標題(running title)는 거의 같은 時代에 나타났다. 現在의 略標題(half-title)와 비슷한 略書名(Short title)은 약 1480年頃부터 使用되었다. 著者와 書名 및 出版者의 이름과 住所가 쓰여진 標題紙는 1520年부터 一般化되었다. 圖書의 기타 部分은 迅速히 發展하여 18世紀初에는 索引도 一般的인 특징이었다.

圖書의 部分

　圖書의 物質的인 區分은 다음과 같이 그룹이 지어질 수 있다: ① 製本 ② 先行페이지 ③ 本文 ④ 補助資料나 參考資料.

　製本: 製本은 圖書의 紙葉을 함께 잇달아서 그것을 보호하고 다루기 쉽게 한다. 이것은 裝飾된 것도 있고 혹은 안 된 것도 있으며, 著者名과 書名이 실일 것이다. 이것은 책등(spine)과 間紙의 중요한 두 部分을 가진다.

　책등(spine)은 圖書를 製本한 가장자리며, 略書名, 著者名, 出版者가 실린다. 그리고 그것이 圖書館의 책이면 請求番號(Call No.)가 記入된다.

間紙는 책의 表紙를 튼튼히 하기 위해서 책 表紙에 붙인다. 間紙에는 表와 地圖 graph, 規則등과 같은 有用한 情報가 쓰인다.

先行페이지: 先行페이지는 책의 本文의 앞에 붙으며, 面紙, 略標題, 卷頭畵, 標題紙, 獻辭, 卷頭言, 目次, 揷畵資料의 目錄 및 序文이 여기에 들어간다.

面紙는 間紙 다음에 있는 白紙이다. 이것은 그 책안에서의 最先과 最後의 紙葉이다.

略標題紙는 標題紙 앞에 있고 標題紙를 보호하는 구실을 한다. 여기에는 圖書의 略書名이 주어지며, 그 圖書가 叢書1)에 屬하는 것은 叢書의 略書名이 주어진다.

卷頭畵는 그 圖書의 主題(素材)에 관계되는 그림인데, 이것은 標題紙 앞에 붙는다.

標題紙는 그 圖書에 있어서 最初의 중요한 印刷된 페이지인데, 이것은 다음과 같은 事項이 포함된다.

1. 書名: 이것은 그 著作의 名稱이다.

2. 副書名: 이것은 基本書名을 明白히 하거나 說明하는 描寫的文句이다.

3. 著者名 그리고 보통 學術的인 地位, 學位 및 그의 기타의 著作의 名稱과 같은 그의 身分에 관계되는 事項.

4. 編者가 있으면 編者名.

5. 揷圖者나 飜譯者가 있으면 그의 이름.

6. 著者以外의 序論을 쓴 사람이 있으면 序論 쓴 사람의 이름.

7. 그것이 初版이 아니면 版次.2)

8. 出版地 出版者 및 出版年度를 包含하는 出版事項

---

1) 叢書는 連續的으로 刊行되는 그리고 主題나 形式이나 著者나 出版에 있어서 서로 관계된 分離된 著作의 數이다.

2) 한 版은 한번에 한 版型으로 印刷된 圖書나 기타의 出版物의 全體複本數이다. 改訂版은 原著作이 改變되었거나 새로운 資料가 追加된 새 版이다. 改訂版은 새로운 版權을 가지게 될 것이다.

標題紙의 뒷면은 版權3)年度와 版權所有者의 이름이 記入된다.

獻辭페이지는 標題紙 다음에 오고 그 著者가 獻贈하는 사람의 이름이 실린다. 卷頭言은 讀者에게 著者를 소개하고 그 圖書를 執筆한 事由를 밝히고 그 圖書가 어떠한 對象者를 위하여 쓰여졌는가를 指示하고, 奉仕와 協助를 받은 恩惠에 대하여 謝意를 表示하고, 叙述順位와 사용된 記號와 略字, 또한 어떠한 특징이 있으면 이를 說明한다.

序論은 그 圖書의 一般的인 主題와 計劃을 說明한다.4)

目次는 圖書의 章의 題目을 페지수를 표시해서 열거한 것이다. 이것은 아주 詳細하면 圖書의 槪要로서의 구실을 할 것이다.

揷圖資料의 目錄은 揷圖, 地圖, 혹은 圖表를 包括할 것이다.

本文: 本文은 數字가 붙어 있는 章으로 이루어지며, 圖書의 본바탕을 構成한다.

補助 또는 參考資料: 補助資料나 參考資料는 本文 다음에 따르며 附錄, 書誌, 用語, 註, 및 索引이 이에 包含된다.

附錄은 參考할 資料이지만 本文에서는 說明되지 아니한 資料를 收錄한다.

書誌는 著者가 그의 著書에 사용한 圖書의 目錄이거나 혹은 著者가 더 發展的인 讀書를 위하는 資料의 目錄이 될 것이다.

用語解說(Glossary)은 그 圖書의 本文에서 說明하지 아니한 모든 學術的인 혹은 外國語의 낱말을 열거하고 解說한 部門이다.

모든 脚註는, 만일 그것이 各 페이지의 脚部에 자리를 차지하지 아니하면 註를 위한 한 部門에 자리를 차지하게 될 것이다. 이 部門은 本文에 있어서의 한 句節에 관한 解說을 收錄한다.

---

3) 版權은 文學的 또는 藝術的인 著作을 出版하고 再生産하고 販賣하는데 대한 獨占權이다. 版權의 期限은 28年間이며 같은 期間 동안 새로운 版에 대한 特權을 가진다.

4) 序論은 그 著者나 혹은 著者로 하여금 그 冊을 쓰도록 격려한 主要人士나 또는 그 冊이 重要한 寄稿라고 생각하는 사람에 의해서 쓰여 질 것이다. 이것은 詳細한 序文이 되거나 그 冊의 第一章이 될 것이다.

索引은 本文에서 論述된 論題의 目錄인데 이것은 당해 페이지를 表示하여 **Alphabet**順으로 配列된다.

모든 圖書가 以上에서 論述된 모든 部分을 다 具備하는 것이 아니며, 이 部分들이 항상 本章에서 주어진 順序에 따르는 것도 아니다. 그러나 圖書의 各部分은 그것이 圖書의 有用性에 寄與하기 때문에 附加되는 것이다.

製本은 圖書의 紙葉들을 함께 잡아매어 그것을 다루기 쉽고 利用하기 쉽게 한다. 만약 그것이 훌륭한 製本이면 그 製本은 資料뿐만 아니라 圖書의 美的價値를 더하게 할 것이다.

標題紙는 그 圖書에 관한 書誌的인 記述에 있어서 包含되는 大部分의 事項, 즉 著者 書名 版次 및 出版事項을 具備하고 있다. 만약 그것이 叢書라면 叢書名은 標題紙 위에 있을 것이다.

目次는 圖書의 內容에 대한 간단한 槪要로서의 구실을 하며, 한 主題에 관한 資料를 調査하는데 有用하다.

卷頭言과 序論은, 圖書의 目的과 그 論述의 對象이 되는 讀者와 主題에 관한 論述을 示唆함으로써, 그 圖書가 주어진 目的을 위해서 그에게 有用할 것인지 아닌지를 미리 알기 위해서 讀者에게 도움이 될 것이다.

書誌는 그 圖書에서 取扱된 主題에 관해서 附加的인 資料에 대한 參照를 준다.

索引은, 그것이 그 圖書안에서 論述된 小項目이 位置하는 **page**를 指示하기 때문에 圖書를 사용하는데 있어서의 補助物이다. 어느 圖書이던 索引은 그 책에서 包括한 하나의 主題에 관한 資料를 찾는 사람에게 有用하다.

책을 펼치는데 있어서 그것이 새 책이고 조심스럽게 취급할 책이면 항상 그 책의 有用年限과 그에 대한 讀者의 道樂에 注意를 加해야 할 것이다.

第 2 篇
圖書館資料의 組織과 配列

第4章 分類

　分類란 目的, 思想, 圖書 혹은 기타의 群이나 類로 이루어지는, 같은 質이나 같은 特性을 가지는 事項에 대한 體系的인 배열이다. 이 '같은' 特性이란 크기 色彩 形態 形式 內容 혹은 기타의 특징이 될 것이다.

圖書分類의 歷史的 發展

　圖書가 생긴 이래 그것이 쉽고 편리하게 이용될 수 있도록 圖書들을 組織하고 배열하는 문제가 있었다. 粘土板은 主題나 혹은 形態에 따라서 좁은 선반 위에 배열되었다. Papyrus두루마리는 진흙항아리나 金屬 圓筒(cylinder)에 備置되고 그 內容을 묘사하는 몇 마디의 要語(key word)로 標識가 붙여졌다. 羊皮紙의 두루마리는 著者와 書名에 의해서, 혹은 주요主題나 形式群에 의해서 區分되어 桶이나 선반 위에 備置되었다. 中世의 修道院에 있었던 筆寫本들은 宗敎나 世俗 혹은 Latin語나 Greek語로 分類도 었거니, 혹은 이들은 主題에 따라서 區分되었으며, 한 主題에 관한 모든 책은 同一한 箱子에 보관되었다. 中世의 大學圖書館에 있었던 圖書들은 가르쳐진 主題에 따라서 區分되었고, 크기나 受納된 순서에 따라서 선반이나 箱子에 배열되었다. 印刷術이 出現한 후에는 圖書는 筆寫本이나 印刷本, 혹은 Latin語, Greek語

또는 Hebrew語로 分類되었다. 植民地時代의 美國의 大學圖書館에 있어서의 圖書의 組織은 位置記號 – 즉 1반침(alcove) A書架 6책 – 에 의해서 組織되었고 반침 안에서는 主題나 言語區分이 이루어졌다.

Aristotle時代 以後에는 哲學者와 非哲學者도 마찬가지로 知識의 分類를 위한 區分表를 가졌었다. 1605년에 出版된 Sir Francis Bacon의 「學問의 發展」(*Advancement of Learning*)에서 그는 知識을 歷史 詩 哲學의 3大區分으로 分類하고, 이 大區分을 다시 특수한 類(class)로 區分하고, 또한 類에서 더 細分한 하나의 分類 plan를 發展시켰다.

Thomas Jefferson은 Bacon의 知識의 分類를 위한 plan을 Manticello에 있는 그의 個人圖書館에 사용하기 위해서 적용시켰다. 그리고 1814년에 英國軍에 의해서 파괴되었다. 議會圖書館(Library of congress)을 復舊하기 위해서 그가 그의 6700권의 藏書를 美國政府에 팔았을 때, 그 分類體系는 이에 따랐으며, 이것은 1897년까지 議會圖書館에 의해서 사용되었다.

Melville Dewey가 1872년 Amherst College의 學生圖書館 司書補로 있었을 때, 이 大學圖書館의(所藏圖書의) 內容을 組織하기 위해서 決定했던 그의 첫 段階는 하나의 分類體系를 發展시키기 위한 것이었다. Dewey는 Aristotle과 Bacon, Locke 및 기타의 哲學者에 의해서 考察되었던 知識分類表와 동시에 근래에 發行된 몇 개의 圖書館分類表를 硏究하고 圖書를 主題에 따라서 그룹으로 區分하기로 決定하였다. 그의 先輩들과 마찬가지로 Dewey는 모든 知識을 主題로 區分하고, 각 類內에서 다시 특수한 類로 그리고 더 細分된 主題로 再區分하여 항상 일반적인 것으로부터 특수한 것으로 進展시켰다.

圖書館分類體系의 目的과 特性

　圖書館에 있어서의 分類體系의 주요한 目的은 圖書資料가 圖書館
을 이용하는 사람으로 하여금 신속하고 容易하게 발견될 수 있도록
圖書와 資料를 組織하기 위한 기초를 마련해 주는 것이다. 이것은 또
한 圖書館資料가 容易하고 편리하게 사용될 수 있도록 同一한 主題
의 圖書를 같은 場所에 集結하는 것을 의미한다. 利用의 容易性이 기
본적인 問題이기 때문에 圖書館分類表는 資料들을 그것을 필요로 하
는 사람들에 의해서 가장 要求됨직한 範疇에 배정하고 있다. 겸해서
이러한 分類表들은 主題와 마찬가지로 資料의 形式을 위해서도 對備
하고 있다. 예를 들면, 辭典, 百科事典, 편람, 定期刊行物 및 기타의
圖書形態는 특수한 記號를 가지고 있다.

　主題에 따라서 分類하는데 있어서 최초의 段階는 모든 知識을 主
題로 배정하고, 관계된 部分을 한 類로 모으고, 이 部分을 보통 一般
的인 것으로부터 特殊한 것으로 어떠한 論理的인 順序로 배열하는
것이다. 이와 같이 構成된 여러 기의 類가 分類表를 구성하고 있다.

　사용되도록 하기 위해서 이러한 類들은 그것이 여러 번 되풀이 參
考될 수 있도록 일정한 그리고 確定的인 계획이나 順序를 따라야만
한다. 그러한 계획을 表(schedule)라고 하는데 이것은 類와 類 안에서
의 細分이 論理的인 순서로 배열되어 있다.

　이 表(schedule)의 各 類와 各 類內의 細區分은 하나의 특정한 主
題나 論及된 모든 圖書에 同一한 記號가 주어질 수 있고, 그 圖書館
의 同一한 書架에 같이 保管될 수 있도록 하나의 記號가 주어져야만
한다. 사용된 記號는 Alphabet 文字나 아라비아 數字나 혹은 이 兩者
의 結合이다.

　圖書館分類表들은 哲學, 宗敎, 科學, 歷史, 言語, 文學, 藝術 등등의

知識의 主類에 관한 일반적으로 認定된 아이디어를 따르고 있다. 일반적인 類의 數字나 文字는 이러한 큰 類에 주어진다. 예를 들면, Dewey 十進分類表에 있어서 800은 文學이며, 900은 歷史이다. 그리고 議會圖書館分類表에 있어서 P는 文學이며 D는 歷史이다. 큰 類內에서의 특수한 分野도 역시 數字가 주어지는데, 930은 古代史이며, 973은 美國史이며, 976.784는 Arkansas의 Chicot county의 歷史이다. 가장 작은 數字는 가장 큰 主題에 속하며, 가장 긴 數字는 가장 작거나 가장 특정적인 分野에 주어진다. 그리하여 600은 技術科學(應用科學)이며, 620은 工學이며, 629 · 134354는 Rocket工學이다.

하나의 일정한 確定的인 分類表(schedule of classes)에 겸해서, 이러한 資料들이 신속하고 용이하게 발견될 수 있도록 이 表에 따라서 分類된 모든 資料에 대한 索引이 있어야만 한다. 한 圖書館에 있어서의 모든 分類된 資料에 대한 索引은 각 出版物에 대하여 位置記號가 주어지는 카드 目錄이다. 이 位置記號는 分類番號와 圖書番號가 결합된 請求番號(Call number)이다. (68~70 p.참조)

論理的으로 말하면 한 分類體系(表)는 어느 한 主題에 관한 資料는 오로지 한 場所에서 발견될 수 있도록 組織되어야만 한다. 그러나 어떠한 主題는 많은 觀點과 많은 局面과 많은 공헌하는 要素가 있기 때문에, 그러한 主題에 관련된 모든 資料를 다만 한 場所에만 둘 수가 없을 것이다. 예를 들면 하나의 주어진 主題에 관해서 歷史的인 情報는 歷史類 안에서 발견될 것이며, 經濟學의 類 안에서는 經濟的인 資料, 社會學의 類 안에서는 社會學的인 事實, 文學類 안에서는 文學的인 情報가 발견될 것이다. 그리하여 圖書와 圖書館의 說話(제1장)에 있어서의 資料는 Dewey 十進分類表에 있어서 모든 主類 안에서 발견된다.

1. 000類는 圖書와 圖書館의 說話에 관한 기초적인 실제적 資料를 補給하였다.

2. 100類는 圖書와 學問에 대한 古代 및 中世의 哲學者의 貢獻을 주었다.

3. 200類는 한 圖書로서의 Bible에 관한 說明的인 資料와 Hebrew, Aram 및 Phoenicia 사람들에 관한 情報를 위해서 參考되었다.

4. 300類는 大學校의 隆盛, 印刷術의 발명 및 植民地時代의 美國에 있어서의 최초의 大學의 設立 등을 가능하게 하였던 社會的 經濟的 背景을 提示하였다.

5. 400類는 筆寫와 Alphabet에 관한 說話를 提示하였다.

6. 500類는 古考學的인 發見에 관해서 參考되었다.

7. 600類는 印刷와 圖書의 製作에 관한 說話에 기여하였다.

8. 700類는 圖書의 裝飾, 彩色畵, 筆寫藝術등에 관한 많은 圖解資料의 소스가 되었다.

9. 800類는 圖書와 圖書館의 발전에 관한 文化的인 영향을 주었다.

10. 900類는 地理的인 位置 歷史的인 事件을 確認하게 하였고, 유명한 人士에 관한 傳記的인 情報를 제공하였다.

圖書들은 비록 가장 重點이 주어진 主題에 따라서 分類되지만 이러한 圖書들은 어느 정도 다른 主題도 다루게 된다는 것을 기억하는 것이 중요하다.

美國議會圖書館分類

1897년에 議會圖書館의 藏書를 再目錄하고 再分類하는 課業이 시작되었다. 그 과정에서 발전한 議會圖書館分類表는 알파벳文字와 아라비아數字를 結合하고 있다. 이것은 文字와 數字의 결합을 통해서 가장 精密한 主題를 單位群(grouping)으로 하기 위해서 마련되었다. 이것은 대단히 방대한 藏書를 가진 圖書館을 위해서 考察되었다.

I.O.W.X.Y의 文字는 사용되지 아니하였으나 이들은 장차의 展開를
위해서 남겨두었다.

議會圖書館分類表의 槪略은 다음과 같다.1)

A. 總類-多主題	M. 音樂
B. 哲學-宗敎	N. 藝術
C. 歷史-補助科學	P. 言語와 文學
D. 歷史와 地誌(미국은 제외)	Q. 科學
E-F 美國	R. 醫學
G. 地理學-人類學	S. 農業-植物과 動物 産業
H. 社會科學	T. 技術科學
J. 政治學	U. 軍事學
K. 法律	V. 海洋科學
L 敎育	Z. 書誌와 圖書館學

Dewey 十進分類表2)

Dewey 十進分類表에 있어서 아라비아 數字는 여러 가지 主題의
類를 표시하기 위해서 十進的으로 사용되고 있다.

Dewey는 도서와 기타의 資料에 의해서 표현된 모든 知識을 그가
100부터 900까지 數字를 준 9개의 類로 區分하였다. 百科事典, 辭典,
新聞, 편람 등과 같은 하나의 특수한 그룹에 속하는 아주 일반적인

---

1) The Library of Congress, Subject Cataloging Division. *Outline of the Library
   of Congress Classification* (revised and enlarged ed. of 'Outline Scheme of
   Classes' Washington, D.C.;U. S. Government Printing Office, 1942)에서
2) 'Editor's Introduction, *Dewey Decimal Classification and Relative Index*,
   devised by Melville Dewey (16th ed.; Lake Placid, N.Y.; forest Press, Inc.,
   1958) 5-12

資料는 그가 제10의 類에 두었는데, 이것을 다른 사람들이 000類로써 앞에 두었다. 9개의 각 主題는 다음과 같이 組織되어 있다. 모든 主題類의 10區分 가운데의 첫 區分은 그 主題에 있어서 일반적인 圖書에 주어졌고, 나머지의 9개의 區分은 特殊主題分野에 배정되었다. 800類 文學3)은 이러한 일반적인 것에서 특수한 것으로의 組織을 말해 준다.

800類 文學(一般區分)4)

800 文學(一般)
801 哲學 및 理論 (文學의)
802 편람 및 개요 (文學의)
803 辭典과 百科事典 (文學의)
804 隨筆 (文學에 관한)
805 定期刊行物 (文學分野의)
806 機關 및 團體 (文學分野의)
807 硏究와 敎育 (文學의)
808 全集 (文學의)
809 歷史와 評論 (文學의)

800類 文學(特殊區分)

810 미국 문학
820 영국 문학
830 독일 문학

---

3) 版權所有者인 Lake Placid Club Education Foundation의 許可를 얻어서 收錄하였음.
4) 괄호안의 말은 著者의 말이다.

840 불란서 문학

850 이태리 문학

860 스페인 문학

870 라틴과 기타의 이태리 문학

880 古典 및 현대 Greek 문학

890 기타의 문학

　　1876년에 Dewey의 *A Classification and Subject index for Cataloguing and Arranging the Books and Pamphlets of a Library*가 匿名으로 出版되었다. 현재 美國에 있어서 共公圖書館의 약 96%, 大學과 綜合大學圖書館의 89%, 그리고 特殊圖書館의 64%가 Dewey의 分類體系에 따르고 있다.5) 이것은 30個國 이상의 言語로 全體나 혹은 部分的으로 번역되었으며, 현재는 16版으로 되어있다(譯註 1967년에 17版이 發行되었다).

　　Dewey 十進分類表는 分類될 資料의 主題에 대해서와 마찬가지로 資料의 形式을 위해서도 對備하고 있다. 주요한 形式區分은 다음과 같다.6)

01	哲學 및 理論	06	機關 및 團體
02	便覽 및 槪要	07	硏究 및 敎導
03	辭典 및 百科事典	08	全集 및 多作集
04	隨筆 및 講論	09	歷史 및 地域的인 論述
05	定期刊行物		

　　第2槪要에 열거된 Dewey 十進分類表의 類와 綱(divisions)은 다음과 같다.

---

5) Dewey Decimal *Classification and Relative Index,* vised by Melville Dewey (16th ed.; Lake Placid, N.Y.; forest Press, inc., 1958). p.6.

6) *Ibid.,* p.10. 版權所有者인 Lake Placid Club Education Foundation의 허가를 얻어서 收錄함.

第2槪要: 綱7)

000	總記	260	기독교회
010	書誌	270	기독교회사
020	圖書館學	280	기독교회 및 宗派
030	一般百科事典	290	기타의 宗敎
040	一般講論集	300	社會科學
050	一般定期刊行物	310	統計學
060	一般團體	320	政治學
070	신문 저널리즘	330	經濟學
080	全集	340	法律學
090	筆寫本과 稀貴圖書	350	行政學
100	哲學	360	社會福祉
110	形而上學	370	敎育學
120	形而上學的 理論	380	公共奉仕 및 公益事業
130	心理學의 分派	390	風俗 및 民俗
140	哲學的 諸論	400	言語學
150	一般心理學	410	比較言語學
160	論理學	420	英語와 Anglo-Saxon
170	倫理學	430	獨逸語
180	古代 및 中世哲學	440	佛語 Catalonia語
190	現代哲學	450	이태리語, Rumania語
200	宗敎	460	스페인語 포루트갈語
210	自然神學	470	라틴語 및 기타의 이태리語
220	聖經	480	古代 및 現代 Creek語
230	敎理神學	490	기타 諸語
240	禮拜 및 典禮	500	순수과학
250	牧會神學	510	數學

---

7) *Ibid.* p. 78.

520	天文學	760	印刷 및 印刷術
530	物理學	770	寫眞
540	化學 및 類緣科學	780	音樂
550	地質學	790	娛樂
560	古生物學	800	文學
570	人類學 및 生物學	810	美國文學
580	植物學	820	英文學 및 古代英文學
590	動物學	830	獨逸文學
600	技術科學	840	佛文學 Ctalan文學
610	醫學	850	이태리文學, Rumania文學
620	工學	860	스페인, 포루트갈文學
630	農學	870	라틴 및 기타 이태리文學
640	家庭學	880	古代 및 現代 Greek文學
650	經營學	890	기타 諸文學
660	化學技術	900	歷史
670	製造業	910	地誌 紀行
680	기타製造業	920	傳記
690	建築	930	古代史
700	藝術	940	유럽
710	風景畵 및 都市美化	950	아시아
720	建築術	960	아프리카
730	周刻術	970	북아메리카
740	繪畵 및 裝飾美術	980	남아메리카
750	油畵	990	기타

請求番號(Call number)

圖書는 그것이 포괄하고 있는 主題에 따라서 分類되며, 分類表에 있어서 그 主題를 나타내는 數字가 즈어진다. 古代史의 分類번호는 930인데, 그 主題에 관해서 쓰여진 책들이 많으며, 이들은 모두 930類에 배치될 것이기 때문에 古代史에 관한 하나의 책은 동일한 主題에 관한 다른 책과 區別하는 手段을 가질 필요가 있다. 이 區別은 分類番號와 마찬가지로 圖書기호(著者기호)를 매김으로써 이루어지는데, 이 기호는 著者의 姓의 첫字에 아라비아數字를 더하여 사용하고 있다. 著者번호를 취하는 表(著者기호표)는 Dewey가 分類表를 考案했던 거의 같은 時期에 C.A. Cutter에 의해서 발전되었다. Cutter의 著者기호표는 알파벳순으로 되어 있는 알파벳文字에 十進的으로 사용된 일정한 數字를 매기고 있다. 아래에 열거한 것은 *Cutter Three-figure Author Table*8) 알파벳文字와 그에 따른 數字기호의 한 그룹이다.

B	1	C	Babe	115	Cado
Ba	11	Ca	Baber	116	Cae
Baek	111	Cah	Babi	117	Caffi
Baas	112	Cabl	Babn	118	Cagn
Babf	113	Cac	Babr	119	Cah
Bac	114	Cadd			

Allen Cable著 「古代史」(*Ancient History*)의 分類番號는 930이며, Cutter表의 샘플에서 도서기호 혹은 著者번호는 Cll이다. 이두개의 기호 930과 Cll은 그 圖書의 請求번호(Call number)를 이룬다. 한 出版物의 書名은 文句로 되어 있는 書名의 첫文字를 請求번호 안에 나타

---

8) 版權所有者인 Ammi Cutter의 승락을 얻어서 收錄함.

나게 된다. 이 文字는 小文字로 圖書기호 바로 다음에 位置하여, 이
것은 동일著者에 의해서 著述된 동일한 主題에 관한 圖書사이를 區
別하는데 이바지한다. 그리하여 Allen Cabl 이 著述한 「古代史」의 請
求번호는 930 Clls이며, 한편 Allen Cable이 著述한 「古代史槪觀」(*A
survey of Ancient History*)의 請求번호는 930Clls이다.

書架上의 圖書배열은 分類體系의 槪要에 따른다. 다음과 같은 請求
번호를 가진 圖書는 書架上에 다음과 같은 순서로 나타날 것이다.

338	338	338,095	338.l	338,1247	338.15
Am3a	H46s	B38m	Am3m	J13s	B21m

어떤 圖書館에서 小說과 傳記는 分類하지 아니한다. 小說책은 F나
혹은 Fic의 기호를 주고 Cutter Table에서 著者번호를 부가할 것이며,
書架上에는 著者의 알파벳순으로 배열할 것이다. 하나의 예를 들면
Fic B93s이다.

傳記는 分類番號가 주어지는 대신에 B라고 표시되고 BC11과 같이
그 傳記의 主題에 의한 알파벳순으로 배열될 것이다.

請求번호에는 가끔 특수기호가 부가되는데, 이것은 그 圖書가 특별
한 位置에 排架되었다고 하는 혹은 이것이 특수한 종류의 資料라는
것을 표시하기 위한 것이다. 예를 들면 기호 R이나 Ref에 請求번호
가 붙어있는 것은 그 책이 參考圖書이며, 이것은 參考集書에 位置하
고 있다는 것을 의미한다. 請求번호의 위나 아래에 있는 J나 C는 그
책이 兒童集書에 있다는 것을 의미할 것이다. 請求번호에 붙어있는
H.H.나 혹은 그와 類似한 기호는 그 책이 일정한 場所에 보관되어
있는 紀念的인 寄贈集書 가운데의 한 책이라는 것을 의미할 것이다.

한 分類體系의 目的은 資料들이 容易하고 신속하게 발견될 수 있
도록 圖書와 資料를 組織하고 배열하기 위한 것이다. 圖書와 圖書館
의 歷史를 통해서 圖書館資料의 分類에 관한 가장 만족할 만한 方法

은 主題에 의한 것이었다.

圖書가 한 主題 그룹에 배치되자면, 모든 主題는 주요한 類로 組織되어야만 하고 이러한 類들은 많은 관계된 類로 細分되어야만 한다. 각 類는 하나의 특정한 主題를 다룬 모든 圖書가 동일한 번호를 가지도록 하나의 기호표시가 주어져야만 한다. 모든 分類된 資料에 대한 하나의 索引이 마련되어야 하는데, 이 索引이 바로 카드目錄이다.

일반적인 圖書館分類體系와 하나의 특정한 圖書館에서 사용하고 있는 分類體系를 理解하는 것과 效果的인 圖書館利用을 위한 필수요건이다.

利用者는 한 分類번호가 주어진 主題에 관한 모든 資料를 포괄하지는 아니한다는 것은, 책들은 가장 重點을 둔 主題에 따라서 分類된다는 것과, 그의 主題에 관한 附隨的인 資料는 그 分類體系의 어느 혹은 모든 主類에서 발견될 수 있다는 것을 알아야 한다.

分類體系는 일반적으로 認定되는 知識의 區分에 대한 하나의 緖論을 제시하고 있다.

分類表는 한 主題를 限定하는 과정에 대한 하나의 解說이며, 하나의 큰 일반적인 主題로부터 보다 작은 특수한 分野로 그 主題가 展開되는 과정에 관한 하나의 解說이다.

分類體系와 形式區分에 대한 理解는 利用者로 하여금 어느 參考圖書室이나 혹은 開架式의 圖書館어 있는 것이건 圖書나 資料를 신속히 찾는데 도움이 되게 한다. 이러한 理解는 利用者로 하여금 주어진 主題에 관한 圖書가 排架되어 있는 그 圖書館의 섹숀에 즉시에 가서 한 主題分野에 있는-辭典 百科事典, 편람 및 索引 등의 一般圖書를 쉽게 찾을 수 있게 한다.

第 5 章 카드 目錄

'目錄'(Catalog)이란 낱말은 원래 書目 또는 列擧를 의미하였다. 그
러나 이것은 Alphabet순이나 기타의 論理的인 순서로 된 項目에 價
格 크기 및 色彩와 같은 간략하게 묘사한 情報를 附加한 體系的인
또는 組織的인 배열을 의미하게 되었다. 그리하여 圖書館의 目錄은
한 圖書館에 있는 圖書와 資料를 각각에 관해서 著者名, 書名, 版次,
出版者, 出版年, 物理的인 外觀, 主題, 특징 및 位置 등에 관한 묘사
적인 情報를 附加해서 體系的으로 열거한 것이다. 마치 한 圖書에 대
한 索引이 그 특정한 圖書의 內容에 대한 열쇠인 것처럼, 目錄은 한
圖書館의 內容物에 대한 索引이다. 이것은 한 圖書館에 있는 資料를
발견하고 位置를 알아내는 讀者의 주요한 媒介手段이다.

藏書目錄의 一般的特性

오늘날 우리가 알고 있는 藏書目錄은 Sumer와 Egypt의 寺院의 壁
에 彫刻되었거나 페인트로 쓰여 졌던 目錄과 中世初期의 圖書館의
조잡한 對照書目과 帳簿, 그리고 일찍이 1869년에 Harvard 圖書館에
서 箱子에 Alphabet순으로 배열되었던 手書된 카드에서 그 始元을
가지고 있다.

오늘날 어떤 藏書目錄은 印刷된 책으로 되어 있다. 그러한 印刷目

錄은 다루기 쉽고 複製하기도 쉽다. 그러나 圖書館藏書에 새로운 資料들이 계속해서 추가되고 있기 때문에 印刷된 冊子目錄은 곧 時效性이 없어진다.(out of date해진다.)

대부분의 藏書目錄들은 印刷되었거나 打字로 찍혔거나 프린트된 세로 3인치 가로5인치의 카드이며, 箱子에 Alphabet순으로 배열되어 있다. 藏書目錄이 일반적으로 가지는 기타의 특징은 다음과 같다.

1. 藏書目錄은 이용자에게 도움을 준다; 箱子의 外部에는 標識가 있고 內部에는 案內카드가 있다.

2. 藏書目錄은 많은 相互參照가 있다; '보라' 참조는 사용되지 아니한 標目에서 사용된 標目으로 參照하게 하며, '도 보라 참조'는 사용된 標目에서 역시 또 사용된 다른 標目으로 參照하게 한다.

Education-Colonies	교육-식민지
See	는
Education, Colonial	교육, 식민지를 보라
Literature-Anthologies	문학-전집
See	은
Anthologies	전집을 보라
Education, medieval	교육, 중세
See Also	는
Universities and Colleges-Europe	대학-유럽도 보라
Literature, Aesthetics	문학, 미학
See Also	은
Style, Literary	형식, 문학도 보라
Education, Art	교육, 예술
See	은
Art-Study and Teaching	예술-연구 지도를 보라

Literature-Evaluation	문학-평가
See	는
Books-Reviews	서평을 보라

3. 모든 藏書目錄에 있는 目錄카드는 圖書에 관해서; 著者 書名 出版事項 對照事項 (Collation)[1] 註記事項 主題標目 및 기타의 記入등-동일한 순서로 동일한 종류의 情報를 준다.

目錄의 주요한 기능은 그 圖書館의 전체의 資源을 이용자에게 충분히 그리고 容易하게 接近할 수 있도록 해 주는 것이다.

1. 藏書目錄은 圖書館에 있는 모든 圖書의 位置를 記入된 位置기호나 請求번호에 의해서 檢索해 낸다.

2. 藏書目錄은 圖書館에 있는 圖書의 位置와는 상관없이 한 특정한 著者에 의한 혹은 한 특정한 主題에 관한 모든 圖書를 알파벳순으로 한 場所 안에 나열한다.

3. 藏書目錄은 著者 書名 主題에 의해서, 그리고 만일 共著者나 譯者나 圖解者가 있으면, 共著者 譯者 圖解者에 의해서, 그리고 그것이 叢書에 속하는 것이면 叢書名에 의해서 그들을 나열함으로써, 資料를 발견하는데 관한 여러 가지 方法을 提示하고 있다.

藏書目錄에는 여러 가지 종류가 있으나 이 모든 종류를 다 가지고 있는 圖書館은 거의 없다.

1. 主題目錄은 主題카드로서만 이루어졌다.

2. 著者目錄은 著者나 基本記入카드만을 포함한다.

3. 辭典體目錄은, 가장 일반적인 것인데, 하나의 알파벳순으로 배열된-著者 主題 書名 및 기타의 記入-모든 카드를 가진다.

어떤 圖書館에서는 目錄이 著者와 書名 카드가 한 部分으로 되어 있고, 主題가 또 다른 한 部分으로 되어 두 部門으로 區分되어 있다.

---

1) 對照事項(Collation)은 卷數나 페이지 수 挿圖의 수와 종류 및 크기를 表示한다.

카드目錄에 있어서의 記入의 종류

한 記入은 한 出版物에 관한 單一標語(Listing)이다. 대부분의 出版物은 카드目錄에 두개의 記入을 가진다. (1) 出版物들은 著者의 이름으로 記入되고 (2) 書名이나 主題名으로 記入이 된다. 小說以外의 대부분의 책들은 著者名과 主題名下에 目錄된다. 겸해서 圖書들은 目錄에 있어서 共著者 編者번역자 및 圖解者의 이름 아래 記入되기도 할 것이다.

著者카드: 著者카드는 基本的인 카드이며, 基本記入이라고 일컫는다. 이것은 다음과 같은 情報가 차례로 열거된다.

1. 倒置된 著者의 完全名과 生年 및 그가 生存하지 아니하면 沒年

2. 書名과 副書名.

3. 版次; 그것이 初版이 아닌 경우.

4. 共著者, 圖解者, 飜譯者.

5. 出版事項; 이것은 出版地 出版者 出版年을 포함한다.

6. 對照事項; 이것은 페이지 수나 卷數 圖解資料 및 圖書의 크기. (센티미터로)

7. 叢書일 경우 그에 속하는 叢書名.

8. 圖書 안에 완전히 다루어진 主題

9. 共著者, 번역자, 編者 또는 圖解者의 完全名과 生沒年

目錄카드는 圖書에 관해서 目次에 관한 註나 書誌가 收錄되고 있는 페이지 수와 같은 기타의 적절한 情報를 주게 될 것이다.

하나의 出版物에 대한 著者 또는 基本記入에는 다음과 같은 것이 있다;

1. 한 個人

2. 著作을 쓴 것이 아니면 編한 個人

3. 한 機關

  a. 美國 敎育局

  b. Chicago大學

4. 한 委員會

  a. 高等敎育委員會

  b. 英語敎育委員會

5. 書名이나 出版物名

  a. 聖經: 구약성경

  b. *The National geographic magazine*

[表-1] 著者 카드 또는 基本記入

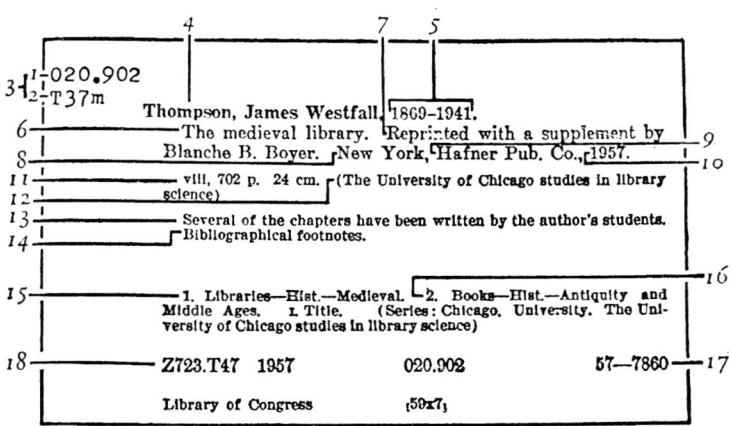

(1) 分類番號 (2) 著者번호 또는 도서번호 (3) 請求번호 (4) 例置된 著者名 (5) 著者의 生沒年 (6) 書名 (7) 版次 (8) 出版地 (9) 出版者 (10) 出版年 (11) 對照事項 (12) 叢書註記 (13) 解說註 (14) 書誌註 (15) 主題標目(主題가 완전히 다루어진) (16) 또 하나의 主題標目 (17) 議會圖書館目錄카드 번호 (18) 議會圖書館分類번호

  書名카드; 書名카드는 하나의 뚜렷한 書名을 가진 圖書에 대해서

만들어진다. 書名은 著者名의 위에 까맣게 카드의 上部에 打字를 찍는다. 그 圖書의 書名이 著者나 基本記入으로써 사용되었을 경우에는 그 目錄에 그 圖書를 위한 書名카드는 없게 될 것이다.

[表-2] 編者로서의 基本記入

```
Ref
902
L26e    Langer, William Leonard, 1896-      ed.
            An encyclopedia of world history, ancient, medieval, and
        modern, chronologically arranged.    Rev. ed.    Boston,
        Houghton Mifflin, 1952.

            xl, 1243, lxxxix p.   maps, geneal. tables.   22 cm.
            "Revised with the assistance of Hans W. Gatzke."




            1. History—Outlines, syllabi, etc.    x. Title.

        D21.L27  1952              902                    52—9589

        Library of Congress            [60n⁵⁰]
```

主題名카드: 각 圖書를 위한 主題名 카드에 대해서 정해진 數는 없다. 하나의 主題名카드는 그 圖書 안에서 충분히 論及된 모든 主題에 대해서 만들어진다. 主題名카드는 기타의 모든 記入의 形態와 달라서 主題名이 카드의 上部에 붙은 글씨로 찍히거나 까만 大文字로 찍힌다. 기타의 標目은 이러한 方法으로 찍지 아니한다.

[表-3] 著者나 基本記入으로서의 出版物

```
·913.3
 N21e   National geographic magazine.
           Everyday life in ancient times; highlights ·of the be-
         ginnings of Western civilization in Mesopotamia, Egypt,
         Greece, and Rome.  With 215 illus.; 120 paintings by H. M.
         Herget.  ₍Washington, 1951₎
           855 p.  illus. (part col.) maps.  27 cm.
           "Reprinted from the National geographic magazine issues of Oc-
         tober, 1941; March, 1944; November, 1946; and January, 1951."
           CONTENTS.—Foreword, by G. Grosvenor.—Mesopotamia : light that
         did not fail, by E. A. Speiser.—Daily life in ancient Egypt, by W. C.
         Hayes.—The Greek way, by E. Hamilton.—Greece, the birthplace of
         science and free speech, by R. Stillwell.—The Roman way, by E.
         Hamilton.—Ancient Rome brought to life, by R. Carpenter.
           1. Civilization, Ancient.    ɪ. Title.

         CB311.N3                  913.3                  51—5388
         Library of Congress       ₍59e⁴5₎
```

[表-4] 書名 카드

```
              The living past.
 901
 L691   Lissner, Ivar, 1909-
           The living past.  Translated from the German by J. Max-
         well Brownjohn.  New York, Putnam's ₍1957₎
           444 p.  illus.  22 cm.
           Translation of So habt ihr gelebt.




           1. Civilization—Hist.    ɪ. Title.
         CB87.L513                  901                   57—12213
         Library of Congress        ₍30₎
```

나머지의 카드의 記載部分은 基本記入카드 그대로의 複製이다

主題標目은 한 圖書의 內容을 묘사한다. 그러므로 이것은 讀者에게 그의 目的을 위한 그 圖書의 有用性을 나타낸다. 主題標目은 論理的이고 統一的이며, 카드目錄 전체를 통해서 계속적으로 사용된다. 주어진 主題에 관해서 한 책을 위해서 사용된 主題標目은 그 圖書館에

서 그와 동일한 主題를 충분히 다루고 있는 모든 책에 대해서도 사용
될 것이다. 만약 讀者가 '圖書館'에 관한 資料를 사용한다면, 그는 그
圖書館에 있는 이 主題가 충분히 다루어진 모든 圖書가 '圖書館'이라
고 하는 標目下에 나열되고 있는 것을 발견하게 될 것이다. 이러한
標目들은 著者名에 의한 알파벳순으로 目錄에 같이 배열될 것이다.
하나의 主題標目은 하나의 낱말이거나, 하나의 句節(Phrase)이거나 하
나의 낱말을 강조하기 위해서 倒置된 複合標目이 될 것이다.

Literature	문학
Literature-Bibliography	문학-서지
Literature, Modern	문학, 현대

[表-5] 主題 카드

主題標目은 著作의 形式(미국시-전집)이나 地域(교육-미국)에 의해
서도 決定되며, 또는 主題에 의해서 細分된 地域(프랑스-정치와 정부)
에 의해서도 決定된다.
　主題名標目에 관한 知識과 理解는 目錄의 效果的인 이용을 위해서

필수적인 것이다. 만약學生이 한 圖書의 著者와 書名을 알고 있고 그 圖書館이 그 책을 가지고 있으면, 目錄에서 그것을 찾기는 비교적 간단하다. 그러나 만일 學生의 課題가 한 主題에 관한 資料를 발견하기 위한 것이라면, 카드目錄에서 그의 論題(topic)를 발견하는 方法을 알기 위해서, 主題名標目의 性格－즉 그들이 어떻게 決定되며, 어떻게 構文이 되는지-를 理解해야만 한다. 예를 들어서 그의 論題(topic)가 '미국에 있어서의 사회생활'이라면, 그는 目錄에서 '미국-사회생활과 풍속'을 찾아야 할 것이다. 만약 論題가 '의무교육'이라면 그는 '교육, 의무'를 찾아야 할 것이다.

기타의 論題와 그의 主題名標目의 예는:

論　題	主題名 標目
미국소설 (The American novel)	미국소설－역사와 평론 (American Fiction-History and Criticism)
현대영국사 (The History of Contem-porary England)	대영제국－역사－이십세기 (Great Britain-History Twentieth Century)
음악사 (The History of Music)	음악－역사 (Music-History)
미국혁명 (The American Revolution)	미국－역사－혁명 U.S－History－Revolution
프랑스정부 (The Government of France)	프랑스－정치와 정부 (France-Polities and Government.)

[表-6] 編者副出記入

```
913.358        Cameron, George Glenn, 1905-        ed.
C42t
        Chiera, Edward, 1885-1933.
            They wrote on clay; the Babylonian tablets speak today,
        by Edward Chiera ... edited by George G. Cameron ...
        Chicago, Ill., The University of Chicago press [°1938]

            xv, 234, [1] p.  front., illus.  19½ cm.

        Map on lining-papers.



            1. Mesopotamia—Antiq.  2. Excavations (Archaeology)—Mesopota-
        mia.  3. Cuneiform inscriptions.    I. Cameron, George Glenn, 1905-
        ed.  II. Title.

        DS69.5.C5                913.358            38—27631
        Library of Congress            [58t°3]
```

　각 카드에 열거된 主題名標目을 잘 읽으면 결국 硏究하고 있는 資料가 발견될 수 있는 다른 主題를 발견하게 될 것이다. 만약 論題가 '圖書와 圖書館'(Books and Libraries)이면 學生은 '圖書'(Books)라고 하는 標目에서 '圖書-歷史'(Books-History), '圖書館-歷史'(Libraries-History), '筆寫-歷史'(Writing-History) 등등의 標目으로 갈 수 있게 할 것이다.

　기타의 記入: 만약 한 척이 共著者나 혹은 중요한 編者, 揷畵者, 번역자를 가지고 있으면, 이 각각을 위해서 카드가 한 장씩 만들어진다. 사람의 이름은 著者의 이름 우에 카드의 上部에 검은색으로 打字가 찍혀진다. 이러한 카드들은 副出記入이라고 한다. 한 全集에 있는 각 說話나 희곡이나 隨筆을 위해서 書名카드와 著者카드가 만들어질 때 이 각 카드는 分出카드라고 하며, 이 카드들은 分出로서 參照된다. 한 年鑑에서 論及된 각 중요한 主題나 여러 사람의 傳記書에 收錄된 각 被傳者를 위해서는 著者書名카드가 만들어지게 된다.

[표-7] 分出記入

```
                    Daily life in ancient Egypt.
   913.3
   N21e           Hayes, William C.
                   'Daily life in ancient Egypt. (In
                  National Geographic Magazine. Every-
                  day life in ancient times. 1958.
                  pp. 71-168.)
```

目錄카드는 그것이 묘사하는 圖書를 나타내며, 目錄카드에 있는 情報에 관한 知的인 解說은 그것이 만들어진 책을 보는 것과 相應한다. 基本記入카드는 책의 標題紙에 나타난 項目을 기입하고, 겸해서 책의 크기 페이지 數 圖解資料의 종류와 量을 묘사한다. 또한 기본기입카드는 그 책이 書誌가 있는지 없는지를 표시하고 目次를 열거하기도 한다. 이 카드는 그 책에서 다루어진 主題를 표시하고, 혹은 그 책에 다루어진 主題가 여럿일 때에는 가장 완전하게 다루어진 主題를 최초의 主題標目으로 하여 比重이 큰 순서에 따라서 기입한다. 많은 경우에 있어서 目錄카드를 읽고 理解함으로써 하나의 책을 選擇하거나 排除할 수 있다.

目錄에 있어서의 카드의 배열

目錄에 있어서의 카드배열을 위한 規則은 각 圖書館에 의해서 채용되고 있다. 여기서는 몇 가지의 차이점이 있으나 일반적으로 이러한 實例는 다음과 같다.

1. Alphabet순 배열은 Letter-by-Letter 보다는 Word-by-Word이다.
   Word-by-Word, Letter-by-Letter배열의 예는 다음과 같다.

word-by-Word	Letter-by-Letter
Fort Dodge	Fort Dodge
Fort Erie	Forte
Fort Knox	Fort Erie
Fort Smith	Forth
Fort Wayne	Fortification
Forte	Fort Konx
Forth	Fortress
Fortification	Fort Smith
Fortress	Fortunate
Fortunate	Fort Wayne

2. 略字는 그것이 綴字化된 것으로 배열된다; St는 Saint로 배열되며, Mr.는 mister 등등으로 비열된다.
3. Mc와 M'으로 시작되는 이름은 그것이 綴字化된 것으로 배열된다.
4. 書名과 기타의 標目의 첫머리에 있는 定冠詞와 不定冠詞는 무시된다.
5. 歷史的인 副標目은 年代順에 따라서 배열된다.
6. 한 사람에 의한 圖書는 그 사람에 관한 圖書보다 앞에 배열된다.
7. 한 책의 最近版은 그의 初版코다 앞에 배열된다.

이러한 慣行에 따른 目錄카드 배열의 가장 단순한 形式의 例는 다음과 같이 나열된다.

The ABC of lettering	McNeill, Richard
The A Cappella chorus book	Mr. Mack
Aaron, Daniel, editor	Monetary fund
The Abbey theatre	100 days
Ability	Only A rose

Ability-testing	St. Augustine
Accent on teaching	School days
Accents on opera	Shaw, George Bernard, 1856-1950
Education－History	(as author)
Educational Psychology	SHAW GEORDGE BERNARD,
Literature	1856-1950[2] (as subject)
Literature-Dictionaries	U.S.-History-Colonial period
Literature－History	U.S.－History－Revolution
Mchenry, william	U.S.－History－Civil War
Machines	

---

2) 主題로서의 Shaw. George Bernard, 1856－1950.는 다른 主題標目이 打字로 찍히는 것과 마찬가지로 붉은 색이나 혹은 까만 大文字로 찍힐 것이다.

第3篇 一般參考資料

第6章 參考資料

　'參考'(Reference)라는 낱말은 '參照한다'(refer)는 動詞에서 왔는데, 이것은 '도와주도록 한다' 또는 '情報(information)를 대어 준다'는 것을 의미한다. 이와 같이 어떤 사람이나 사물이 이러한 目的에 의뢰되는 것이 參考이다. 하나의 論題나, 테마나, 하나의 事件이나, 사람이나, 날짜나, 場所나 혹은 하나의 낱말에 관한 도움이나, 情報를 위해서 調査되는 책은 參考圖書이다. 이러한 의미에서 전체적인 圖書館은 그것이 研究와 參考를 위해서 選擇되고 組織되고 배열된 것이기 때문에 하나의 參考集書이다.

　　이러한 圖書館은 그 自體가 수많은 卷數로 된 하나의 百科事典的 情報의 巨大한 超大圖書를 構成할 것이다. 情報를 調査하는 사람은 圖書館의 書架배열과 目錄과 主題索引과 書誌를 통해서 그가 원하는 것을 발견할 수 있다.1)

　그러나 어느 圖書館에 있어서나 어떤 종류의 情報를 위해서 다른 圖書보다 더 빈번히 參考되는 어느 정도의 圖書들이 있고, 그들의 組織과 배열이 빠르고 쉽게 이용하는데 알맞게 된 책들이 있고; 완전히 읽도록 된 것보다도 오히려 斷片的인 情報를 參照하도록 계획되어 쓰여진 기타의 出版物들이 있다. 대부분의 圖書館에서는 이러한 종류

---

1) Pierce Butler (ed), *The Reference Function of the Library*('The University of Chicago studies in Library Science'; Chicago, The University of Chicago Press, 1943), p.11.

의 資料들을 한 室이나 한 區域에 같이 모아서 參考集書나, 參考室이
나, 參考課라고 하는 것을 構成한다. 이러한 資料의 이용은 圖書館에
限定되어 있다. 質問은 參考集書 가운데 있는 資料源에서 완전히 解
答이 되거나, 혹은 하나의 주어진 資料는 情報를 求하는 사람이 그의
質問에 대한 충분한 解答을 確定하는데 參考해야만 할 기타의 圖書
와 資料를 指示하기만 할 것이다.

그리하여 參考集書나 參考室이나 參考課는 그 自體內에 있는 하나
의 分立된 圖書館이 아니라 學生이 그의 資料調査에 있어서 이용하
게 될 전체적인 圖書館의 많은 部門 가운데의 유일한 것이라는 것을
명백히 알아야만 한다.

參考圖書의 定義와 特性

'參考圖書'(Reference Book)라고 하는 用語는, 전체를 읽는 것이 아
니라 情報에 관한 項目을 參照하도록 계획하여 쓰여진 특수한 종류
의 出版物을 의미하게 되었다. 參考圖書는 많은 資料源에서 함께 모
여진 事實을 수록하여, 알파벳順이나 年代順으로 혹은 詳細한 索引과
數많은 相互參照를 사용해서 빠르고 쉽게 이용할 수 있도록 編成되
어 있다.

學生이 參考圖書를 效果的으로 有益하게 사용하자면, 그는 혼자서
이것들을 사용하는데 익숙해져야만 한다. 學生은 參考圖書가 어떠한
것이며, 어떠한 종류가 있으며, 각각 어떠한 종류의 質問이 解答되는
것이며, 각각의 책이 어떻게 編成되었는지를 익힘으로써 이러한 熟練
이 이루어진다.

參考圖書의 類型

　參考圖書에는 두 가지 類型이 있다; (1) 辭典이나 百科事典, 편람, 人名辭典, 地圖帖 및 地名辭典과 같이 필요한 情報를 收錄하고 있는 것과 (2) 索引이나 書誌 및 名鑑(directories)과 같이 이용자에게 情報가 발견될 수 있는 곳을 가르쳐 주는 것이다.

　이러한 두 가지 類型의 參考圖書에는 一般的인 것과 專門的인 것의 두 가지 등급이 있는데, 專門的인 것은 本書에서 '主題別參考資料'에서 論及하였다.

　一般參考圖書; 一般參考圖書는 어느 유일한 主題에 限定된 것이 아니라 모든 主題分野나, 적어도 많은 主題分野에 유용한 範圍가 넓은 參考圖書이다. 一般參考圖書의 종류는 그의 形態와 그것이 收錄하는 資料에 따라서 辭典, 百科事典, 索引, 年鑑, 편람, 年譜, 人名辭典, 名鑑, 地圖帖, 地名辭典 및 書誌등이 있다.

　各種의 參考圖書는 특정한 事實을 參考하도록 계획되어 있다. 論理的으로 말하면, 하나의 주어진 參考圖書는 어떠한 다른 參考圖書가 그것에 대해서 할 수 있는 것보다 더 잘 參考되도록 계획된 특정한 事實를 說明해 준다; 그러므로 비록 다른 參考圖書가 동일한 情報의 어떤 것을 收錄하고 있다 할지라도 우선 그러한 중류의 情報를 收錄하고 있는 參考圖書를 參考해야만 한다. 예를 들면, 辭典이나 百科事典은 地理的인 位置에 관한 情報를 줄 것이다. 그러나 地理的인 名稱과 位置에 관한 情報를 提示해 주는 것을 유일한 目的으로 하여 마련된 地名辭典이 地理的인 位置에 관한 情報를 찾는 데는 첫째이다.

　一般參考圖書의 종류와 그들이 이바지하는 目的과 各種의 實例는 다음과 같다;

1. 辭典은 낱말의 意味, 由來, 綴字, 發音, 音節, 慣用法 및 現行狀況에 관한 情報를 提供한다.

   a. *Webster's New International Dictionary of the English Language.*

   b. *Funk & Wagnalls New Standard Dictionary of the English Language*

2. 百科事典은 主題에 관계된다. 이것은 定義, 묘사, 背景 및 書誌的인 參考文獻등을 포함해서 한 論題에 관한 槪觀을 提示한다.

   a. *Encyclopedia Americana*

   b. *Encyclopaedia Britannica*

3. 索引은 어디에서 情報가 발견될 수 있는지를 가리켜 준다. 定期刊行物에 나타나는 記事에 대한 索引이있고, 全集物에 나타나는 記事나 隨筆이나 詩나 기타의 作品에 대한 索引이 있다.

   a. *Readers' Guide to Periodical Literature*

   b. *Essay and General Literature Index.*

4. 흔히 年報(Annual)라고도 하는 年鑑은 지난해의 事件들을 간략하고 요약된 形式으로 表現한다.

   a. *American Yearbook*

   b. *Britannica Book of the Year*

5. 文字 그대로 손으로 편리하게 다룰 수 있는 작은 책으로 된 편람(Hand book)은 情報의 잡다한 項目을 提示해 준다. 이것은 雜錄(miscellany), 必携(manual), 案內書(companion), 또는 摘要(compendium)라고도 불린다.

   a. *Brewer's Dictionary of Phrase and Fable*

   b. *The Book of Days*

6. 本來 날짜[日] 달[月] 公休日 및 日氣豫報 등에 의한 來年의 豫定表인 月曆은 잡다한 事實과 統計的情報集에 대해서 주어진 이름이다.

   a. *The World Almanac and Book of Facts*

b. *Information Please Almanac*

7. 人名辭典(biographical dictionary)은 姓에 의한 알파벳순으로 배열된 各 個人의 生活에 관한 다양한 길이의 스케치集이다.

   a. *Who's Who*

   b. *Dictionary of American Biography*

8. 名鑑은 個人이나 機關이나 團體의 이름과 住所를 열거한다. 이것은 目的, 料金, 및 機關의 직원과 같은 기타의 적절한 情報도 提示할 것이다.

9. 地圖帖은 說明文이 있거나 혹은 없는 地圖, 版畵 혹은 海圖의 책이다.

   a. *Hammond's Ambassador World Atlas*

   b. *Goode's World Atlas*

10. 地名辭典은 場所에 관한 地理的인 情報와 데이터를 提示해 주는 책이다.

    a. *Columbia-Lippincott Gazetteer of the World.*

    b. *Webster's Geographical Dictionary*

11. 書誌는 서로 어떠한 관계를 가지는 圖書 및 기타의 資料의 目錄이다. 열거된 資料는 著者 書名 出版者 價格 및 페이지 수로서 묘사된다. 어떤 書誌에 있는 資料는 書評이 주어진다.

    a. *Cumulative Book Index*

    b. *Bibliography of Bibliographies*

　主題參考圖書; 主題參考圖書는 그 資料가 文學 藝術 또는 歷史와 같은 특정한 主題에 기여하는 參考圖書이다. 대부분의 主題分野에는 일반분야에 있어서의 參考資料와 동일한 종류가 있다. 主題參考圖書는 第15章부터 第20章에서 論述하기로 한다.

參考圖書의 有用性의 判斷

하나의 특정한 目的을 위한 參考圖書의 有用性은 몇 가지 기본적인 質問을 解答함으로써 判定될 것이다.

1. 標題紙나 序文페이지에 열거된 編輯陣이 專門的인 主題를 著述한 사람인가? 學術的으로 表示된 또는 그들이 차지하고 있는 어떤 기타의 地位로서 表示된 그들 分野에 있어서의 專門家인가?

2. 그 圖書의 主題의 有用性이 時間의 영향을 받는다고 생각되는가? 만일 그렇다면 이 책이 時效性이 지나지 아니하였는가?

3. 그 책이 이러한 크기의 著作에서 다룰 수 있는 이상으로 收錄하려고 試圖하지 아니하였는가?

4. 이 책이 적절한 索引과 相互參照로서 迅速하고 容易하게 사용할 수 있도록 編成되었는가?

5. 그것이 本文만 提示하고 있는가, 또는 圖解資料도 收錄하고 있는가? 圖解資料가 잘 選定된 것인가?

6. 序文에 論述된 바와 같이 資料에 관한 陳述이;
   a. 일반 사람을 위해서 平易한가?
   b. 專門家를 위해서 技術的인가?
   c. 學者를 위해서 學術的인가?

7. 資料의 取扱에 있어서 어떠한 偏重의 表示가 있는가?

8. 책에 書誌가 提示되어 있는가? 그것이 時效性이 있는가?

9. 印刷가 선명하고 명료한가?

10. 이 책으로 하여금 어떠한 質問이 解答될 것인가?
   a. 實際的인 것?
   b. 統計的인 것?
   c. 歷史的인 것?

　d. 現時的인 情報?

11. 어떠한 主題分野가 준점이 되고 있는가?

　a. 科學?

　b. 文學?

　c. 社會科學?

參考圖書의 選擇

　주어진 質問을 가장 有利하고 效果的으로 解答하기 위한 參考圖書를 選擇하는데 있어서는 質問의 性格을 理解하고 주어진 質問을 解答하는데 있어서 여러 가지 參考圖書의 有用性을 아는 것이 필요하다. 첫째 質問을 分析하고 어느 參考圖書 혹은 圖書가 質問이 要求하는 情報의 종류를 提示하는가를 결정한다.

　1. 質問에 解答하기 위해서 어떤 종류의 情報가 필요한가?

　　a. 用語의 定義인가?

　　b. 統計的 情報인가?

　　c. 철저한 說明이나 論述인가?

　　d. 간략한 概要인가?

　2. 그 質問이 어느 主題分野에 속하는가?

　　a. 歷史, 經濟, 地理?

　　b. 여러 主題分野를 다루고 있는가?

　3. 어떠한 要素가 이 質問에 영향을 주는가?

　　a. 年月日?

　　b. 位置?

　　c. 經濟的인 條件?

　　d. 歷史的인 事件?

　4. 어떠한 종류의 參考圖書가 필요한가?

   a. 定義를 위한 一般辭典?

   b. 專門的인 用語를 위한 主題辭典?

   c. 槪觀이나 槪要를 위한 百科事典?

   d. 現時的인 情報를 위한 定期刊行物記事?

   e. 統計를 위한 年鑑?

   f. 여러 가지 參考圖書의 綜合?

參考圖書의 利用

어떠한 參考圖書를 理知的이고 效果的으로 이용하기 위해서는 그의 뚜렷한 특징을 說明하고 있는 序文페이지를 읽는 것이 필요하다. 이러한 특징은 다음과 같다.

  1. 資料의 編成과 表現에 따른 계획:

   a. 알파벳순; word-by-word인가, Ietter-by-Ietter 인가

   b. 年代順

   c. 論理的인 順序로서 페이지 수나 기타 한 全集에 있어서의 詩의 번호 또는 項目의 번호와 같은 數字의 參照가 주어진 詳細한 索引 등이 갖추어진 것.

  2. 本文에 사용된 記號와 略字

  3. 發音을 表示하는데 사용된 發音表示나 音聲表現.

다음의 章에서 各種의 一般參考圖書를 특별한 目的을 위한 有用性을 중점으로 하여 論述하고자 한다.

第 7 章 辭典

'……辭典의 有益性에 관해서. 大衆은 사람들에게 辭典보다 더 많이 奉仕해 주고 正確한 知識을 주는 책은 없다는 것을 충분히 알고 있다.'[1)]

최초의 辭典들은 한 言語의 낱말의 意味가 다른 낱말로 주어지는 것이었다. Sumer 文化의 廢墟에서 發見된 粘土板가운데에는 Sumer의 낱말을 Semitic-Assyria의 意味로 주어진 辭典이 있었다. 單語集을 의미하는 *dictionarious* 라는 낱말은 약 1225年頃 최초로 Latin 用語集의 書名으로 英語에서 사용되었다. 16세기말 이전에 여러 개의 Latin-English 辭典과 동시에 英語와 기타 現代의 言語辭典들이 나타났다. 17세기에 辭典(Dictionary)이라는 이름은 점차 英語單語를 英語로 解說하는 著作에 주어졌다.

최초의 일반적이며 包括的인 英語辭典은 1721년에 出版된 Nathan Bailey가 엮은 *Universal Etymological English Dictionary* 였는데 이것은 發音과 發音을 위한 典據가 주어졌으나 定義가 아주 간략하였다.

1755년에 나타난 Samuel Johnson의 *A Dictionary of the English Language*는 英語에 있어서의 모든 '훌륭한' 낱말들을 그들의 적절한 意味를 주어서 열거하려고 계획되었다. 낱말의 用法을 解說하는데 많은 문제가 있었는데, 이 解說의 問題는 그 후부터 辭典을 만드는 사람들에게 反復되었다. Johnson의 Dictionary는 1828년까지 英國과 美國에

---

1) "Preface", Antoine Furetiere (comp), *Dictonnaire Universel* (A LA Haye et A Rotterdam; Chez Amout et Reinier Leers, 1691). I, i.

서 사용되었으며, 이 해에 **Noah Webster**의 *American Dictionary of the English Language*가 出現하였다. 오늘날 우리가 사용하는 *Webster's New International Dictionary of the English Language*는 이 1828년의 著作의 後繼者이다.

다음으로 중요한 英語辭典은 *New English Dictionary on Historical principles*였다. **Sir James Murray**가 編輯責任者로서 1878년에 이 10卷의 著作을 出版하는 事業을 시작하였다. 이것은 1928년에 完成되었다. 약간의 修訂과 增補를 가하여 1933년에 *Oxford English Dictionary*라는 書名으로 再發行된 이 辭典은 현재 일반적으로 사용하고 있는 또는 1150년 이후에 어느때인가 사용되었던 英語낱말에 대해서 起源 意味 및 歷史的인 發展을 記述하는, 낱말에 대한 歷史的인 方法을 적용한 하나의 實例이다.

辭典의 特性

뚜렷한 *American Dictionary of the English Language*와 *Oxford English Dictionary*의 形式에 따르고 있는 오늘날의 辭典은 우선 각 낱말의 發音, 由來, 用法, 意味 및 綴字에 관해서 論述된 單語集이다. 겸해서 辭典은 同意語, 反意語, 解說的引用文, 地圖와 圖版, 傳記的事實 및 地理的인 情報도 주게 될 것이다. 이와 같이 하나의 辭典은 낱말책, 地名辭典, 寶典, 傳記辭典, 및 百科事典의 結合이라고 할 수 있을 것이다.

대부분의 辭典들이 參考의 편의상 알파벳순으로 배열되어 있기 때문에 낱말 '辭典'(dictionary)은 어떤 낱말이나 語題의 알파벳순을 의미하게 되었다. 알파벳순으로 배열된 한 專門主題分野에 있어서의 情報의 項目集이 흔히 辭典이라고 불린다. 心理學, 教育學, 哲學, 音樂,

數學 및 기타의 많은 主題에 관한 辭典이 있는 동시에 날짜, 事件, 戰爭, 植物 및 運動에 관한 辭典도 있다. 사실상 主題와 事物에 관한 辭典이 그 數에 있어서 낱말이나 言語에 관한 辭典보다 더 많다.

한 主題에 속하는 낱말 가운데의 적은 부분인 다만 적은 數의 낱말이 주어질 때 혹은 이러한 낱갈이 다만 부분적으로만 說明될 때 이 著作은 하나의 語彙集(*vocabulary*)이다. 어떤 특정한 主題나 한 책에 있어서의 技術的인 낱말이나 表現에 관한 解說이 나열된 것은 하나의 用語集(*glossary*)이다.

辭典의 有用性의 判斷

어느 辭典이건 기본적인 目的은 낱말에 관한 質問에 解答하기 위한 것이다. 한 辭典의 有用性은 그것이 質問에 解答하는 方法에 의해서 결정된다. 하나의 辭典을 가장 效果的으로 이용하기 위해서는 그것이 나타내야 하는 것이 무엇이며 資料가 어떠한 方法으로 表現되었는가를 理解하는 것이 필요하다. 利用者는 어느 것이 주어진 質問에 가장 완전하고 가장 만족하게 解答할 것인지를 결정하기 위해서 辭典의 종류와 各種 辭典의 뚜렷한 특성을 알아야 한다.

한 辭典의 有用性을 判斷하는데 있어서 다음과 같은 點을 유의해야 한다.

1. 그 辭典이 言語의 어느 部面을 收錄하고 있는가? 俗語, 方言, 死語 및 技術用語? 또한 標準語?
2. 어느 時代의 言語를 收錄하고 있는가?
3. 文法의 用例가 주어졌는가?
4. 複數, 動詞, 時制 및 品詞가 表示되었는가?
5. 音節이 表示되었는가?
6. 發音이 어떠한 方法으로 表示되었는가? 發音表가 사용되었으면

그것이 解說이 되어 있는가?

7. 定義가 明確한가?

8. 定義가 歷史的인 順序로 주어졌는가, 現行用方法順인가?

9. 낱말의 語源이 주어졌는가?

10. 解說的인 資料—引用文, 地圖, 그림, 圖表가 사용되었는가? 그 것이 적절하고 알맞은가?

11. 同意語와 反意語가 주어졌는가? 그것이 解說되어 있는가?

12. 略字와 記號가 解說되어 있는가?

13. 百科事典的情報, 즉 傳記, 地理的 歷史的事實 등과 같은 資料 가 收錄되어 있는가?

14. 이 辭典이 사용하기에 편리한가?

15. 이상에 말한 各 事項에 관해서 다른 辭典에 비하여 어떠한가?

사람들이 여러 가지 辭典을 이용할 때 이상에서 열거한 많은 質問 들이 解答될 것이며; 기타의 解答은 各 辭典의 序言과 緖論에서 발견 될 것이다. 辭典을 만드는 것은 대단히 복잡한 技術的인 事業이며, 어느 것이던 훌륭한 辭典은 많은 專門的인 編輯陣을 가지게 될 것이 다. 이 編輯者들이 그 辭典을 만드는데 그들이 따랐던 節次를 說明할 것이다. 하나의 辭典을 가장 效果的으로 이용하기 위해서는 學生은 처음에 그것을 參考할 때 그 辭典의 目次 序文 및 緖論을 檢討해야 만 한다.

辭典의 種類

辭典은 (1) 한 言語의 낱말에 관해서 發音, 由來, 綴字法, 意味 등 과 같은 모든 情報를 提示하고 있는 一般語辭典과 (2) 語源, 同意語, 反意語, 俗語, 口語, 方言 및 用法과 같은 言語의 특정한 面을 提示해

주는 辭典으로 區分될 수 있다.

一般語辭典은 (1) 詳細하게 된, 즉 完全한 것이 있고 혹은 (2) 간략화된, 즉 內容에 있어서 縮少되었으나 그의 詳細辭典의 특색을 보유하고 있는 것이 있다. 이것은 英語辭典이나 外國語辭典이나 마찬가지다.

言語의 특정한 觀點에 관한 辭典들은 제19장 言語學에서 論述하였다.

代表的인 辭典

詳細한 一般語辭典

Craigie, Sir William A., and others (eds). *A Dictionary of American English on Historical principles*, 2d ed. Chicago; University of Chicago Press, 1960. 4. Vols. Oxford English Dictionary의 계획을 따르고 있고, 英語가 美國에 들어와서 19세기 말기까지의 說話를 연결시키고 있고, 美國에서 생겨난 낱말을 表示하고 있으며, 俗語와 方言은 收錄하지 아니하였다.

Funk & Wagnalls New Standard Dictionary of the English Language. New York, Funk & Wagnalls company, 1959. 모든 現行하는 낱말을 收錄하고, 現行의 意味를 최초에 주고, 發音, 綴字法, 語源을 밝히고, 많은 技術用語와 新聞과 定期刊行物에서의 解說的인 引用文과 地理的인 項目을 收錄하고, 外國의 낱말과 語句의 追補가 있다.

Murray, Sir James Augustus Henry, and others (eds). *The Oxford English Dictionary* 이것은 *A New English Dictionary on Historical principles*. London; Oxford University Press, 1933. 12 Vols and

Supplement의 修訂版으로서 序文과 追補와 書誌가 더 收錄되어 있다. 1150년 이래 英語로 導入된 각 낱말의 歷史的인 發展을 나타내고, 그것이 導入되어 계속 사용된 年代를 表示하고, 각각의 意味를 文學 作品으로부터의 引用文을 가지고 解說하고 있으며, 發音 語源 語形變 化의 形式 및 同意語를 表示하고 있다.

Webster's New international Dictionary of the English Language. 2d ed. Springfield. Mass.; G & C. Merriam Company, 1959. 歷史的인 순서로 定義를 내리고, 地名의 發音과 傳記의 情報를 特記하고, 俗語, 方言, 死 語, 技術用語를 收錄하고, 英國發音을 表示하고, 주요한 語彙에 있어서 의 外國의 낱말과 文句를 收錄하고 있다. 1961년의 제3改訂版에서는 古語와 古文이 省略되었고 意識的으로 大衆化하려고 노력하였다.

簡易一般語辭典

The American College Dictionary. Newly Revised ed. New York, Random House, inc., 1957. 각 知識分野에 있어서의 기본적인 낱말을 중점으로 하고 있다. 現行用法의 指針이 될 것을 目的으로 하고 있다.

Funk & Wagnalls New College Standard Dictionary. New York Funk & Wagnalls Company, 1956. 綴字法을 강조하고, 追補에 人口統計와 略字를 附錄하고 있으며, 詳細한(原典인) New Standard Dictionary에 기초를 두고 있다.

Funk & Wagnalls Standard Dictionary of the English, Language. International. ed. New York, Funk & Wagnalls Company, 1958. 確立 된 낱말과, 技術的이며 專門的인 用語, 俗語, 外國의 語句와 이름 등 을 收錄하고 있다.

The Shorter Oxford English Dictionary on Historical principles. 3d ed. Revised. New York, Oxford University Press, 1947. 2Vols. Oxford English Dictionary의 公認된 縮少版으로서 이 著作의 특색을 縮少한 形式으로 收錄하고 있다.

Webster's New Collegiate Dictionary. 6th ed. Springfield, Mass., G. & C. Merriam Company, 1960. Webster's *New international*

[表-8] *Webster's New international Dictionary*에 있는 項目(……)
에서의 拔萃

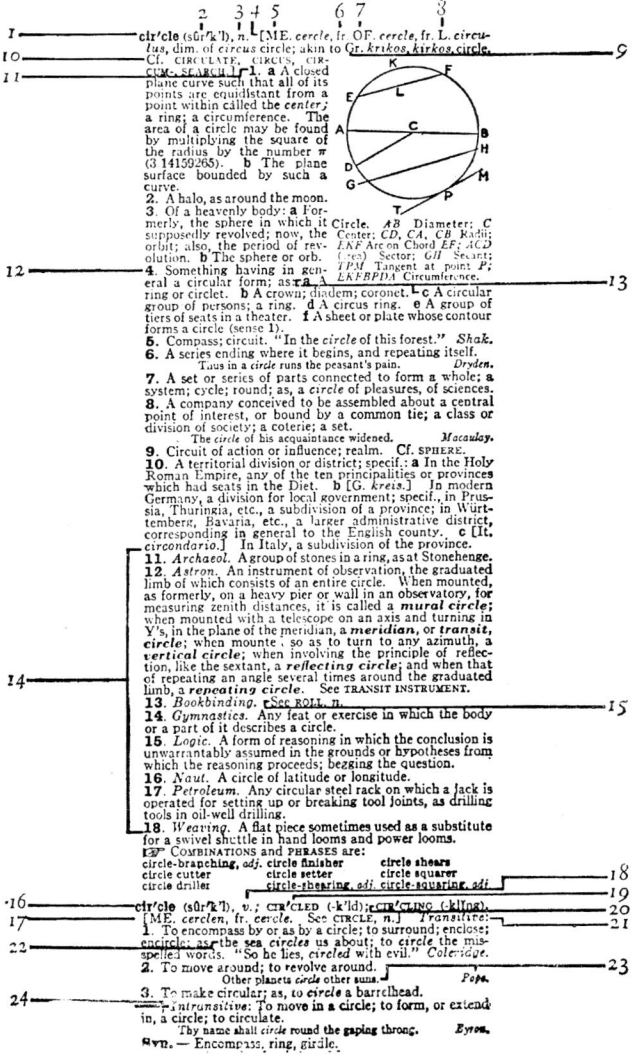

(1) 語彙의 項目(entry), (2) 發音-Webster의 音聲符號인 發音區別表示. (3) 品詞. (4) 語源 (5) 中世英語, (6) form, (7) old French, (8) Latin, (9) Greek, (10) 語源의 相互參照-cf(Compare) 낱말들 사이에 관계가 있다는 것을 暗示한다. (11) 意味에 있어서 아주 다른 定義를 번호를 주기 위해서 사용된 고딕체의 아라비아 數字 (12) 分立된 意味를 가진 定義에 번호를 준 것. (13) 意味가 쉽게 그룹으로 될 수 있을 때 사용된 고딕체, (14) 技術的이며 科學的인 意味들을 알파벳순으로 배열하였다. (15) 그 意味를 理解하는데 아주 중요하거나 기본적인 情報를 위한 보라 參照 (16) 語彙記入, (17) 動詞形의 語源, (18) 品詞, (19)와 (20) 語形變化形式, (21) 動詞形 (22) 意味를 解說하는 例, (23) 文學으로부터의 解說的인 引用, (24) 動詞形, 〈Webster's New International Dictionary of the English Language. 2d ed. Springfield Mass, G. & C Merrian Company, Publishes of the Merriam-Webster Dictionaries Copyright, 1959에서

Dictionary, 2d ed.에 기초를 두어 大學生과 一般大衆의 요구에 알맞도록 하였으며, 百科事典的 情報는 수록하지 아니하였다.

World Dictionary of the Webster's New American Language. College ed. Cleveland, the World Publishing Company, 1959. 美國의 觀點에서 20세기 中葉의 形態로 定義를 주그 있다.

外國語辭典[2] -對譯辭典

佛 語

CassellL's New French Dictionary, 5th ed. New York, Funk & Wagnals Company. 1951. 科學, 藝術 및 商業에 있어서의 새로운 낱말을 收錄하고 있다.

Mansion, J. E.(ed.). *Heath's Standard French and English Dictionary.* Boston, D. C. Heath and Company, 1934~1936. 2 Vols.(各卷에 1955

---

2) 外國語辭典에 대한 더 詳細한 것은 Robert L. Collison의 *Dictionary of Foreign Languages.* (New York. Hafner Publishing Company. 1955)을 보라.

년의 追補版을 붙여서 1959년에 再印刷) 現行의 辭典으로서 外國의 新
聞을 읽는 사람들의 요구에 이바지하고 있다.

Mansion, J. E.(ed.) *Heath's Standard French and English diction ary
Supplement*. New ed. compiled by R. P. L. Ledesert. Boston, D. C.
Heath and Company, 1955.

독일어

Barker, M. L., Homeyer, H., and Carr, C. T.(comps.) *The Pocket
Oxford German Dictionary*. London, Oxford University Press, 1951. 大
衆用으로 마련되었다.

Betteridge, Harold T. (ed.). *The New Cassell's German Dictionary
German-English, English-German*. (Karl Breul의 版을 기초로 하여 完
全히 改訂하고 再編) New York, Funk & Wagnalls Company, 1958. 技
術用語와 地理的인 固有한 이름을 收錄하고 現行用法에 중점을 두고
있다.

희랍어

Edwards, Gerald Maclean (ed.). *English-Greek Lexicon*. London, Cambridge
University Press, 1912.(1938년 再刷) 古代희랍어에 有用하다.

이태리어

Rebora, Piero, and Others (comps.) *Cassell's Italian-English,
English-Italian Dictionary*. London, Cassell & Co., 1958. 이태리어의
一般辭典으로서 口語와 新語 또한 死語와 古典에서 발견된 낱말 등을
收錄하고 있다.

Hoare, Alfred (ed.). *Italian Dictionary*. 2d ed. London, Cambridge

University Press, 1925 文學에 이용되는 參考辭典으로서 이바지하며, 引用文, 語句, 熟語를 收錄하고 있다.

라틴어

Simpson, D. P.(ed.). *Cassell's New Latin Dictionary; Latin-English, English-Latin.* 完全改訂 New York, Funk & Wagnalls Company, 1960. 새로운 資料를 收錄하고 있으며 初步的인 學生에게 有用하다.

러시아어

Müdller, Vladimir Karlovich (ed.). *English-Russian Dictionary.* 6th ed. New York, E. P. Dutton & Co., 1959. 러시아의 國語의 一般辭典으로서 現代的이고 現時性이 있다(Smirnitsky의 Russian English Dictionary를 보라.)

Segal, Louis (ed.). *New Complete English-Russian Dictionary.* 3d ed London, Percy Lund, Humphries & Co., 1958. 새로운 낱말과 技術用語 熟語, 口語를 收錄하고 있다.

Smirnitsky, Aleksandr Ivanovich. *Russian-English Dictionary.* 3d ed. revised and enlarged. Under the editorship of O. S. Akhmanova. New York, E.P. Dutton & Co., 1959. 일반적인 낱말을 收錄한 것으로 現時性이 있다. (Müller의 Enelish-Russian Dictionary를 보라.)

스페인어

Cuyàs, Arturo (ed.). *Appleton's New English-Spanish and Spanish-English Dictionary.* revised ed. New York, AppletonCentury-Crofus, 1953. 2 Vols. 熟語와 專門用語를 收錄하고 특히 美國과 Latin America에 있어서의 用法에 중점을 두었다.

Hinojosa, Ida Navarro (ed.) *New Revised Velazquez Spanish and English Dictionary.* Chicago, Follett Publishing Co., 1959. 철저한 改訂版으로서 일반적으로 사용되는 수많은 새로운 用語와 熟語의 表現을 나타내고 實業과 時事的인 事件, 技術 및 科學의 用語를 收錄하고 있다.

Peers, Edgar Allison, and Others(comps.). *Cassell's Spanish Dictionary; Spanish-English, English-Spanish.* New York, Funk & Wagnalls Company, 1960. Latin America의 스페인어에 중점을 두고 있다.

第8章 百科事典

어느 圖書館에 있어서나 모든 參考圖書가운데 百科事典보다 더 존경을 받는 것은 없을 것이다. 그 理由는 百科事典은 높고 고귀한 目的을 가진 오랜 歷史와 遺産을 가지고 있기 때문이다. 古代로부터 모든 人間의 知識을 하나의 著作 속에 收錄하려는것이 百科事典 製作者들의 目的이며 욕망이었다.

최초의 百科事典은 그時代의 知識과 思考를 要略하기 위해서 계획된 單一著者의 著作이었다. Aristotle은 수많은 百科事典的論文을 著述하였다. A.D. 77년으로부터 비롯한 Pliny the Elder의 *Historia Naturalis*는 그 編輯의 方法 때문에 최초의 百科事典이라고 일컬었다. 이것은 現存하는 最古의 百科事典이다.1)

일반적으로 中世의 百科事典은 學問가운데의 어느 한·두分野에 寄與되었으나, Seville의 主敎인 Isadore가 그의 著作에 모든 知識分野를 收錄하려고 試圖했는데 이것이 종종 '中世의 百科事典'이라고 불린다.

최초의 近代的 百科事典(百科事典이라는 書名이 주어진 최초의 著作)은 1630년에 Johann Heinrich Alsted에 의해서 Switzerland에서 出版되었다. 17世紀에 있어서 百科事典을 만드는데 대한 프랑스의 貢獻은

---

1) 1601년에 Philemon Holland에 의해서 英語로 번역된 *Historia Naturalis*는 여러 世紀동안 그것이 收錄한 主題−즉 物理學, 地理學, 民族學, 生理學, 動物學, 植物學. 醫學情報, 鑛物學 및 藝術−分野에 관한 標準的權威였다. 43卷本은 1536년 이전에 出版되었고, 현재는 Loeh Classical Library로 10卷으로 발행되고 있다.

Louis Morér의 *Grand Dictionnaire*와 Pierre Bayle의 *Dictionnaire Historique et Crittique*였다.

英語의 百科事典은 1728년에 Ephraim Chambers의 2卷으로 된 *Cyclopae-dia*로서 시작되었는데 이것은 모든 百科事典이 이에 따르는 模型이 되었다. 프랑스어로 번역된 이것은 1751년부터 1772년까지 編輯陣으로서 프랑스의 모든 學者와 더불어 Diderot와 d'Alembert에 의해서 編輯된 L'Encyclopédiedu XVIIIe Siécle를 위한 著作의 길을 提供하였다.

*Encyclopaedia Britannica*는 처음에 藝術과 科學의 辭典으로서 3卷으로 1771년에 Edinburgh에서 出版되었다. 제2版은 10卷으로서 歷史와 傳記가 追加되었다. 기타 學術的인 9版과 11版등의 大型版이 계속 出版되었다. 이것은 1920년에 Sears, Roebuck & Company에서 版權을 가졌는데 1942년에 Chicago 大學으로 넘겨졌다.

美國에 있어서의 百科事典 編纂은 1829년 *Encyclopedia Americana*의 出版과 더불어 시작되었다. 百科事典 著作에 時事的인 스타일을 導入한 *New International Encyclopedia*는 1884년에 나타났다.

由來로 말하면 百科事典은 Greek사람들이 高等敎養敎育에 대한 기본적인 것이라고 생각하였던 藝術과 科學의 全分野에 걸친 가르침을 의미한다. Diderot는 그의 *Encyclopédie*를 '人間의 모든 知識을 蒐集하고 배열한 巨大한 寶庫'(immense depot)라고 생각하였다. Guizot(1828)는 百科事典을 "人間의 精神에 관한 모든 著作의 結果가 누구나 그의 호기심을 만족시키기 위해서 멈추는 사람에게 提示되는 巨大한 知識市場"이라고 보았으며, "그것을 꿈꾸어 본 일이 없는 그리고 百科事典이 없이는 그것을 결코 들어보지 못한 大衆의 門에 많은 思想과 實踐(記)을 두는 하나의 著作"[2]이라고 보았다.

오늘날 百科事典은 그것이 始初부터 가졌던 것처럼, 모든 知識分野

---

2) Francois Pierre Guillaume Guizot. 'Encyclopedie', Grand Dictionnaire Universel du XIXe Siecle Francois (1870). Ⅶ, 516 · 에서 引用.

에 관한 情報의 寶庫로서 각각의 藝術과 學問의 기초적인 一般原理와 가장 기본적인 詳細事項을 表現하는 것을 의미한다. 百科事典은 定義와 叙述, 解說, 歷史, 現行狀況, 統計 및 書誌를 가지고, 각 主題에 관한 槪觀을 記述하고 있다. 이것은 迅速하고 容易한 이용을 위해서 일반적으로 알파벳순으로 배열되고 있다.

이 방대한 著作은 가장 치밀한 計劃과 編輯 그리고 가장 經驗이 많은 著作者를 요한다. 훌륭한 百科事典 出版者들은 그들의 著作을 權威있고 正確하게 만드는데 비용을 아끼지 아니한다.

收錄된 著作의 量 때문에 百科事典을 해마다 改訂할 수는 없다. 그리하여 하나의 百科事典이 最新性을 유지하는 주요한 手段으로서 年刊追補나 年鑑을 發行하는 것이다. 年鑑을 發行하는데 겸해서 대부분의 주요 百科事典出版社들은 소위 '계속적인 改訂'의 프로그램을 가지고 있다. 이것은 百科事典의 編輯專門家들이 그들이 담당하고 있는 主題에 관해서 항상 일을 하고 있다는 것을 의미하며, 그 百科事典이 再版(改訂이 아닌)될 때마다 어떠한 記事들은 最新性을 가져온다는 것을 의미한다. 예를 들면 로켓에 관한 記事를 쓰는 責任을 가진 하나의 주요한 百科事典의 編輯陣容들은 그 百科事典이 1959년에 出版된 이후에 많은 새로운 情報를 얻었다. 이 百科事典은 1962년에 1959년版型에서 再印刷될 것이다. 이 1962년版은 로켓에 관한 記事를 제외하고는 1959년版과 동일할 것이며, 기타의 어떠한 記事는 완전히 再錄될 것이다. 이와 같이 印刷할 때마다 어떤 새로운 資料가 追加되고, 시일이 지나가는 동안에 百科事典 全體가 새로운 改訂版으로 나타나게 될 것이다. 이것이 계속적인 改訂이다.

百科事典은 學者와 知識層의 成人들을 위해서 著作된 것이 있고, 一般大衆用도 있으며, 기타의 靑年과 兒童들을 위해서 마련된 것도 있다. 이러한 각각의 百科事典에 있어서 기초적인 실제의 資料는 동일할 것이다. 그러나 이들은 다만 文體에 있어서, 收錄되는 附隨的인 資料의 量에 있어서, 그리고 表現하는 手法에 있어서 다르다.

百科事典의 기본적인 目的은 모든 知識分野에 관한 情報를 表現하는 것3)이지만 각각의 百科事典은 어떠한 重点을 가진다. 예를 들면 *Encyclopedia Americana*는 科學・技術 및 文學에 重点이 있고, *Encyclopaedia Britannica*는 藝術과 文學 및 生物科學에 重点이 있으며, *World Book*은 讀書興味에 重点이 있으며(각각의 記事는 年少者와 國民學校水準을 위해서 쓰여졌다.) *Compton's Pictured Encyclopedia*는 圖解資料에 重点이 있다.

百科事典의 選擇

百科事典은 두 가지 形式(type)이 있다.

1. 辭典體(形式)는 많은 알파벳순으로 배열된 특수한 標目下에서 主題들을 論述하고 있다.
2. 論文體는 큰 일반적인 標目下에서 많은 細分을 하여 主題를 陳述하고 있다. 論文式 百科事典은 긴 記事內의 작은 論題를 찾아보기 위해서 充分한 索引과 많은 相互參照가 필요하다.

하나의 百科事典의 有用性은 그 陳述한 目的을 充足시키는 범위에 달려 있다. 어느 百科事典이 주어진 主題에 관해서 가장 만족하게 資料를 提示할 수 있는가를 결정하기 위해서 學生은 다음과 같이 각 百科事典에 익숙해져야만 한다.

1. 權威
   a. 出版社가 잘 알려져 있고 信望이 있는가?
   b. 著作이 각 知識分野에 있어서의 專門的인 編輯陣에 의해서 明

---

3) 百科事典(Encyclopedia)이라는 이름은 하나의 특정한 知識分野의 모든 局面에 관한 情報를 나타내기 위해서 마련된 著作에도 주어진다. 이러한 종류의 百科事典은 일반적으로 모든 知識分野를 包括하는 一般百科事典과 구별해서 主題百科事典이라고 한다.

示된 것으로서 의뢰할 만한 것인가?

2. 目的

a. 編輯者가 目的하는 바가 무엇인가?

b. 이 著作이 어떤 사람을 위해서 만들어진 것인가?

  (1) 學者?

  (2) 一般大衆?

  (3) 靑少年이나 兒童?

    (a) 그것이 學校나 大學의 敎科課程을 補充하기 위해서 계획된 것인가?

    (b) 그것이 國民學校나 年少者水準에서 쓰여진 것인가?

3. 範圍

a. 包括的으로 收錄되었는가?

b. 한 知識分野에 限定되어 있는가?

4. 最新性

a. 새로운 著作인가?

b. 동일한 書名이나 혹은 다른 書名을 가진 舊版에 기초를 둔 것인가?

c. 記事에 들어 있는 統計, 地圖 및 圖表등의 資料가 낡은 것인가?

d. 書誌가 적절하고 새로운 것인가?

  (1) 그 主題에 관한 부연되는 讀書를 위해서 參照가 주어져 있는가?

  (2) 記事를 쓰는데 있어서 出典이 주어져 있는가?

  (3) 書誌가 각 記事에 깔려 있는가, 혹은 한 卷에 모여져 있는가?

5. 重点

a. 어느 主題分野가 重点이 주어졌는가?

b. 다른 百科事典에 비해서 어떠한 뚜렷한 특징이 있는가?

6. 體裁

  a. 體裁 즉 책의 크기, 종이의 質, 活字, 標目 및 책등(背)에 쓰인 글씨 등이 이용에 편리하도록 되었는가?
  b. 圖解資料가 本文에 적절하고 알 맞는가?

  이러한 質問 가운데의 몇 가지는 각 百科事典에 있는 序文페이지를 읽음으로써 解答될 수 있다. 그러나 기타는 學生이 여러 개의 百科事典을 사용함에 따라서 解答될 것이다.

百科事典의 利用

  최초에 百科事典의 利用如否를 決定하기 위해서는 序文을 상세히 읽는 것이 중요하다.
  1. 資料의 組織
  a. 작은 主題에 관한 짧은 記事로 되어 있는가?
  b. 크고 일반적인 主題에 관한 긴 記事로 되어 있는가?
  2. 배열
  a. 알파벳의 letter-by-letter인가, word-by-word인가?
  b. 論題順인가?
  3. 마련된 索引의 종류
  a. 긴 記事 안에 있는 작은 主題를 檢索하는 詳細한 索引이 있는가?
  b. 各卷마다 索引이 있는가 혹은 전체의 著作에 대해서 單卷索引으로 되어 있는가?
  4. 讀者에 대한 補助資料의 종류
  a. 發音이 표시되어 있는가? 어떤 體系에 따르고 있는가?
  b. 相互參照가 있는가?
  c. 略字와 記號가 解說되어 있는가?
다음에 열거한 一般百科事典의 뚜렷한 특징은 註解에서 說明하였다.

代表的인 百科事典

一般百科事典

The Encyclopedia Americana. New York, Americana Corporation, 1961. 30Vols. 작은 主題에 관한 짧은 記事와 동시에 긴 記事가 收錄된 學術的인 著作으로서 美國의 大都市와 小都市에 관한 各世紀의 歷史와 情報를 주고, 文學과 音樂의 著作에 관한 評價와, 어려운 낱말의 發音을 주고 있으며, 相互參照가 있다.

Encyclopaedia Britannica. Chicago, Encyclopaedia Britannica, inc., 1961. 24 Vols. 論文體로서 이 學術的인 著作은 완전한 索引과 많은 相互參照가 있다.

Collier's Encyclopedia. New York, P.F. Collier & Son Corporation, 1961・20 Vols. 現代的인 主題를 중점으로 하고 大學과 中等學校의 敎科課程을 補充하기 위한 資料를 收錄하고 있다.

Columbia Encyclopedia. 2d ed. New York, Columbia University Press, 1950(Supplement, 1959) 데스크型으로서 짧고 明確하고 간결한 記事를 收錄하고 있다.

Compton's Pictured Encyclopedia and Fact-index. Chicago, F.E. Compton & Company, 1961. 15 Vols. 하나의 主題에 대한 視覺的인 接近을 중점으로 하고 초등학교 수준의 記事를 收錄하고 있다.

The Lincoln Library of Essential Information. Revised ed. Buffalo, N.Y.

The Frontier Press Company, 1961. 知識을 12分野로 區分하여 各分野
에서 章으로 細分되어 있으며, 이러한 分野에 있어서의 기본적인 情報
가 限定되어 있고, 알파벳순의 索引이 있다.

The World Book Encyclopedia. Chicago, Field Enterprises Educational
Corporation, 1961. 18 vols. 초등학교와 兒童 水準을 위해서 쓰여졌으
며, 發音表示와 많은 相互參照가 있다.

外國의 百科事典

Bol'shaia Sovetskaia Entsiklopediia. 2d ed. Moscow, Sovetskaia
Entsiklopediis, 1949－1958. 51 Vols. 소비에트 정부에서 主管한 것으
로 範圍에 있어서 國際的이다.

Enciclopedia Italiana di Scienze, Lettere ed Arti. Rome, Instituto della
Encielopedia Italiana, 1929－1937.35 vols. 長文의 記事와 많은 書誌 및
모든 종류의 揷圖를 提示하고 있는데, 記行과 藝術 主題의 揷圖가 가
장 탁월하다.

Brockhaus' Konversations-Lexikon. der grosse Brcokhaus. Weisbaden F.
A. Brockhaus, 1952－1958. 12vols. 다른 나라의 말로 된 百科事典의
하나의 模型으로서 빈번히 改訂된다.

Enciolopedia Universal Illustrada Europeo-Americana. Barcelona,
Epasa, 1905-1933. 70 vols. with 10-volume supplement and a I-volume
appendix. Suplemento Anual. 1934－. 收錄範圍가 포괄적이며, Spain과
Spanish-American의 傳記와 地理的인 이름을 收錄하고 있다.

Grand Larousse Encyclopédique. Paris, Librairie Larousse, 1960－.
10vols. 辭典인 동시에 百科事典으로서 現代的인 主題를 收錄하고 있다.

Larousse, Pierre Athanase. *Larousse du XXe Siécle*. Paris, Larousse, 1928-1933. 6Vols. 간단한 解說的인 記事로 되어 있다.

第 9 章　索引

　　'索引'(index)이란 낱말은 Latin語인 *indicare*에서 由來한 말인데, 이
것은 指摘해 낸다(point out)는 것을 의미한다. 이와 같이 하나의 索
引은 찾는 情報를 提示하는 것이 아니라 그것이 어디에서 發見될 수
있는지를 指摘한다.

　　하나의 책의 索引은 일정한 情報가 發見될 수 있는 페이지를 指摘
한다. 個個의 目錄카드를 이루는 카드目錄은 한 圖書館에 있는 資料
에 대한 하나의 索引이다. 각각의 目錄카드는 請求番號(call number)
에 의해서 圖書나 기타의 資料를 位置를 지적하고 있다. 目錄카드는
하나의 주어진 책에 있는 일정한 資料가 發見될 수 있는 페이지를
줄 것이다. 예를 들면 이 카드는 書誌 p. 210-212라는 註解를 가질
것이다.

　　카드目錄과 圖書의 索引에 겸해서, 특정한 主題에 관한 資料를 찾
는 學生에게는 기타의 3種의 索引이 요구된다. (1) 定期刊行物에 나
타나는 文獻에 대한 索引, (2) 新聞에 나타나는 資料에 대한 索引,
(3) 全集이나 選集에 나타나는 文獻에 대한 索引.

定期刊行物

　　定期刊行物은 印刷術이 發明된 후에 곧 16世紀에 나타났다. 이들
은 팸플릿으로 시작해서 관계있는 팸플릿의 하나의 叢書로 成長하였

고, 17世紀頃에 現代의 定期刊行物의 性格을 차지했다. 18世紀를 통해서 '定期刊行物'(Periodical)"이라는 낱말은 주로 形容詞 즉 定期的인 文獻(Periodical Literature), 定期的인 出版物(Periodical Publication)로 사용되었다. 18世紀末頃에 이 用語는 新聞을 제외한 모든 定期的으로 發行되는 出版物에 적용되었다.

'journal'이라는 낱말은 본래 日刊新聞이나 出版物을 의미했는데, 이것은 그 후 뉴스나 어느 특정한 分野에 있어서의 現時的 흥미가 있는 資料를 포함하는 出版物을 의미하게 되었다.

Arabia의 *mákhazin*에서 由來한 '雜誌'(magazine)이라는 낱말의 歷史的인 意味는 貯藏庫(Storehouse)였다. 書名에 'magazine'이라는 낱말로써 英語로 된 최초의 出版物은 1731년에 London에서 創刊된 *Gentlemen's maga-zine*인데, 이것은 뉴스와 隨筆 및 기타의 월등하고 흥미 있는 文學의 短片을 담는 用器로서 계획되었다. 'magazine'이라는 말은 처음에는 內容에 대해서만 쓰였는데, 이것은 현재 形式도 포함하고, 揷圖를 포함해서 定期的인 간격으로 나타나는 여러 가지의 說話, 記事, 隨筆, 詩 및 기타의 資料集을 의미한다. 雜誌가 定期的으로—즉 週刊으로, 月刊으로, 隔月刊으로 혹은 季刊으로 나타나기 때문에 이들을 흔히 定期刊行物이라고 한다. 사실상 '定期刊行物'(Periodical), '日誌'(journal) 및 '雜誌'(magazine)는 일반적으로 서로 交替해서 사용된다.

미국에 있어서의 최초의 雜誌는 1741년 2월 13일에 發行되었는데 이때 Andrew Bradford가 그의 *American Magazine, or a Monthly View of the Political State of the British Colonies*를 發行하였다. 3日後 Benjamin Franklin은 *General Magazine, and Historical Chronicle, for All the British Plantations in America*를 發行하였다. 이 두개의 定期刊行物은 1741년 2월의 出版日字를 지속시켰다. Bradford의 雜誌는 3個月로 끝났으며, Franklin의 것은 6個月로 끝났다. 1775년 이전에 기타의 여러 개의 雜誌가 發行되었으나 革命을 무사히 겪고 남아 있는 것은 없다. 雜誌發行은 다시 1779년에 시작되었다.1)

이러한 빈약한 出發에서 雜誌出版은 一般雜誌와 商業誌, 職業的이고 娛樂的인 定期刊行物 및 專門會誌를 포함해서 현재까지 7000종 이상이 美國에서 發行될 정도로 成長하였다.2) 일반적으로 6個月이나 一年을 커버하는 일정한 號數가 一卷을 形成한다. 어떤 雜誌들은 各卷마다 하나의 索引을 發行하지만 기타의 많은 잡지들은 어떠한 종류의 索引도 發行하지 아니한다.

어떠한 主題이건 情報調査는 定期刊行物에 나타나는 資料의 檢討가 포함되어야만 한다. 이러한 資料의 중요성은 강조되지 아니할 수 없다.

1. 하나의 主題 특히 科學, 技術, 統計, 政治 및 經濟學의 分野에 있어서의 가장 최근의 資料는 定期刊行物에서 發見될 것이다.

2. 너무나 새롭거나 혹은 分明하지 않거나, 너무 一時的인 것으로 圖書에 收錄되지 못하는 主題는 定期刊行物에서 다루어진다.

3. 취미의 경향이나 어느 정해진 期間의 見解는 定期刊行物과 現代의 情報를 주는 現行發行物 그리고 과거의 思想과 問題 및 業績에 관한 記錄을 주는 舊刊物에서 쉽게 더듬어진다.

4. 圖書나 圖書의 어떤 部分은 흔히 그것이 單行本으로 出版되기 전에 우선 定期刊行物에 나타난다.

5. 專門的인 文獻은 敎授, 科學者, 醫師, 經濟學者, 法律學者 및 기타의 專門家들로 하여금 最新性을 유지하게 하는 定期刊行物에 의해서 追補된다.

圖書에서 發見된 情報를 補充하는데 있어서 定期刊行物의 중요성은 學校와 大學에서 認識되고 있으며, 學校와 大學들은 모든 學校의 圖書館에서 定期刊行物이 신임할 수 있다고 생각하는 範圍에 포함되

---

1) Frank Luther Mott. *A History of American Magazines.* 1741-1850.(Cambridge, Mass: Haryard University Press, 1938), I. 2－8 and 24.

2) James Playsted Wood. Magazines in the United States, 2d ed. (New York, The Ronald Press Company, 1956). p.326.

는 要件에 들어 있는 發行機關을 신임하고 있다.

定期的으로 刊行되는 文獻은 一般的인 것과 專門的인 것, 두 가지 部類로 區分될 수 있다. 一般定期刊行物은 한가지의 관계分野에만 한정되지 아니하고 많은 흥미 있는 分野를 다룬다. 예를 들면 *Harper's Magazine, Life* 및 *The Saturday Evening Post*등이다. 專門的인 定期刊行物은―보통 專門誌(professional journal)라고 하는데―知識의 특정한 分野에 관련된 主題에 관한 記事를 收錄하는데, 이 記事들은 보통 專門會員에 의해서 쓰여진다. 예를 들면 *College English, Journal of Geography, American Journal of Psychology* 및 *American Historical Review*등이다.

定期刊行物索引

索引의 도움이 없이는 定期刊行物에 들어 있는 헤아릴 수 없이 많은 情報의 斷片을 이용하게 하기는 不可能할 것이다. 各卷에 대한 索引이 마련되어 있어도 이것은 論述된 모든 중요한 論題를 드러내지는 못할 것이다. 定期刊行物을 이용하는 調査者를 돕기 위해서 定期刊行物文獻索引이 있다. 定期的으로 刊行되는 文獻에 대한 索引의 機能은 그 索引에 收錄된 定期刊行物에 論述된 論題의 位置를 지적하는 것이다. 이 機能을 수행하는데 있어서 索引은 다루어진 넓은 一般的인 主題뿐만 아니라 各主題의 여러 細分된 主題도 열거하며, 索引은 한 主題에 관한 각각의 여러 가지 局面에 관해서 資料가 어디에서 발견될 수 있는지를 지시하고 있다. 예를 들면 索引의 目的을 위해서 文學(Literature)이라는 主題는 다음과 같은 細分主題를 포함한다.3)

---

3) *International Index*, April, 1956―March, 1957 (New York, the H.W.Wilson

Literature	Literature, Religious
Literature – Appreciation	Literature and art
Literature – Criticism	Literature and history
Literature – Philosophy	Literature and music
Literature – Social aspects	Literature and philosophy
Literature – Technique	Literature and politics
Literature, Ancient	Literature and science
Literature, Medieval	Literature and social problems
Literature, Modern	Literature as a profession

　하나의 主題에 관한 이러한 詳細한 分析과 마련된 수많은 相互參照는 研究論文을 위해서 하나의 主題를 選擇하려고 노력하는 學生에게, 혹은 그가 選擇한 主題를 좁히고 제한하려고 하는 學生에게 유용한 도움이 된다.

　定期刊行物文獻에 대한 각각의 索引은 특정한 종류 – 즉 一般的인 것, 科學的인 것, 敎育的인 것, 商業 등등의 定期刊行物의 한 그룹을 포괄한다. 收錄된 定期刊行物의 目錄은 그 索引의 各號의 앞 部分에 게재된다. 일반적으로 하나의 索引은 다른 索引에서 收錄하고 있는 定期刊行物은 收錄하지 아니한다. *Readers' Guide to Periodical Literature* 와 *Education index* 및 *international Index*에서의 拔萃(표 9.10.11)에 있는 "**Civilization**"이라는 主題를 위해서 주어진 參照에서 重複이 없는데 注意하라. 이들은 대략 동일한 期間동안의 것을 收錄한 것이다. 그리하여 하나의 質問에 解答하는데 도움이 될 수 있는 여러 종류의 定期刊行物을 찾기 위해서는 여러 종류의 索引을 參照하는 것이 필요하다.

Company, 1957) pp.404-405에서 적용.

[表-9] readers' Guide to Periodical Literature에서의 拔萃

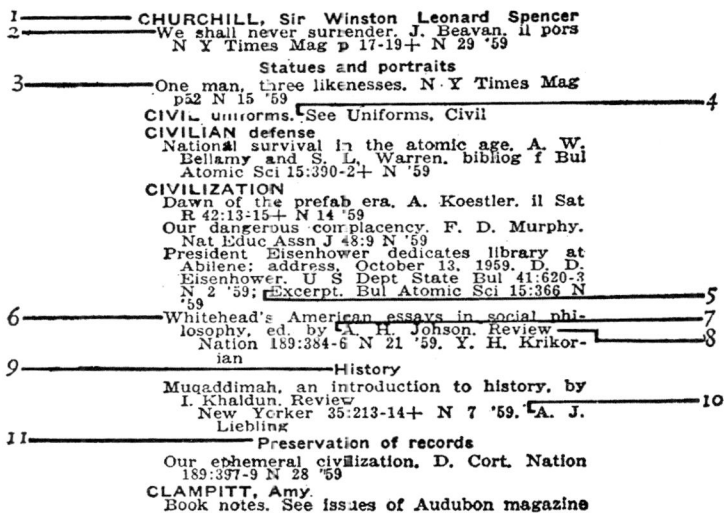

1 ——————— CHURCHILL, Sir Winston Leonard Spencer
2 ————————— We shall never surrender. J. Beavan. il pors
               N Y Times Mag p 17-19+ N 29 '59
               Statues and portraits
3 —————————— One man, three likenesses. N·Y Times Mag
               p52 N 15 '59 ——————————————4
     CIVIL uniforms. See Uniforms, Civil
     CIVILIAN defense
       National survival in the atomic age. A. W.
       Bellamy and S. L. Warren. bibliog f Bul
       Atomic Sci 15:390-2+ N '59
     CIVILIZATION
       Dawn of the prefab era. A. Koestler. il Sat
       R 42:13-15+ N 14 '59
       Our dangerous complacency. F. D. Murphy.
       Nat Educ Assn J 48:9 N '59
       President Eisenhower dedicates library at
       Abilene; address. October 13, 1959. D. D.
       Eisenhower. U S Dept State Bul 41:620-3
       N 2 '59; Excerpt. Bul Atomic Sci 15:366 N
       '59 ——————————————5
6 ——————— Whitehead's American essays in social phi- ——————7
       losophy. ed. by A. H. Johson. Review ——————8
       Nation 189:384-6 N 21 '59. Y. H. Krikor-
       ian
9 ———————————— History
     Muqaddimah. an introduction to history. by
      I. Khaldun. Review ——————————10
      New Yorker 35:213-14+ N 7 '59. A. J.
      Liebling
11 ——————————— Preservation of records
     Our ephemeral civilization. D. Cort. Nation
     189:397-9 N 28 '59
     CLAMPITT, Amy.
     Book notes. See issues of Audubon magazine

(1) 主題로서의 Sir Winston Churchill. (2)와 (3) Sir Winston Churchill에 관한 記事의 題目‘ (4) "Civil Uniforms"에 관한 記事가 Uniforms, Civil이라는 標目으로 열거되었다. (5) Eisenhawer 大統領의 講演의 拔萃가 *Bulletin of Atomic Science,* volume 15. 1959년 11월호 366페이지에서 발견될 수 있다. (6) 書名 (7) 그 책의 編者, (8) *Whitehead's American Essays in Social Philosophy,* edited by A.H. Johnson, reviewed by Y.H. Krikorian in the Nation, volume 189. page 384−386. November 21, 1959의 책에 관한 書評의 所在位置, (9) "Civilization" 즉 Civilization-History의 副標目. (10) *Muqaddimak*라는 圖書의 書評의 著者, (11) "Civilization" 즉 Civilization-Preservation of records의 副標目(*Readers' Guide to Periodical Literature.* New York, H. W. Wilson Company, December 10, 1959, p.21.)

[表-10] Education index에서의 拔萃

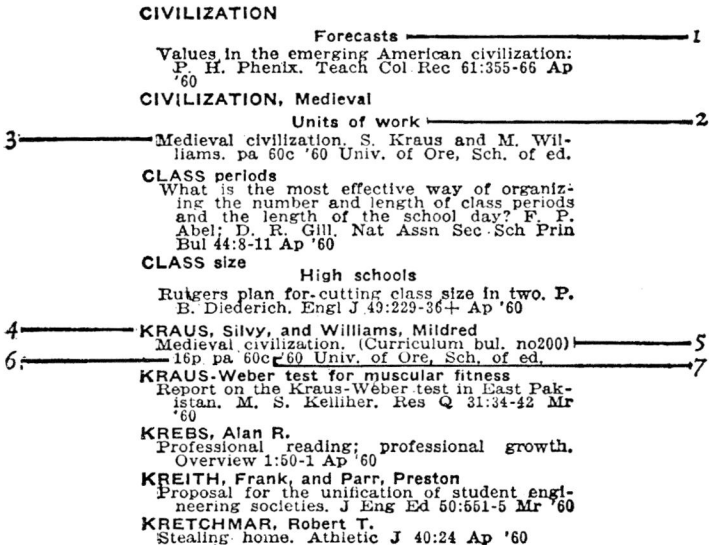

CIVILIZATION
Forecasts —————————————— 1
Values in the emerging American civilization:
P. H. Phenix. Teach Col Rec 61:355-66 Ap
'60
CIVILIZATION, Medieval
Units of work —————————— 2
3—————————Medieval civilization. S. Kraus and M. Wil-
liams. pa 60c '60 Univ. of Ore, Sch. of ed.
CLASS periods
What is the most effective way of organiz-
ing the number and length of class periods
and the length of the school day? F. P.
Abel; D. R. Gill. Nat Assn Sec Sch Prin
Bul 44:8-11 Ap '60
CLASS size
High schools
Rutgers plan for cutting class size in two. P.
B. Diederich. Engl J 49:229-36+ Ap '60
4—————————KRAUS, Silvy, and Williams, Mildred
Medieval civilization. (Curriculum bul. no200) ———— 5
6—————————16p pa 60c '60 Univ. of Ore, Sch. of ed. ————7
KRAUS-Weber test for muscular fitness
Report on the Kraus-Weber test in East Pak-
istan. M. S. Kelliher. Res Q 31:34-42 Mr
'60
KREBS, Alan R.
Professional reading; professional growth.
Overview 1:50-1 Ap '60
KREITH, Frank, and Parr, Preston
Proposal for the unification of student engi-
neering societies. J Eng Ed 50:661-5 Mr '60
KRETCHMAR, Robert T.
Stealing home. Athletic J 40:24 Ap '60

(1) "Civilization" 즉 Civilization-forecasts로의 副標目, (2) "Civilization, Medieval" 즉 Civilization, Medieval-Units of Work으로의 副標目, (3) S. Kraus와 M. Williams에 의한 出版物의 書名, (4) 3에 言名된 共著者의 完全名, (5) 그 出版物이 속해있는 叢書名, (6) 出版物에 관한 事實-16페이지, 종이 製本, (7) 出版社의 이름과 出版年月(*Education* Index. New York the H. W. Wilson Company, may, 1960, pp.14. 35.)

定期刊行物記事의 所在位置는 권수, 페이지 및 발행 일자에 의해서 주어진다. 일반적으로 각 記事는 著者와 主題名에 따라 열거되며 著者記入 밑에 완전한 情報가 주어진다.

모든 定期刊行物索引이 두 가지의 열거 形式을 사용하는 것은 아니다. 어떤 索引은 書名記入이 포함되는 것도 있고, 어떤 索引은 主題만으로 索引되는 것이 있다.

어떤 索引은 書評誌나 書誌가 傳記와 같은 정기간행물에 나타나는 특정한 종류의 기사만을 索引한다.

어느 다른 參考圖書를 사용하는데 있어서와 마찬가지로 정기간행물 索引을 사용하는데 있어서는 索引의 體系와 收錄된 記事의 종류, 項目의 배열 및 略字를 사용한 방법 등을 理解하는 것이 필요하다.

[표 11] International index로부터의 발췌

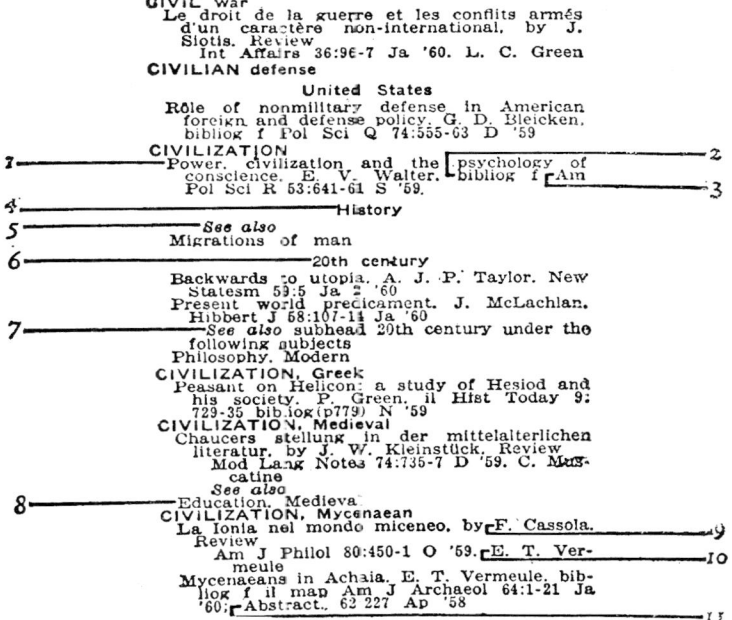

(1) E.V. Walter가 쓴 記事의 題名, (2) 이 記事는 書誌的脚註가 있다. (3) 이 記事는 American Political Science Review, Vol. 35, p. 641-661, September. 1959에서 발견될 수 있다. (4) "Civilization" 下에서의 副標目 (5) 主題인 Civilization-History를 위한 '도보라참조', (6) "Civilization下의 副標目 (7) "Civilization-Twentieth Century를 위한 '도보라참조'-이것은 이 主題에 관한 부수적인 資料가 Philosophy, Modern-Twentieth Century 밑에서 발견될 수 있다는 것을 의미한다. (8) "Civilization, medieval로의 도보라참조 (9) La IoniA nel mondo miceneo의 著者, (10) American Journal of Philology, Vel. 80, p. 450-451, October, 1959에 收錄되어 있는 9번에 있는 책에 관한 書評者, (11) American Journal of Archaeology,

Vol. 62, April,1958, p.227에 나타나 있는 "Mycenaeans in Achaia"라는 記事의 抄錄.(*International Index.* New York. The H. W. Wilson Company, March, 1960. p.29)

[표 12] Book Review Digest로부터의 발췌

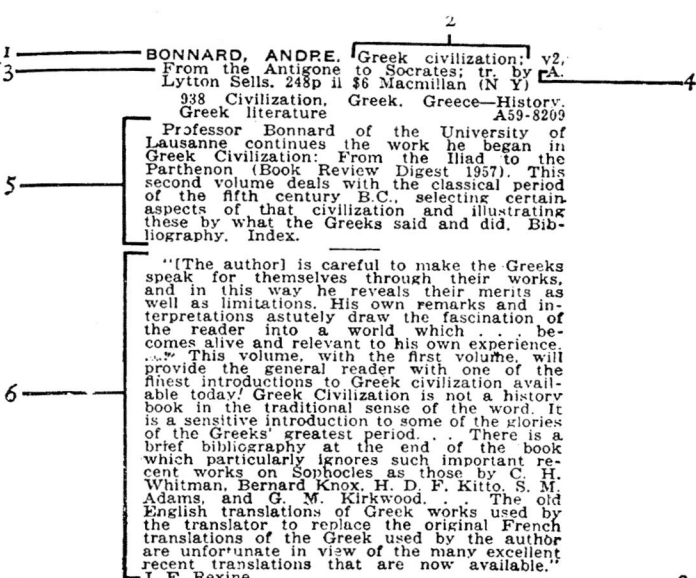

(1) 著者名 (2) 전체저작의 綜合書名, (3) 제2권 Greek Civilization: From the Antigone to Socrates의 書名 (4) 제2권의 번역자. (5) Book Review Digest의 편집자에 의한 From the An-tigone to Socrates에 註解, (6) J. E. Rexine에 의한 書評의 요약. (7) 이 書評은 도움이 되는 것도 있고 도움이 안 되는 것도 있다. (8) 이 書評은 American Historical Review, Vol. 65. p. 98, October, 1959에 들어 있다. (9) 이 書評은 900語로 되어 있다. (Book Review Digest. New York; The H. W. Wilson Company, January, 1960, p.12).

定期刊行物索引의 有用性의 判定: 정기간행물 索引의 유용성은 다음과 같은 여러 가지 요소에 달려 있다.

1. 그 索引에 收錄된 잡지의 수와 종류.
2. 圖書나 도서의 部分의 收錄.
3. 그 索引에 收錄된 時間的 범위−언제 시작해서 지금도 계속 발행되고 있는지의 여부.
4. 어느 정기간행물에 관한 索引의 安全性−전체의 記事인가 혹은 특정한 종류의 記事만인가.
5. 著者, 書名, 권호수, 페이지 수, 年月日 또한 書誌와 삽도에 관해서 주어진 精報의 完全性.
6. 索引의 方法−主題와 또한 著者와 書名에 의한 것.
7. 發行빈도−月 2回, 月刊, 季刊 등
8. 이용의 容易性.

定期刊行物索引의 선택과 이용: 특정한 問題를 위한 適正한 索引을 선택하기 위해서는 다음과 같이 믄제를 分析할 필요가 있다.

1. 그 質問의 성격이 무엇인가?
 a. 그것이 圖書에서는 論述되지 아니한 아주 새로운 論題에 관한 것인가 혹은 사람에 관한 것인가?
 b. 그것이 어필하는 것이 너무나 제한되어 있어서 圖書에서는 論述되지 아니하는 論題인가
 c. 그것이 한 圖書에서 論及되었으나 그에 관한 더 새로운 情報가 필요한가?
 d. 그것이 하나나 혹은 둘 이상의 定期刊行物의 論考에 의해서 밝혀질 論題인가?
2. 그 問題가 어느 分野에 속하는가?
 a. 歷史
 b. 文學
 c. 敎育
 d. 一般

3. 定期刊行物 索引 가운데 어떤 것이 問題되고 있는 分野의 文獻을 收錄 하고 있는가?

4. 몇 년도의 것이며 어느 索引이 이 年度의 것을 收錄하고 있는가?

5. 일반정기간행물의 記事인가, 專門誌의 記事인가, 혹은 兩者를 다 필요로 하는 記事인가?

몇 가지 정기간행물에 대한 索引을 다음에 열거한다. 각 索引의 뚜렷한 특징이 書誌的인 事項과 더불어 주어졌으며, 기타의 특징은 本書의 끝에 있는 表에 표시되었다.

Biography Index. New York, The H. W. Wilson Company, 1946−(季刊, 累加粉인 年刊本이 3년의 永久本으로 代置된다) 收錄된 각 사람의 生歿年과 職業 또는 專攻分野가 주어지는 유일한 索引으로서, 專門分野에 의한 索引이 포함되어 있고, H. W. Wilson Company의 索引에 收錄된 定期刊行物에 들어 있는 傳記的인 資料를 索引하며, 圖書와 圖書의 部分을 索引한다. 收錄범위에 있어서 國際的이며, 미국인이 아닌 사람의 國籍을 표시하고 있으며, 이용의 편의를 더해 주는 累加索引이 마련되어 있다.

Book Review Digest. New York, The H. W. Wilson Company, 1905−(2月과 7月을 제외하고 月刊, 年刊累加) 定期刊行物에 나타나는 최근의 圖書에 대한 評을 索引하는데, 收錄된 각 圖書에 관해서 著者, 書名, 페이지 수, 價格, 出版社名, 年月日 및 解說註를 주고 있으며, 書評으로부터의 拔萃文을 실리기도 한다. 十와 一의 記號에 의해서 도움이 되는 書評인가 도움이 안 되는 書評인가를 표시하고 있다. 收錄된 圖書에 대한 書名과 主題의 索引이 있다.

Catholic Periodical Index. Villanova, pa.: Catholic Library Association 1930−.(季刊, 2年累加). 주로 미국, 캐나다, 영국 및 아일랜드에서 刊

行되는 가톨릭의 정기간행물의 選定書目에 대한 著者와 主題의 索引으로서 어디에서나 가톨릭의 觀點에서 쓰여진 記事를 註記한다.

Nineteenth Century Readers' Guide, 1890-1899. New York, the H. W. Wilson Company, 1944. 2Vols. 1890年代에 刊行된 51개의 주요 정기간행물에 대한 著者와 主題의 索引으로서 원래는 匿名으로 發行되었던 많은 記事의 著者를 기록하고 있다.

Poole's Index to Periodical Literature, 1802－1907. Boston, Houghton Mifflin Company, 1891. (1938년 New York의 Peter Smith회사에서 재출판) 470개의 일반적인 性格을 가진 주로 英國과 美國의 정기간행물에 대한 主題順으로만 된 索引으로서, 小說, 詩, 희곡은 書名 가운데 처음의 중요한 낱말로 索引되고 있다. 書評을 포함하고 있으며 최초의 정기간행물 索引이었다.

Readers' Guide to Periodical Literature. New York, The H. W. Wilson Company, 1900－(9月부터 6月까지는 隔月刊, 7月과 8月은 月刊, 2年累加) 100種이상의 일반적인 性格의 定期刊行物을 索引한다. 이 정기간행물의 發行日字를 隔月刊과 더불어 잘 준수하고 있으며, 記事의 著者와 標題, 정기간행물의 書名, 권호 日字 및 페이지 수를 주고 있다. 삽도와 書誌와 地圖가 있다.

Abridged Readers' Guide to Perical Literature. New York, The H. W. Wilson Company, 1935－(6月부터 9月까지를 제외하고 月刊). 學校圖書館과 小規模의 公共圖書館用으로서 약 35종의 잡지를 索引하며, 永久本은 약 2年間을 포괄한다.

新 聞

新聞은 17세기부터 발전했는데 이때의 신문은 單面으로서 한쪽에만 인쇄된 한 장의 넓은 面이었다. 이러한 初期의 신문들은 週刊 혹은 隔週刊으로 발행되었으며, 때로는 뉴스팸플릿 혹은 뉴스북이라고 불렸다.

*Corantos*는 1621년과 1641년 사이에 外國의 뉴스를 보급하기 위해서 발행된 定期的인 뉴스팸플릿에 주어진 이름이었다. *Diurnalls* 혹은 **News Books**라는 이름은 1641년부터 1645년까지 國內뉴스에 주어졌다.

隔週刊의 *Oxford Gazette*는 英國에서 발행된 것으로 현대적인 의미에 있어서의 최초의 新聞이었다. 이것은 1665년 11월에 나타났다. 이것은 1년 후에 *London Gazette*4)로 改名되었다. 이것은 아직도 週 2 回로 발행되는데 그러나 이것은 신문으로서가 아니라 公務의 記錄으로서 발행된다.

美國에서 발행된 최초의 新聞은 1690년 Boston에서 출현했는데 이것은 *Publick Occurrences, Both Foreign and Domestick*이라고 불렸고 이것은 다만 한번만 발행되었다. 계속적으로 발행된 최초의 新聞은 *Boston News Letter*였는데 이것은 1704년 4월에 나타났다. 美國에 있어서의 최초의 日刊新聞은 1784년에 Philadelphia에 설립된 *Pennsylvania Packet and General Advertiser*였다. 1851년에 창간된 *New York Times*는 처음부터 世界에서 월등한 新聞 중의 하나였다. 20세기에는 新聞 타불로이드 및 연합된 뉴스서비스가 연이어서 발전하였다.

현대의 新聞은 뉴스事件에 겸해서 揷圖, 書評, 敎育과 藝術, 音樂,

---

4) "Cazette"라는 낱말은 아마도 gazzetta에서 왔을 것이다. 이것은 뉴스紙 한 장 값이나 혹은 그것을 읽는 것을 허락받는 대가로(16세기에) 지불되었던 베니스의 작은 銀貨에 대한이름이었다.(Oxford English Dictionary, Ⅳ, 88-89)

희곡 및 오락에 관한 記事, 文學的인 기고, 및 傳記的인 要点과 같은
기타의 特種記事도 보급한다.

과거와 마찬가지로 현재의 新聞의 기능은 讀者들에게 최신의 사건
을 알리는 것이다. 新聞은 그날이 관한 質問과 과거의 思潮에 관한
유용한 情報소스이다. 新聞은 어느 주어진 現代期間에 관한 現代史를
보급한다.

新聞索引

新聞을 가장 효과적으로 이용하기 위해서는 索引과 書誌를 이용할
필요가 있다. 定期刊行物索引에 비견할 만한 新聞에 대한 일반索引은
없다. 그러나 모든 新聞이 거의 동일한 시간에 뉴스項目을 발행하기
때문에 事件의 날짜가 필요로 하는 端緒로서 이바지할 것이다.
*Americana Annual*에 있는 것과 같은 날짜 索引이나 혹은 *New York
Times Index*와 같은 하나의 新聞에 대한 索引은 어디에서 발행되던
일반적인 홍미에 관한 모든 新聞項目에 대한 索引으로서 이바지할
것이다. 물론 전연 地方的인 이해관계의 項目의 경우에는 그렇지 아
니하다.

New York Times Index. New York Times, 1913-. (隔月刊 年間累加)
날짜, 페이지 및 칼럼에 대한 정확한 참조를 주고, 다른 신문에 나타
나는 일반적인 성격의 記事에 대한 索引으로서도 이바지한다.

文學叢書

여러 作家들의 作品에서 뽑아서 하나의 集書로 모으는 慣例는 근
래의 것이 아니다. 그러한 集書에 일반적으로 주어지는 이름은 '全

集'(Anthology)라고 하는, 꽃을 蒐集하는 것을 의미하는 Greek 말에서 유래한 낱말인데 이것은 가장 훌륭한 文學作品만이 모였다는 것을 의미한다.

300名 이상의 作家에 의해서 쓰여진 약 4500의 詩, 刻銘 및 기타의 作品集인 「희랍文學全集」(Greek Anthology)은 약 B.C. 60년부터 비롯한다. 최초의 英文學全集은 A.D. 975년부터 비롯한다.

원래 全集이란 말은 文學의 '꽃'만을 수록하는 한권의 책을 의미하는데 사용했던 것이 여러 作家의 作品-詩集이나 短篇小說集, 隨筆集, 戱曲集, 論說集, 引用文集 등과 같이 흔히 하나의 主題나 한 종류의 作品-에서 뽑아 모은 集書를 의미하는 것으로 넓혀졌다.

'읽을거리'(readings)라고 불리는 것을 포함하는 蒐集된 作品의 卷號는 잘 선택된 圖書館藏書 가운데에서 중요한 부분을 이룬다. 이러한 蒐集된 著作가운데 어떤 것은 카드目錄에서 分析(分出)된다(p.72~73을 보라). 이들 가운데 대부분은 너무나 많은 選集을 수록하기 때문에 이들 전부를 카드目錄에 記錄할 수가 없다.

文學集書에 대한 索引

學生은 하나의 특정한 隨筆이나 講論이나 引用文, 혹은 하나의 특정한 主題에 관한 選文을 각각의 全集의 索引을 조사해서 찾아내는 것이 싫증이 나고 아마도 불가능한 일이라는 것을 알게 될 것이다. 이러한 조사를 쉽게 촉진시키기 위해서 마련된 參考道具는 文學集書에 대한 索引이다.

全集으로 된 文學에 대한 索引들은 定期刊行物과 新聞에 대한 索引의 일반적인 形式에 따른다. 그러나 그것들은 도서만을 커버한다. 全集으로 된 일반적인 文學, 즉 隨筆, 記事 및 여러 主題를 커버하는 講論集에 대한 索引도 있다. 이러한 종류의 索引의 한 例는 *Essay and*

General Literature Index (表 13)이다. 詩, 小說 및 戲曲集에 대한 索引
도 있다. 이러한 例들은 *Granger's index to Poetry*와, *Short Story Index*
및 *Play index*이다. 索引은 著者와 主題 및 書名에 의해서 하며, 所在位
置參照에는 그 全集의 編者名, 全集의 書名 및 수필이나 詩나 說話나
희곡이 발견될 수 있는 페이지가 포함된다.

　詩와 短篇小說과 희곡에 대한 索引은 제22장 文學에서 論及하기로 한
다. 여러 主題를 커버하는 文集에 대한 索引의 例는 아래에 열거한다.

Biography Index. New York, The H. W. Wilson Company, 1946－. 個
人과 集團的인 傳記에 관한 現行圖書를 索引한다.

[표 13] *Essay and General Literature index*에서의 발췌

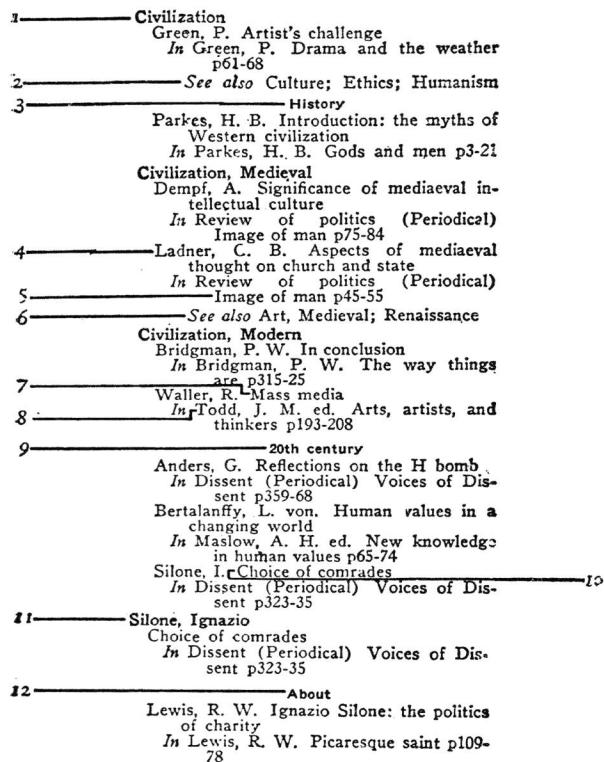

(1) 主題標目, (2) 'Civilization'이라고 하는 主題에 대한 '도보라참조' (3) 'Civilization'즉 Civilization-History의 副標目 (4) '*Aspects of Medieval Thought on Church and State*'라고 하는 수필의 作者, (5) 4에 있는 記事를 포함하고 있는 全集의 書名, Image of Man의 著者는 정기간행물 *Review of Politics*이다. (6) 'Civilization, Medieval'에 대한 '도보라참조', (7) R. Waller가 지은 수필의 題目, (8) *Arts, Ariests and Thinkers*라고 書名이 주어진 全集의 編者이 全集은 7번에 있는 수필을 수록하고 있다. (9) "Civilization, Modern," 즉 Civilization, Modern-Twentieth Century의 副標目. (10) "Voices of Dissent"라고 題目이 주어진 정기간행물 dissent의 記事集에 있는 I. Silone이 쓴 記事의 題目: 이 정기간행물은 이 記事集의 著者이다, (11) 10번에 있는 "Choice of Comrades"라고 하는 記事의 著者의 完全名. (12) 이 記事 다음에 따르는 것은 그가 쓰지 아니한

Ignazio Silone에 관한 記事라는 것을 의미한다(*Essay and General Literature Index*. New York, The H. W. Wilson, Company, June, 1959. pp.30 and 139)

Essay and General Literature Index. New York, The H. W. Wilson Company, 1934— 여러 主題分野에 관련된 隨筆, 記事 및 講論集을 索引한다.

Granger's Index to Poetry and Recitations. 3d. ed. revised and enlarged. Chicago, A. C. McClurg & Company, 1940. 書名과 著者 및 詩集의 첫行, 詩와 散文의 暗誦의 첫行, 對話, 演說 및 戱曲選의 첫行에 의해서 索引한다.

第10章　傳記辭典

　　희랍의 두개의 낱말, 즉 人生을 의미하는 *bios*와, 쓰는 것을 의미하는 *graphein*에서 由來한 傳記(Biography)는 國家나 文化에 대해서가 아니라 個人에 대해서 적용되는 歷史의 形式이다. 傳記의 目的은 그의 出生에서부터 죽을 때까지 그의 性格, 個性 및 思想에 관한 다양한 局面을 나타내는 手法으로 한 個人의 歷史를 정확하게 論述하는 것이다.

　　古代로부터 사람들은 다른 사람들의 生涯에 있어서 그들을 찬양하고자 혹은 그들에게서 배우고자 또는 그들을 본받고자 하는 욕구에서나, 혹은 단순한 호기심에서 흥미를 가졌었다.

　　A.D. 1세기말경에 Plutarch는 46명의 희랍인과 로마인의 人生의 歷史인 Parallel Lives를 著述했다. 그러나 '傳記'(Biography)란 낱말은 英語로는 1683년까지는 나타나지 아니하였다. 1683년에 John Dryden은 Plutarch의 이 著作을 "특정한 사람의 人生의 歷史"(History of particular Men's lives)라고 묘사하였다. 한 個人의 人生의 歷史로서의 이 傳記의 의미는 하나의 文學形式으로 수립되게 되었다.

　　기타의 文學形式도 傳記에 기여하고 있으나 이것은 傳記와는 구별되어야만 한다. 이들은:

1. 自叙傳(autobiography), 자기 자신에 의한 개인의 人生에 관한 叙述.
2. 回顧錄(memoir), 그것을 쓴 個人이 본 時代의 歷史.
3. 日記(diary), 그 사람에 의해서 기록된 한 個人의 生活에 있어서의 發生事와 事件에 관한 매일 매일의 설명.

4. 書翰, (文學을 의미하는 美文學(belles-lettres와는 구별되는 것으로)個人의 性格에 관한 記錄된 傳達文, 이것은 事件에 관한 친밀한 叙述이나 著者의 思想과 哲學에 관한 표현이 될 것이다.

傳記는 이러한 것들과 기타 主題에 관한 모든 主要한 人物을 표현하기 위한 소스에서 뽑아낼 것이다.

英語로 된-혹은 어느 言語로 되었든, 개인의 傳記에 관한 월등한 예는 18세기에 쓰여진 James Boswell의 *Life of Samuel Johnson*이다. 그 후 傳記는 점차적으로 중요한 文學形式이 되게 되었으며, 모든 圖書館藏書에 있어서 탁월한 位置를 차지하게 되었다. 비록 개인의 傳記가 參考圖書로 생각되지는 않`지만 한 國家나 한 文化나 歷史의 한 時期에 관한 資料를 찾는 學生은 그의 조사에 있어서 그 나라나 그 文化나 그 歷史의 한 時期의 한 부분을 차지하였던 탁월한 사람들의 生涯에 관한 研究書가 포함되게 될 것이다.

한 文學形式으로서의 傳記는 그 目的과 文體와 內容에 있어서 한 個人에 관한 단순한 傳記的情報와는 다르다.

19세기에는 대부분의 유럽 여러 나라에서 모든 중요한 國家的인 人間像에 관한 傳記的情報를 표현하는 國家的傳記辭典(Dictionaries of National Biography)라고 하는 出版物이 나타났다. 傳記的인 記事에 관한 이 全集은 현대의 傳記辭典의 先驅者이며, 이것은 傳記(한 個人의 人生에 관한 실제적인 정보)와 辭典(알파벳순 배열)이 혼합된 것이다.

姓에 의한 알파벳순으로 배열된 傳記的인 스케치로 되어 있는 傳記辭典은 이것이 한 個人의 人生에 관한 모든 局面을 나타내지 못하므로 진실한 傳記로서는 자격을 갖추지 못한다. 그러나 *Dictionary of National Biography*와 *Dictionary of American Biography*는 수록된 사람들에 관한 學究的이며 客觀的인 論述 때문에 월등하다.

傳記辭典은 大學圖書館에 있어서 혹은 어느 圖書館에 있어서나 가장 빈번히 이용되는 圖書에 속한다. 유명한 사람이나 뉴스에 나온 사람-즉 그들의 生涯, 취미, 교육, 배경, 國籍, 地位 및 그들의 住所까지도-에 관한 質問은 敎授와 또한 학생들에게서 온다.

個人들에 관한 傳記的인 情報의 소스는 상당히 많다; 百科事典과, 百科事典年鑑 및 辭典 등이 이 소스에 포함된다. 그러나 위에서 말한 傳記的인 情報를 신속하고 편리하게 제공하는 특별한 目的을 위해서 쓰여진 參考圖書는:

1. 傳記索引; 이것은 情報가 발견될 수 있는 圖書와 정기간행물 및 기타 소스(傳記辭典을 포함해서)를 지적한다.
2. 傳記辭典; 이것은 찾는 情報를 수록하고 있다.

傳記辭典의 종류

傳記辭典은 수록된 사람의 國家, 專門分野, 年代 등에 따라서 3가지 부류로 구분될 수 있다;

1. 종합적인 것-즉 어느 國家나 專門分野에 한정되지 아니한 것.
   a. 이미 죽은 사람
   b. 생존한 사람
2. 國家的 또는 地域的인 것-수록범위에 있어서 특정한 국가나 지역에 제한되었으나 모든 專門分野와 모든 직업에 종사하고 있는 사람을 포함한다.
   a. 이미 죽은 사람
   b. 생존한 사람
3. 專門的이거나 職業的인 것-특수한 專門分野나 職業에 종사하는 사람에 한정된 것.
   a. 종합적인 것.
      (1) 이미 죽은 사람
      (2) 생존한 사람

b. 國家的이거나 지역적인 것.
  (1) 이미 죽은 사람
  (2) 생존한 사람

傳記辭典의 選擇

어느 정도 효과적으로 傳記辭典을 이용하기 위해서는 어느 傳記辭典이 각 부류에 속하는지를 알고, 각 부류 가운데의 월등한 특성을 배울 필요가 있다.

어느 傳記辭典이 하나의 특정한 사람에 관한 정보를 보급할 것인지를 결정하기 위해서는 가능하면 그 사람에 관한 다음과 같은 사실을 설정할 필요가 있다.

1. 그가 이미 죽은 사람이면, 그의 生沒年.

2. 그의 國籍

3. 그의 專門分野나 職業

이러한 事實을 설정하는데 있어서 도움이 되는 소스는;

① 카드目錄; 만약 그 個人이 책을 著述했으면 그리고 이 책이 카드目錄에 배열되어 있으면 目錄카드에 기록된 그의 이름 바로 다음에 그의 生沒年이 주어질 것이다. 그가 著述한 그리고 그에 관해서 著述된 책의 主題는 그의 著述分野를 가리켜 줄 것이며, 出版地는 그의 國籍에 대한 실마리를 줄 것이다.

② *Cumulative Book Index.* 만약 카드目錄에 問題되고 있는 사람에 의한 또는 관한 어느 책이 수록되지 아니하였으면, 영어로 된 세계적인 圖書目錄인 *Cumulative Book Index*는 그가 영어로 쓴 책이 그의 年代와 같이 기록되어 열거될 것이다.

③ *The Biography Index.* 도서와 잡지 (傳記辭典을 포함해서)에 나타나는 傳記的인 記事에 대한 이 索引은 여기에 수록된 모든 사람에 관한 年代와 전 專門分野를 기록하고 있다. 만약 그 個人이 미국인이

아니면 그의 국적도 주어졌다.

④ 정기간행물 색인; 學生이 찾고 있는 그 사람에 의한 또는 그 사람에 관한 정기간행물 記事는 정기간행물 文獻에 대한 索引들 가운데에 열거될 것이다. 記事가 나타나는 정기간행물은 흔히 그 著者에 관한 간략한 論述이 포함될 것이다. 이러한 記事의 出版年月日은 그 사람이 傳記辭典에 수록되었거나 현행 뉴스에 실려 있던 時期에 대한 실마리를 제공할 것이다.

그 記事의 主題는 그가 취미를 가지고 있는 分野를 알려 줄 것이며, 出版地는 그의 國籍을 시사할 것이다. 정기간행물 文獻에 대한 索引은 또한 흔히 충분한 傳記的情報를 보급하는 死亡者略歷을 열거한다.

⑤ 問題가 되고 있는 사람에 의한 著書; 標題紙에는 McGill 大學의 史學教授 혹은 大學의 英語教授 등과 같이 著者의 이름 바로 다음에 著者의 지위를 열거할 것이다. 그 大學校의 地理的인 位置는 거기에서 가르치는 사람의 國籍에 대한 端緒를 줄 것이다. 그가 소유하는 지위는 그의 專門分野를 지적한다.

어느 傳記辭典에서 사람의 이름을 찾기 전에 그 사람의 年代 國籍 및 專門分野를 설정하기 위한 노력을 함으로써 얻은 利點은 이 情報의 所在를 찾는데 있어서의 時間 소비를 덜 것이다. 예를 들면 主題가 중요한 현대의 미국정치가라면 다음과 같은 傳記辭典은 즉시 考慮對象에서 제외될 것이다.

Who's Who
Dictionary of American Biography.
Dictionary of National Biography.
Appleton's Cyclopaedia of American Biography.

현존하는 美國政治家에 관한 가능한 情報소스의 傳記辭典에는 다음과 같은 것이 있다;

Who's Who in America
Current Biography
International Who's Who
Century Dictionary of Names.

어떤 경우에 있어서는 위에서 말한 소스—즉 카드 目錄이나 定期刊行物索引이나 *Cumulative Book Index*나 *Biography Index*나 혹은 個人이 著述한 책 가운데 아무것도 그의 年代나 國籍이나 專門分野를 제시하지 않는 경우가 있다는 것을 지적할 필요가 있다. 그러한 경우에 그 사람에 관한 傳記的 資料를 찾는 것은 싫증이 나는 노고와 오류의 과정이 된다. 비록 年代와 國籍과 專門分野가 설정되었을지라도 傳記辭典에서 그의 專門分野와 그의 國籍과 그의 黃金期를 커버하기 위해서 마련된 主題를 발견하는 것이 항상 가능한 것은 아니다. 여러 개의 傳記辭典에 있는 傳記的 情報는 대부분 出版者의 요구에 따라서 수록된 個人들에 의해서 보급된다. 한 사람이 수록되지 안했다는 사실은 그가 요구된 傳記的 情報를 공급하지 못하고, 出版社가 기타의 소스에서 그것을 확보할 수 없었다는 것을 의미할 것이다. 이러한 경우에는 그는 著書 가운데 한 冊表紙에서나 그의 또는 그에 관한 정기간행물 기사의 몇 개의 題目에서나 또는 그가 專門誌의 한 編者이거나 寄稿者인 사실에서 情報의 短篇을 모아서 그 個人을 확인할 필요가 있다.

傳記辭典의 利用

최초에 어느 傳記辭典을 사용하기 전에 (1) 알파벳순 배열이 Letter-by-Letter인지 또는 word-by-word인지 (2) 어떤 특색이 있는지 (3) 어떠한 略字와 기호가 사용되었는지를 확인하기 위해서 序文페이

지를 읽는 것이 중요하다. 著者의 客觀性을 테스트하는 것처럼, 수록
될 이름을 선택하는 방법이 註記되어야만 한다.

代表的인 傳記辭典
綜合的인 傳記
이미 죽은 사람

New Century Cyclopedia of Names. New York, Appleton Century-Crofts
Inc.,1954. 3Vols. 오늘날 중요한 사람의 本名, 주소, 사건, 文學的特性,
희곡, 오페라, 神話 및 전설의 이름 등을 확인한다; 世界史의 年代表가
있다.

Thomas, Joseph. *Universal Pronouncing Dictionary of Biography and
Mythology*. 5th ed. Philadelphia, J. P. Lippincott Company, 1930. 유명
한 사람들의 간략한 傳記를 준다. 神話的인 人物도 포함되어 있고 약
간의 書誌가 있다.

Webster's Biographical Dictionary. Springfield, Mass., G. & C.
Merriam Company, 1943. 간략한 傳記的인 묘사를 하고 發音이 표시되
어 있다.

생존한 사람

Current Biography; Who's News and Why. New York, the H. W.
Wilson Company, 1940-.(8月을 제외하고 月刊)뉴스에 실린 이름에 관
해서 被傳者의 사진을 첨부해서 최근의 情報를 나타낸다. 書誌가 수록
되고 各號에는 前號에 대한 累加索引을 제시한다.
International Who's Who London, Europa Publications, 1935-(年刊) 오

늘날 世界에서 중요한 사람들에 관한 스케치를 수록한다.

The New Century Cyclopedia of Names.

Wehster's Biographical Dictionary.

World Biography. 5th ed. Bethpage, No Y., Institute for Research in Biography, Inc., 1954. (lst ed., 1940) 현대의 傳記에 대한 國際的인 百科事典으로서 모든 專門分野에 있어서의 유명한 사람들을 수록한다.

國家的 또는 地域的인 傳記

이미 즉은 사람

Appleton's Cyclopaedia of American Biography. Rev. ed. New York, D. Appleton and Company, 1887-1900. 7vols. 미국의 古代부터의 歷史에 수록된 모든 중요한 人物을 수록한다.

Dictionary of American Biography. American Council of Learned Societies의 주관 하에 출판. New York, Charles Scribner's Sons, 1928-1944. 21 vols. Supplement 2. to December 31, 1940. New York, Charles Scrihner's Sons, 1958. (Fist Supplement is vol. 21.) 學究的인 著作으로서 길고 署名된 記事와 書誌를 제시하고 있다.

Dictionary of National Biography. Ed by Leslie Stephen and. Sidney Lee. London, Oxford University Press, 1922. 22vols. Supplements, 1901-1911, 1912-1921, 1922-1930, 1931-1940, 1941-1950. 古代부터 現代까지 大英帝國과 그 植民地(생존한 사람만)의 모든 유명한 사람에 관한 충분하고 정확한 傳記를 제시하고 있다.

National Cyclopaedia of American Biography. New York, James T. White & Company, 1888−. 52vols. to date.(Vol. 53 편찬 중) 구라파의

國家的 傳記辭典과 대등한 지위를 차지하는 것으로, 미국의 완전한 정치적 사회적 상업적 및 산업의 歷史를 나타낸다. 알파벳순으로 배열되지는 않았으나 상세한 索引이 있다.

Who was who. London, A. & C. Block, 1929-1952. 4vols. *Who's Who* 와의 자매편으로 수록되었던 사람 가운데 죽은 사람의 傳記를 沒年을 추가해서 수록한다.

Who was Who in America. Chicago, Marquis Who's Who, Inc., 1942-1960. 3vols. Who's Who in America에 수록되었던 죽은 사람의 傳記를 沒年을 추가해서 제시한다.

생존한 사람

National Cyclopaedia of American Biography. 現行本에는 생존한 사람을 수록한다.

Who's Who. London, A. & C. Black, Ltd., 1849-(年刊) 최초의 'Who's Who'로서 모든 分野에 있어서의 탁월한 사람을 수록하며, 大英帝國과 그 연방국을 포괄한다.

Who's Who in America. Chicago, Marquis-Who's Who, Inc., 1899-. (隔年刊) 著述界에서 특별히 월등한 사람과 政府 宗敎 敎育 産業 및 기타 분야에서 그들의 地位 때문에 임의로 선택된 사람을 수록한다.
기타 모든 專門分野에서 탁월한 생존한 사람을 수록하는 'Who's Who'형태의 유용한 傳記는;
American Catholic Who's Who
Who's Who in France

Who's Who in Germany.

Who's Who in Israel.

Who's Who of American Women.

　이상에 열거한 傳記에 겸해서 民族이나 國家의 한 部分이나 專門 分野別로 된 傳記辭典 등이 있다.

　專門的 職業的인 傳記의 辭典은 各主題分野를 다루는 章에서 論述하기로 한다.

傳記에 대한 索引

　필요한 情報를 제공하는 傳記辭典에 겸해서 圖書와 定期刊行物文獻에 있는 傳記를 지적해 즈는 索引이 있다. 다음의 索引들은 어디에서 傳記的인 資料가 발견될 수 있는지를 지시해 주고 圖書의 書名과 페이지 그리고 定期刊行物의 권호와 年月日과 페이지를 준다.

Biography Index. New York, The H. W. Wilson Company, 1946−. (季刊, 年刊本은 3年刊의 永久本으로 代置된다.) 영어로 된 現行圖書와 정기간행물에 있는 모든 형태의 傳記的인 資料의 소재를 밝히는 것으로 生沒年을 밝혀 주고 미국 사람이 아니면 專門分野와 國籍을 밝혀 준다.

Essay and General Literature Index. New York, The H.W. Wilson Company, 1934−. 全集類에서 발견되는 傳記를 索引한다.

Hefling, Helen, and Dyde, Jessie. *Hefling and Richard' s Index to Contemporary Biography and Criticism.* 2d ed. Boston, F.W. Faxon Company, 1934. 1850년이나 그 후에 탄생한사람을 수록하며, 많은 分野를 커버하고 年月日을 주고 있다.

第11章 地圖帖과 地名辭典

原始人들은 글을 쓸 수 있거나 말을 할 수 있기 전에 어디에서 살았나 하는 것을 나타내기 위해서 歷史的인 道程標를 남겨 놓았다. 最古의 것으로 알려진 地圖는 약 B.C. 2300년부터 비롯한 Babylonia의 粘土板이다. 기타에도 地理的인 위치를 나타내는 많은 粘土板이 있다.

희랍사람들은 그들의 科學, 哲學, 數學, 地理學 및 天文學의 知識을 이용해서 16세기까지는 다시 이에 도달하지 못할 정도로 製圖法(Cartography)을 발전시키는데 성공하였다. 희랍의 地理學者들은 B.C.5세기부터 地球가 球體라는 것을 믿었다. 약 A.D.150년경 Alexandria의 Claudius Ptolemy는 아마도 製圖法과 地理學의 歷史에 있어서 가장 위대한 유일한 공헌자로서 그의 8권의 '地理學'(Geographia)를 편찬했는데, 이것이 製圖法에 관한 최초의 科學的이며 포괄적인 論述이다. 이것은 本文에 부가해서 28개의 地圖와 그 당시에 알려진 모든 중요한 地名目錄을 포괄하고 있었다. 이 Geographia는 中世紀 동안에 없어져서 15세기까지는 발견되지 못했다. 이의 발견[1]은 Columbus와 Magellan, Vasco da Gama, John Cabot 및 기타 사람들의 航海를 가능하게 하는데 도움이 되어 發見과 探險의 시대를 촉진시켰다. 그리고 다음에 이러한 探險家들의 發見은 地圖의 需要를 더욱 증진시켰다.

이 發見과 探險의 時代에 있어서의 印刷術의 발명의 중용성은 과소평가될 수 없다. 현재는 수많은 地圖가 동일한 版에서 낮은 價格으

---

1) Geographia는 Arab사람들에 의해서 보존되었었다.

로 만들어질 수 있다. 최초의 印刷된 地圖는 木板本이었다. 그 다음에는 銅版本이 나왔다.

이 時期에 製圖法에 대한 중요한 공헌자는 Mercator와 Ortelius인데 Mercator는 그의 天球儀와 地球儀 그리고 그의 投影圖法으로 유명하며, Ortelius는 1570년에 최초의 現代地圖帖의 出版으로 인망이 있다. 이 두 사람은 製圖法의 dutch學派의 會員이었다.

地圖帖

地圖는 일반적으로 평평한 地球의 表面이나 그의 일부분이나 혹은 天球나 天球의 일부분으로 된 表現이다.[2] 地圖帖은 일반적으로 한권에 같이 製本된 地圖集이다. '地圖帖'(Atlas)라는 낱말은 최초로 神話地圖帖의 모습에서 Mercator에 으해서 이러한 의미로 사용되었는데, 이 神話地圖帖은 초기의 地圖集의 卷頭畵로 흔히 사용되었다. 이 地圖帖(Atlas)은 地圖뿐만 아니라 解說하는 本文이 있거나 없거나, 板, 板畵, 海圖 및 表를 수록하는 어던 卷冊이던 의미하게 되었다. 이것은 어떤 때는 主題가 表로 만들어져서 表現된 卷冊의 이름으로도 사용되었다.

한편 地圖帖은 歷史[3], 地理 및 기타의 社會科學分野의 硏究에 있어서 필수적이라고 일반적으로 인식되고 있으며, 또한 많은 地圖帖은 地圖에 겸해서 그들이 수록하는 解說的인 資料때문에 유용한 참고도서라고 하는 것이 점차 분명하게 되었다. 오늘날 世界가 '적어져감'에 따라서 地圖는 每日新聞이나 라디오 텔레비의 뉴스解說에 필요한,

---

2) *Webster's New Collegiate Dictionary* (Springfield, Mass., G. & C. Merriam Company, 1960), p.513.
3) 歷史地圖帖은 과거의 事件이나 歷史의 한 時期를 윤곽을 그리는 현대의 地圖集(옛날의 地圖集이 아니라)이다.

그리고 뉴스에 나오는 人名이나 地名이나 事件을 확인하는데 필요한, 또한 그것을 기타의 人名과 地名 및 事件에 대한 적절한 地理的인 관계를 나타내는데 必須品으로 생각할 수 있게 되었다.

地圖資料는 많이 있다. 대부분의 일반 百科事典은 分卷으로 된 것이거나 혹은 本文 안에서 圖解資料로 된 地圖를 수록하고 있고, 百科事典年鑑은 최근의 地圖를 수록하고 있고, 便覽이나 年鑑, 신문 및 정기간행물도 역시 地圖를 수록하고 있는 것이 많다. 그러나 地圖帖은 기본적으로 모든 종류의 지도를 제시하기 위해서 마련된 참고도서이다.

地圖帖은 質的으로 多樣하고, 이것은 出版한 나라에 따라서 여러 가지가 있다. 예를 들면, 미국에서 出版된 世界地圖帖은 프랑스에서 出版된 그것보다도 미국에 관해서 더 많고 넓은 지도를 수록할 것이다. 후자는 프랑스에 관해서 더 넓은 지도를 수록할 것이다.

地圖帖의 選擇

주어진 質問에 解答하기 위한 地圖帖을 선택할 수 있도록 하기위해서는 각 地圖帖에 관한 일정한 사실을 알 필요가 있다.

1. 범위.
   a. 그것이 수록범위에 있어서 世界的인가 또는 한 地域이나 하나 이상의 地域에 한정되었는가?
   b. 그것이 모든 종류의 지도를 수록하고 있는가 또는 특수한 성격의 지도만을 수록하고 있는가?
   c. 그것이 여러 가지의 地理的인 位置에 관한 解說的인 자료를 제시하고 있는가?
2. 重点의 表示로서의 出版地.
3. 최신성의 표시로서의 出版年月.

4. 索引의 종류.

  a. 전체의 책을 위한 하나의 포괄적인 索引이 있는가, 또는 각각 의 지도나 지도의 부분을 위한 분리된 索引이 있는가?

  b. 索引이 別卷인가, 또는 地圖帖의 한 부분인가?

  c. 發音表示가 있는가?

  d. 주어진 지도의 위치이 대한 參照가 명확하고 확정적인가?

5. 地圖의 質과 內容.

  a. 規模가 명확하게 표시되었는가?

  b. 記號가 뚜렷하고 쉽기 읽을 수 있는가?

  c. 그 地圖의 目的을 유지하는데 있어서 계획이 있는가?

  d. 活字가 선명하고 명료한가?

  e. 색채가 다양하고 구분이 잘 되었는가?

  f. 전설이 명확하게 說明되었는가?

  g. 나라의 이름이 각국의 言語로 주어졌는가, 또는 번역된 이름으 로 주어졌는가?

地名辭典

地名辭典(Gazetteer)은 地理的인 장소(place)의 辭典이다. 이것은 地理的인 位置에 겸해서 이들 장소에 관한 歷史的, 統計的, 文化的 및 기타의 情報를 제공한다. 이것은 發音도 표시하고 있다. 이들은 장소에 관한 다양한 실제적 資料를 제공하기 때문에 地名辭典은 중요한 參考資料源이다. 最近版은 現在로서의 한 장소를 묘사하고, 舊版은 그에 관한 歷史的인 情報를 제공한다. 小都市나 都市의 經濟的成長이나 沒落은 人口에 관한 데이터와 産業機關이나 學校등의 數로서 표시되기 때문에 흔히 地名辭典에 주어진 한 時代에 관한 간략한 사실에 의해서 나타날 것이다.

한 地名辭典을 이용하는데 있어서는 資料의 최신성을 표시하는 版權年月日, 發音의 組織과 사용된 略字, 資料의 배열 및 追補篇에 수록될지도 모르는 地圖나 表와 같은 어떠한 부수적인 資料를 注視하는 것이 중요하다.

유용한 地圖帖과 地名辭典

Bartholomew, John W.(ed.) *Advanced Atlas of Modern Geography.* 3d ed. New York, McGraw-Hill Book Company, 1957. 世界를 各 地域의 自然地理學的 특징을 중점으로 해서 地域別로 카바하고 있으며, 世界地圖와 大陸地圖 및 地理的인 用語를 수록하고 있다.

Bartholomew, John W.(ed.) *The Times Atlas of the World.* Vol. Ⅰ.; *The World, Australasia & East Asia* Vol. Ⅱ: *South-west Asia & Russia.* Vol. Ⅲ.: *Northern Europe.* Vol. Ⅳ: *Southern Europe and Africa.* Vol. Ⅴ: *The Americas.* Mid-Century edition. London, The Times Publishing Company, 1955－1959. 各卷은 索引地名辭典(index-Gazetteer)이 포함되어 있다.

Collocott, T.C., and Thorne, J.O.(eds.). *Macmillan World Gazetteer and Geographical Dictionary.* Revied ed. New York; The Macmillan Company, 1957. 全 世界에 걸쳐서 장소(place)에 관한 간략한 地理的 歷史的 情報를 제시하고 있다.

Encyclopaedia Britannica World Atlas. Chicago, Encyclopaedia Britannica, Inc., 1960. 정치적이며 自然現象的인 地圖와 지리적인 개요

및 비교 그리고 지리적 용어의 解說을 제시하고 있다.

Espenshade, Edward B.(ed.) *Goode's World Atlas*. 11th ed. Chicago: Rand Mcnally & Company, 1960. 지도에 世界의 자연현상적인, 정치적인 그리고 경제적인 특색을 제시하고 있고 發音索引이 있다. 전에는 Goode's School Atlas라고 하였다.

Hammond's Ambassador World Atlas. Maplewood, N.J.; C.S. Hammond & Co., Inc., 1954. 降雨量 植物分布 人口등을 나타내는 지도를 포함해서 정치적 自然現象的인 地圖를 수록하고 있고, 어떤 장소와 어떤 大都市의 지도에 관한 유용한 地名辭典의 情報를 제시하고 있다.

Rand McNally Standard World Atlas. Chicago, Rand Mcnally & Company, 1958. 지도에 선택된 世界의 情報와 비교를 나타내고 있고, 氣象表와 地域, 人口, 정부, 首都 大都市등을 나타내는 世界의 정치적 情報의 차트도 收錄하고 있다.

Seltzer, Leon E.(ed.). *Columbia-Lippincott Gazetteer of the World*. New York, Columbia University Press, 1952. 人口, 무역거래, 産業, 農業과 自然資源 및 文化制度에 관한 사실을 수록하고 있다.

Webster's Geographical Dictionary. Revised ed. Spring-Field, Mass G. & C. Merriam Company, 1959. 장소(place)에 관한 地理的 歷史的인 情報를 제시하고, 發音을 주고 있다.

第12章 年鑑과 便覽

　　도서관마다 수많은 主題에 관한 간략한 情報를 제공하는 손쉽게 參考할 수 있는 많은 도서를 가지고 있다. 이러한 손쉬운 參考圖書가운데 年鑑과 便覽이 있다.

　　年鑑은 叙述的이거나 統計的이거나 辭典의 形式으로 現時的인 情報를 제공할 目的으로 1年에 한번 발행되는 出版物이다. 年鑑에는 여러 가지 形式이 있다.

1. 百科事典의 최신성을 유지하는 수단으로 주요한 百科事典出版社에서 발행하는 百科事典年鑑은 수록범위가 포괄적이며, 지난 年度의 모든 주요 사건의 개요를 提示해 주고 있다.

2. 年譜는 본래 특별한 날짜와 記念日, 日氣豫報, 天文學的 豫測등이 들어 있는 月日의 月曆이었는데 이제는 잡다한 사실과 統計의 集이다.

3. 名鑑은 사람이나 機關을 알파벳순이나 分類順으로 열거하는 것인데, 個人이나 公務員들의 住所와 本籍 및 기타의 機關에 관한 데이터를 수록하고 있다.

　　便覽(Handbook)(文字그대로 손에 쥘 수 있는 작은 책)은 광범한 主題를 간략한 樣式으로 취급한 한권의 책이다. 이것은 다양한 論題에 관한 고르지 않은 단편적인 情報를 수록하기도 한다. 가장 유용한 便覽書는;

1. 職業이나, 道樂이나, 藝術形式이나, 상업거래 등에 관한 敎示를 하거나 案內로 이바지하는 便覽書.

2. 많은 主題에 관해서 일반적이 아닌 찾기 힘든 단편적인 情報를 수록하는 雜錄.

3. 한 主題에 관한 간략하고 포괄적인 개요를 제공하는 摘要.

4. 한 主題에 관한 여러 가지의 局面을 說明하고 解說하는 案內書 (Companion)[1]

5. 적절한 標目이나 書名으로 分類배열된 情報를 要略된 형식으로 나타내는 要約(Digest); 그 예는 法律要覽, 정기간행물記事의 要覽, 또는 小說이나, 短篇小說이나, 戲曲이나, 詩의 프롯에 관한 要覽.

年鑑과 便覽의 선택과 利用

각각의 年鑑과 便覽은 특수한 종류의 質問에 해답할 목적으로 특정한 종류의 情報를 제공하도록 마련되었다. 그러므로 연감이나 편람을 선택하려고 하기 전에 學生은 반드시 그의 질문을 검토해야만 한다.

1. 統計的인 情報를 요하는가?

2. 名鑑形式의 질문인가?

3. '思潮'에 관한 질문인가?

4. 雜錄의 표목 하에 오는 것인가?

年鑑이나 便覽을 신속하고 만족하게 이용하기 위해서는 다음과 같은 것을 이해할 필요가 있다.

1. 資料의 構成과 배열:

a. 그것이 여러 章으로 구성되었는가, 혹은 넓은 일반적인 主題로 구성되었는가, 그리고 상세한 目次가 있는가, 혹은 포괄적인 索引이 있는가?

---

[1] 摘要와 案內書(Companion)는 文學에 관한 章에서 더 詳細하게 說明되었다.

b. 그것이 작은 主題로 區分되어 알파벳순으로 배열되었는가?

c. 그것이 表(table)만으로 되었는가, 혹은 本文과 表 두 가지가 있는가?

2. 수록된 資料의 종류:

a. 그것이 統計的인가? 그렇다면 그것이 표현된 統計의 소스를 제시했는가?

b. 그것이 敎示와 方向指示를 했는가?

c. 그것이 雜多한 情報集인가?

3. 範圍:

a. 그것이 모든 나라와 모든 主題를 카바하고 있는가?

b. 그것이 한 나라와 선택된 여러 主題에 국한되어 있는가?

4. 수록된 期間:

a. 그것이 1년의 것을 수록했는가, 2년의 것을 수록했는가?

b. 그것이 便覽이라면, 자주 改訂되는가?

5. 讀者에 대한 특별 보조자료:

a. 그것이 보다 철저한 讀書를 위한 書誌的 參照를 제시하고 있는가?

b. 相互參照가 제시되었는가?

c. 圖解資料―즉 차트, 表, 지도, 그림 등이 적절한가?

6. 그것이 解答할 수 있는 질문의 종류:

a. 그것이 실제적이고 統計的인 질문에 解答할 것인가?

b. 그것이 ‘思潮’와 背景的인 情報를 제시할 것인가?

代表的인 年鑑과 便覽

年 鑑

百科事典年鑑

Americana Annual. New York, Americana Corporation, 1923-. 前年度의 事件을 커버한다. 간략한 年月日순의 事件目錄을 特色으로 하고 있다.

Britannica Book of the Year. Chicago, Encyclopaedia, Bitannica, Inc., 1938-. 事件의 年 月 日과 특수한 標題下에 많은 짧은 記事와, 統計 및 書誌를 제시하고 있다.

Collier's Year Book. New York, P. F. Collier & Son Corporation, 1938 그해의 事件을 槪觀하고 運動과 트表에 특히 중점을 두고 있다.

The World Book Encyclopedia Annual Supplement. Chicago, Field Enterprise, 1922-. 靑少年들에게 흥미 있는 記事를 중점으로 해서 그 해의 事件과 발전을 評價하고 있다.

年 譜

Information please Almanac. Edited By John Kieran Supervised by Dan Golenpaul Associates. New York, Publisher varies, 1947-. 일반적인 主題로 배열된 雜多한 정보를 수록하고 알파벳순으로 배열된 主題索引이 있다.

The World Almanac and Book of Facts. New York, The World

Telegram and Sun, 1868—. 모든 종류의 실제적인 資料에 관한 포괄적 인 수록범위를 가지고 있고, 索引이 卷頭에 있다.

摘 要

American Yearbook. New York, publisher Varies, 1929—. 모든 나라를 수록하고 있으나 미국을 중점으로 다루고 있다. 書誌가 제시된 긴 記 事가 있다.

The Statesman's Yearbook. London, Macmillan & Co., 1864—. 정부와 地域, 人口, 敎育, 宗敎, 사회복지, 貨幣, 산업 및 기타의 세계 여러 나 라에 관한 통계적 역사적인 정보를 커버하고 있다.

U.S. Bureau of the Census. *Statistical Abstract of the United States.* Washington, D.C., Government Printing Office, 1878—. 미국에 있어서 의 정치적 산업적 경제적 및 사회제도와 조직에 관한 통계를 槪觀하고 있으며, 書誌가 제시되어 있다.

便 覽

Chambers, Robert (ed.) *The Book of Days.* Edinburgh, W.& R. Chambers, 1899. 그해의 날짜에 의해서 배열되어 있고, 많은 기이한 사 건과 道樂을 제시하고 있으며, 영국연방에 중점을 두고 있다.

Douglass, George William(ed.). *The American Book of Days.* 2d ed. Revised by Helon Douglas Compton. New York, The H. W. Wilson Company, 1948. 주로 미국사람과 크리스천 및 유태인들의 公休日과 祝祭日의 歷史와 起源과 慣例儀式을 제시하고 있다.

Kane, Joseph Nathan. *Famous First Facts.* Revised and enlarged ed.

New York, The H. W. Wilson Company, 1950. 舊版에 있어서의 모든 정보와, 미국에서의 事件과 發見과 發明에 관한 새로운 자료를 추가해서 더 많은 First Facts를 수록하고 있다.

Post, Emily. *Etiquette*. 10th ed. New York, Funk & Wagnalls Company, 1960. 사회적인 관례를 다루고 있다.

Shankle, George E. *American Nicknames*. 2d ed. New York, The H. W. Wilson Company, 1955. 과거와 현재의 미국의 名士들에 대해서 적용되는, 그리고 州와 都市, 小都市, 運動競技팀 등등에 대해서 적용되는 別名의 起源과 意義를 제시하고 있다.

第13章 書誌

'書誌'(bibliography)라는 낱말은 희랍의 책을 의미하는 biblion과 쓰는 것 (書)을 의미하는 graphein의 두개의 낱말에서 由來한 것인데, 희랍의 古典 後期에 있어서 책을 쓴다고 하는 의미로 사용되었다. 책을 複寫하던 筆寫 者들은 최초의 書誌家(bibliographer) 들이었다. 이러한 의미는, 이 당시의 Fenning의 「영어사전」(*English Dictionary*)에 '書誌家'(bibliographer)라는 낱 말을 '책을 複寫하는 사람'(one Who capies books)이라고 한 定義로써 지적 되는 바와 같이, 1761년까지 사용되었다.

책을 쓴다고 하는 의미에서 책에 관해서 쓴다는 의미로의 轉換은 18세기경 프랑스에서 왔다. 오늘날은 후자의 의미로 사용되고 있는 것이다.

책에 관해서 쓴다는 의미에 있어서 書誌(**Bibliography**)라는 用語는 여러 가지의 용법을 가지고 있다;

1. 이것은 도서와 筆寫本과 기타의 出版그룹의 著者, 書名, 版次 및 版本에 관한 체계적인 묘사이며, 情報의 목적을 위한 목록으 로 그것을 열거하고 배열하는 것이다.2)

2. 이것은 체계적으로 묘사되고 배열된 그리고 상호 간에 어떠한 관계를 가지고 있는, 도서와 筆寫本과 기타의 出版物의 目錄에 주어진 이름이다. 그리하여 여러 가지 종류의 書誌가 있다.

   a. 일반적인 것 - 즉 한 著書나 한 主題나 한 時代에 국한되지 아

---

2) 제23장(pp. 206~209)을 보라.

니한 것.

b. 著者 – 한 著者에 의한 것과, 한 著者에 관한 著作을 열거하는 것.

c. 主題 – 한 主題나 한 主題分野에 한정된 것.

d. 國家的 또는 地域的인 것 – 한 나라나 한 地域에 관계된 資料를 收錄하는 것.

e. 商去來的인 것, 즉 圖書商去來와 圖書를 사고파는데 있어서 필요한 情報를 보급하는 것을 目的으로 하는 것.

3. 이것은 圖書의 科學, 즉 쓰여진 책에 관한 歷史的 技術的인 檢討에 관한 學問分野로서, 圖書와 筆寫本이 그들의 起源, 年代, 페이지 수와 순서, 著者 및 原書의 資料등을 발견하거나 밝히기 위해서 檢討되는 學問이다.

하나의 書誌는 하나의 특별한 종류에 관한 모든 著作을 포함하는 완전한 것도 있고, 혹은 여러 著作 가운데의 한 부분만을 수록하는 선택적인 것도 있을 것이다. 이것은 간략한 묘사적 註解(annotation)만을 가지는 解說的인 것도 있고, 혹은 評質的인 것, 즉 비평적인 論評이 加해진 것도 있고, 혹은 解說과 비평 두 가지를 겸한 것도 있을 것이다.

書誌는 개개의 책에서도 발견되고, 정기간행물기사에서도 발견되고, 百科事典과 기타의 참고도서에서도 발견될 것이다. 특별한 圖書나 記事를 위해서 편집된 이러한 종류의 書誌形態에 겸해서 일반적인 성격의 것과 主題分野에 있어서 資料를 조사하는 調査者를 돕기 위해서 參考圖書로서 마련된 書誌가 있다. 그것이 보다 발전적인 讀書物의 目錄이거나, 圖書나 記事를 쓰는데 사용된 資料源의 열거이거나, 혹은 參考圖書形式의 書誌이거나 간에 書誌는 한 主題에 관한 資料를 조사하는데 있어서 유용한 資料源이다.

1. 문제되고 있는 主題에 관한 資料의 所在를 밝힌다.

2. 著者의 이름, 著作의 완전한 書名, 出版地, 出版社, 出版年, 版次 및 페이지 수와 같은 항목을 밝히는 수단을 제시한다.

3. 만약 그것이 註解된 것이면 主題의 범위와 그것이 論述된 방법

을 지적한다. 만약 그 註解가 비평적이고 評價的인 것이면 그
出版物의 유용성에 관해서 論評한다.

4. 카드目錄에서는 分析될 수 없는, 도서의 부분을 포함하는 資料
를 지적한다.

5. 도서를 形態와 所在와 時期에 따라서 類別한다.

主題分野에 있어서의 書誌는 第16章부터 22章에서 論述하기로 한다.

參考圖書形式의 代表的인 書誌
一般的인 書誌

Besterman, Theodore. A World Bibliography of Bibliographies. 3d and
final ed. New York, Scarecrow, 1955 – 1956. 4 vols. 범위에 있어서 국
제적이며 書誌的인 目錄, 年代記, 抄錄 및 要覽을 수록하고 있다.

The Bibliographic Index. New York, The H.W Wilson Company, 1938.
(半年刊, 年刊 및 大型累加本) 現行書誌에 대한 主題索引으로서, 영어
와 외국어로 된 도서와 팸플릿으로 出版되는 것과, 圖書와 팸플릿과
定期刊行物記事에 나타나는 것을 수록하고 있다.

定期行刊物의 書誌

N.W. Ayer & Son's Directory of Newspapers and Periodicals. N.W
Ayer & Son, Inc., 1880 – . 美國에서 印刷된 新聞과 정기간행물 및 그
의 所有者 그리고 캐나다 Bermuda 파나마 및 필리핀에서 인쇄된 新聞
과 정기간행물에 관한 情報를 제공한다. 그리고 그들이 발행된 都市에
관한 情報도 수록하고 있다.

Ulrich's Periodicals Directory. 9th ed. New York, R. R. Bowker
Company, 1959. 主題類에 따라서 書名을 열거하고, 상세한 索引과 相
互參照를 가지고 있다. 외국의 정기간행물도 수록하고 있다.

選擇書誌와 評價書誌

Booklist. Chicago, The American Library Association, 1905－.(月 2回 刊, 8月은 月刊). 現行出版圖書에 대한 精選目錄으로서 一般公共圖書館 의 요구에 응하기 위해서 마련되었다. Dewey 十進分類法에 의해서 配 列되어 있고, 小說 아동도서 靑少年圖書 미국정부출판물 팸플릿 등으 로 배열되었다.

Hoffman, Hester R.(ed). *The Reader's Adviser and Bookman's Manual*. 9th ed. Revised and enlarged. New York, R.R. Bowker Company, 1960. 文學, 傳記, 辭典, 百科事典, 聖經, 古典, 戲曲, 詩, 科學, 哲學, 紀行, 歷 史에 있어서의 印刷된 最善本 名著에 대한 案內(副書名).

'The Standard Catalog Series.' New York, The H.W. Wilson Company, 이 총서에는 *Children's Catalog, Standard Catalog for High School Libraries and Standard Catalog for Public Libraries*가 포함되어 있다. 도서관용으로 제본된 도서이 관한 註解目錄이 제시되어 있다.

Subscription Books Bulletin, Chicago, American Library Association, 1930-1956. 1956년 9월에는 Booklist와 混合되었다. 參考圖書에 관한 공평한 비판적인 비평을 수록하고 그 著作이 추천할만한 것인지 아닌 지를 지적하고 있다.

Winchell, Constance M. *Guide to Reference Books*. 7th ed. Based on Guide to Reference Books, 6th ed., by Isadore Gilbert Mudge. Chicago, American Library Association, 1951.(Supplements, 1950－1952, 1953－ 1955, and 1956－1958) 選定된 參考圖書에 관한 評價的인 目錄으로서 도서의 포괄적인 價値를 지시하고 있다.

商業的 書誌

American Book Publishing Record. New York, R. R Bowker Company, 1960-.(月刊) 圖書의 發行日字에 앞서서 4주(때로는 5주)에 한번씩 미국의 圖書出版에 관한 완전한 記錄을 나타낸다. 이것은 Publisher's Weekly에 대한 主題索引이다.

Books in Print. New York, R. R. Bawker Company, 1948-.(年刊) *Publishers Trade List Annual*을 著者 書名 및 叢書名에 의해서 索引하고 있으며, 圖書出版社와 價格을 제시하고 있다. Publisher's Trade List Annual에 수록된 出版社만을 카바하고 있다.

Cumulative Book Index. New York, The H. W. Wilson Company, 1898-. (흔히 月刊本을 累加해서 半年本과 더 큰 累加本을 제본한다.) 영어로 된 圖書의 世界的인 目錄으로서 수록된 도서를 著者, 主題, 編者, 譯者에 의 해서 열거하고 있으며, 많은 書名과 叢書名과 圖解의 項目을 가지고 있다. 각 項目에 관해서 著者, 書名, 價格, 出版社 및 出版年月日을 주고 있으며, U.S. Catalog를 追補하고 있다.

Publisher's Weekly, New York, Publisher's Weekly, 1872-. 미국의 書籍商會誌로서 그 週의 새로운 出版物目錄과, 出版物과 뉴스항목과 社說에 豫告된 圖書의 目錄을 수록하고 있다.

Publisher's Trade List Annual. New York, Publisher's Weekly, 1873. 出版社目錄에 관한 年刊編輯物로서, 미국에서 발행되고 있는 현행도서의 대부분의 目錄을 제시하고 있다. 모든 出版社가 전부 수록되지는 아니하였다.

Subject Guide to Books in Print. New York R. R. Bowker, 1957－.(年刊) Publisher's Trade List Annual에 대한 主題索引으로서 의회도서관에서 수립된 主題名標目表에 따라서 索引하고 있다.

U. S. Catalog. 4th ed. New York, The H.W. Wilson Company, 1928년 1월 1일 현재 出版된 영어로 된 도서를 著者, 書名 및 主題에 의해서 열거하고 있다. 著者 書名 版次 出版社 價格 그리고 일반적으로 出版年과 페이지 수 및 삽도를 제시하고 있고, Cumulative Book Index에 의해서 현재 계속되고 있다.

第14章 特殊資料

이제까지 앞장에서 論及해 온 圖書 雜誌 및 新聞에 겸해서, 圖書館은 하나의 질문에 해답을 찾거나, 하나의 문제를 해결하거나 밝히는 데 도움을 찾거나, 여러 主題分野가운데 어느 分野에 있어서의 圖解資料를 찾는 學生에게 여러 가지의 특수한 源資料를 제공한다. 이러한 資料는 일반적인 목록에 항상 배열되어 있는 것이 아니기 때문에 圖書館 이용자들은 그것이 어떤 것이며, 그것이 어떻게 조직 배열되었으며, 그의 利用을 제어하는 規則은 어떤 것인가를 아는 것이 중요하다.

이러한 특수자료는 (1) 팸플릿과 크리핑 (2) 視聽覺資料 (3) 마이크로필름, 마이크로카드, 마이크로프린트 (4) 정부출판물 등이다.

팸플릿과 크리핑

팸플릿은 다만 한 主題를 다루고 몇 페이지를 같이하여 한번 꿰매서 이루어진, 그리고 종이 커버로 표지한 출판물이다. 팸플릿은 단독으로 발행되거나 또는 외교정책협회의 'Headline Books'와 같이 총서로 발행되기도 한다. 팸플릿은 어느 主題分野에 있어서 중요한 현행의 論題를 커버하며, 끊임없이 변화하는 思想과 活動의 分野에 있어서 빈번히 나타난다.

팸플릿이 처음에 발행되었을 따 그것은 한 主題에 관한 최신의 情報 또는 見解의 탁월한 典據이다. 圖書의 部分은 처음에 팸플릿으로 나타나며, 도서의 形態로는 출판된 일이 없는 著作이 흔히 팸플릿형으로 나타난다.

팸플릿이 현행의 情報로서 낡아버리면, 이들은 특정한 시기에 있어서의 흥미와 見解의 思潮를 나타내기 때문에 이들은 가치 있는 歷史的인 資料로서 이바지한다.

팸플릿은 이용을 위해서 몇 가지 방법으로 組織된다.

1. 어떤 것은 分類하고 目錄해서 일반적인 集書에 排架된다.

2. 어떤 것은 카드目錄에 열거되지만 排架函(filing cabinet)에 배열된다.

3. 기타는 팸플릿 화일로 마련된 캐비닛에 파일 되는데 主題의 알파벳순으로 배열되거나 또는 그것이 叢書의 한 부분이면 번호순으로 배열될 것이다. 이 경우에는 일반적으로 화일링캐비닛 위나 그 근처에 分立된 目錄이나 이용할 수 있는 팸플릿 리스트가 있다.

新聞이나 雜誌나 小冊子나 기타의 소스에서 切取한 크리핑은 너무나 간략해서 팸플릿이나 도서에서는 다루어지지 아니하는 主題에 관한 현행의 사건이나 情報를 보급하는데 유용하다.

크리핑은 카드보드에 붙이거나 홀더에 넣어 둘 것이다. 일반적으로 이들은 버티컬화일에 보관되고 主題의 알파벳순으로 배열된다. 규칙상 이들은 主要目錄에는 열거되지 아니한다.

視聽覽資料

광범한 視聽覺分野에 포함되는 資料는 그림(新聞이나 雜誌에서 切取한), 우편엽서, 藝術巨作品의 再版, 스라이드, 모션픽춰필름, 하트,

그래프, 地圖, 모형, 축음기판, 테이프와 와이야 레코드 및 낱장의 樂譜등이다.

이러한 자료들은 예술과 음악의 평가코스에 있어서, 드라마와 文學의 연구에 있어서, 言語공부에 있어서, 學習課題를 위한 圖解資料로서, 그리고 오락적 文化的인 목적을 위해서 유용하다.

시청각자료는 일반목록에 열거되거나 혹은 이들은 특수한 室內에 있는 分立된 화일에 보관되고, 각종의 資料에 대한 目錄이나 리스트를 구비할 것이다. 이와 같이 한 도서관은 地圖화일(file), 그림화일, 필름이나, 슬라이드, 필름스트립이 보관되고 프로젝트 되는 暗室, 및 축음기판이나 테이프레코드를 위한 聽取室이 있을 것이다.

이러한 자료의 이용을 제어하는 規則은 아주 다양하다. 어떤 도서관에서는 일정한 종류의 資料는 다른 資料가 그 도서관에서 이용되어야만 하는 동안에 대출된다. 어떤 도서관에서는 모든 자료가 그 도서관 안에서 이용되어야 한다.

마이크로필름 · 마이크로카드 · 마이크로프린트

마이크로필름은 標準的인 모션픽쳐 크기나, 그보다 작은 필름에 실인 印刷物을 아주 축소시킨 寫眞再生이다. 이것은 新聞이나 雜誌의 백-이슈(back-issue)를 複寫하므로서 스페이스를 절약하는 수단으로 발전되었으나, 이것은 硏究에 필요한 圖書의 부분을 재생하는데 사용된다.

마이크로카드는 표준규격의 圖書館 목록카드에 실린 印刷資料를 최소한 寫眞再生으로 한 것이다. 하나의 마이크로카드는 印刷資料의 80페이지를 수록한다. 지금은 전체적인 책이 마이크로카드 형태로 인쇄되고 있다.

마이크로프린트는 印刷된 형태로 再生된 마이크로사진이다. 마이크로필름은 카메라에 의해서 찍힌 그림의 陰圖에 비유해야만 하고, 마이크로카드와 마이크로사진은 최종적인 스텝사진에 비유해야만 한다. 모든 형태의 마이크로사진은 讀書機의 도움으로 읽어야만 한다. 마이크로필름과 마이크로카드오 마이크로사진은 우선 次元이 높은 硏究에 있어서의 資料라고 생각된다. 그러나 雜誌와 新聞의 백-이슈를 어떤 마이크로사진 형태로 보존하고 있는 圖書館에서는 學部學生은 그가 한 主題에 관한 데이터를 찾을 때 이러한 資料를 參照하는 방법을 배워야만 한다.

마이크로필름과 마이크로사진은 주요 集書와 같이 目錄되고 排架되기도 하지만 그들을 分立된 장소에 目錄하고 排架하는 것이 일반적인 관례이다. 마이크로카드는 그 圖書館의 주요目錄에 배열될 것이다. 그러나 대부분의 경우 이들은 分立된 파일에 보관된다.

특수자료에 관한 參考圖書

Ballou, Hubbard Walter (Comp.) *Guide to Microreproduction Equipment*. Annapolis, Md.; National microfilm Association, 1959. 機材 (Equipment)와 필름에 관한 解說的인 情報를 수록하고 있다.

De Kieffer, Robert, and Cochran, Lee W. *Manual of Audio-Visual Techniques*. Englewoo Cliffs, N·J; Prentice-Hall, Inc., 1955. 많은 종류의 視聽覺資料에 관한 간단한 情報를 제공하고, 그것들을 다루는 정확한 기술을 설명하고 있다. 각 섹숀에 대해서 書誌를 수록하고 있다.

Educational Film Guide. New York; The H.W. Wilson Company, 1636-.(年刊追補) 16미리의 敎育的인 필름을 열거하고 해설하고 있

다. 書名과 主題에 의한 알파벳순 目錄과 資料源의 名鑑(Directory)을 수록하고 있다.

Educators Guide to Free Science Materials. Randolph, Wis.; Educators Progress Service, 1960-. (年刊) 無料의 필름, 필름스트립, 회보, 팸플릿, 차트와 같은 資料의 註解目錄을 제시하고 이러한 資料의 性格 目的 및 이용법에 관한 情報를 주고 있다.

Educators Guide to Free Tapes, Scripts, Transcriptions. Randolph, Wis.; Educators Progress Service, 1955-. 이러한 資料들의 性格, 목적 및 이용법에 관한 적절한 情報를 묘사해 주고 있다.

Filmstrip Guide. New York; The H. W. Wilson Company, 1948-(年刊追補) 書名과 主題에 의해서 열거하고 販賣하거나 無料貸借하는 현행의 필름스트립을 묘사하고 있다.

Hastings, Henry C.(Comp.). *Spoken Poetry on Records and Tapes*. Chicago; Association of College and Reference Libraries, 1957. 현행하는 유용한 레코드의 索引(副題)

McClusky, Frederick Dean(Comp.) *A-V Bibliography*. 2d ed. Dubuque, Iowa; W.C. Brown Company, 1955. 視聽覺教育에 관한 文獻의 포괄적인 書誌를 제시하고 있다.

Public Affairs Information Service Bulletin. New York; Public Affairs Information Service, 1915-.(週刊) 經濟的 社會的條件과 行政 및 國際關係에 관계되는 圖書, 文書, 팸플릿, 定期刊行物文獻, 私設機關과 公共기관의 보고서, 政府出版物등을 索引한다. 하나의 선택적인 主題目錄이다.

Vertical file Service Catalog. New York; The H. W. Wilson Company, 1932—.(月刊). 현행 팸플릿 小冊子 및 리프레트 등을 열거하고 묘사한다.

政府出版物

政府出版物은 政府의 官吏나 大衆에게 배포하기 위해서 議會(Congress)나 기타의 어느 政府官廳이나 기관—즉 國家나 州나 地方—의 權能에 의해서 公共의 비용으로 발행되는 (혹은 購買되는) 출판물이다.

政府出版物은 그것을 발행하는 政府機關의 특유한 기능에서 成長하고 있으며. 이것은 정부의 작용과 활동에 관한 하나의 公共의 기록이다. 이들은 각 市民들이 政府가 제공하는 봉사를 이해하고 그것을 이용할 수 있도록 그리고 한 市民으로서의 그의 의무를 더욱 理知的으로 수행할 수 있도록 公共의 情報를 유지하는 수단을 보급한다.

文書는 그의 본래의 형태, 즉 그들이 出版되기 전의 형태로 政府의 기록을 수록하는 것으로 政府文書館(government Archives)에 비치된다. 出版된 형태로는 이들은 圖書館과 기관과 개인에게도 유용하게 된다.

政府出版物의 內容은 그들을 발행하는 課, 기관, 局에 따라 다양하다. 이들은 年間報告, 議事錄, 통계분석, 교육편람, 회의록, 書誌, 人名錄, 강연, 規則과 規程, 연구결과 및 旅行情報 등이 이에 포함된다.

이들은 印刷되거나 複寫되며(즉 프린트나 기타의 複寫에 의해서 複製된다), 루스리 후, 製本안된 책과 제본된 책, 팸플릿, 리프레트, 新聞, 정기간행물, 映畵, 필름스트립, 포스터 및 藝術 再生品의 目錄 등 거의 모든 형태로 나타난다. 어떤 것은 훌륭한 印刷의 표본이 될 만한 것도 있다.

어떤 종류의 政府出版物은 政府의 모든 수준에서 발행되지만, 정부
출판물의 주요한 소스는 聯邦政府이다. 미국정부는 세계에서 가장 큰
유일한 出版者라고 말한다.

미국歷史의 초기에는 印刷는 계약체계 하에 議會에서 選定한 印刷
所에 의해서 이루어졌다. 이러한 계약된 印刷者의 出版物은 흔히 빈
약하고 索引이 부적당하고 때로는 政府出版物이라고 식별할 수도 없
는 것이 있었다.

議會는 1846년에 印刷의 관례에 있어서의 改革을 단행하기 위해서
上下兩院에서 각각 3名으로 구성된 印刷에 관한 합동위원회(Joint
Committee on Printing)를 창설하였다. 1852년에 契約體系下에서 선정
된 印刷者들의 作業을 감독하기 위해서 공공출판감독관(Superintendent
of Public Printing)이 지명되었다. 국가적인 出版계획의 수립은 1860년
에 議會에 의해서 인가되었으며, 미국정부는 1861년에 自體에서 出版을
시작하였다.

美國政府出版局(U.S. Government Printing Office)은 政府의 立法府
에 있는 독립기구이다. 上院의 승인을 얻어서 大統領이 지명한 공공
출판사는 政府出版局의 관리를 위한 책임을 가진다. 출판에 관한 議
會合同委員會는 출판에 사용되는 資料와 雇傭의 방법 및 정부출판국
의 효과적인 작용에 관한 일에 있어서 정부출판국에 대해서 사법권
을 가진다. 동위원회는 議會會議錄 (*Congressional Record*)과 議會人
名錄(*Congressional Directory*)의 배열과 형태를 조정한다. 文書管理處
(Superintendent of Documents)(1895년에 정부출판국내에 창설된 官
署)는 정부출판물의 中央集權的인 배포에 책임을 가진다.

文書管理處는 그 官署의 의무를 수행하는데 있어서 정부출판물을
개인과 기관과 官署에 販賣하고, 그것을 委託된[1] 圖書館에 배포하고,

---

1) 지정된 圖書館에 대한 연방정부출판물의 無料分配는 1859년 2월 5일 議會法에
   의해서 승인되었다. 이 法律은 미국에 있어서의 각 議會地區를 위한 하나의 委
   託圖書館과 각 州를 위해서는 일반적으로 두개의 委託圖書館을 마련하고 있다.

書誌와 價格目錄을 편찬하여 분배하고, 모든 정부출판물에 관한 하나
의 圖書館과 參考目錄을 보유하고 있다. 그리고 요청에 따라서는 정
부출판물에 관한 情報를 제공하고 있다.

개인들은 일정한 정부출판물이 많을 때 議會職員이나 발행기관에
서 無料로 그것을 얻을 수 있을 것이며, 혹은 이들은 文書管理處에서
구매될 것이다. 無料圖書目錄은 일정한 기관에 의해서 발행되며, 선
택된 출판물의 隔月刊目錄은 無料로 文書管理處에서 얻을 수 있다.

정부출판물은 많은 分野, 특히 통계분야, 정부의 운영분야 및 科學
과 醫學研究의 결과나, 特許와 版權적용과 같은 일정한 科學分野에
있어서 기본적인 原資料를 제공한다. 이들은 특히 歷史와 社會科學,
교육, 人事管理 및 物理學과 生物科學分野에 있어서 유용하다. 그들
은 특별한 활동에 관해서 실제로 著述하고 있는 전문가들에 의해서
마련된 이것들은 이들이 커버하는 主題分野에 있어서 권위 있는 것
으로 생각할 수 있다. 이들은 그것을 발행하는 기관에 대해서 유용한
최근의 情報를 나타내는데 있어서 업데이트하다. 많은 政府刊行物은
더욱 철저한 研究와 調査를 위해서 유용한 書誌를 제시하고 있다. 이
들은 일반적으로 간결하고 읽기에 용이하다.

圖書館 이용자들은 흔히 수많은 政府出版物로 인해서 혼돈을 일으
키고, 그들을 선택하고 찾아내는 방법을 모른다. 政府出版物의 性格
과 目的을 이해하고 이러한 出版物들이 어느 圖書館에 있어서 이용
을 위해서 조직되고 배열된 방법을 이해하는 것은 이러한 중요한 源
資料를 더욱 쉽게 그리고 더욱 신속하게 접근할 수 있게 하는데 도
움이 될 것이다.

政府出版物을 조직하고 배열하는 데는 여러 가지 방법이 있다.

1. 政府出版物은 다른 圖書館資料처럼 分類되고 目錄되고 排架될 것

모든 州立圖書館과 無償拂下의 大學과 綜合大學校의 도서관들은 聯邦委託圖書館
으로 지명되었다. 委託圖書館에 있는 정부출판물들은 영구적이며, 최소한 參考用
으로는 일반 대중에게 이용될 수 있다.

이다.

2. 이들은 다른 圖書館資料처럼 분류되고 목록 되지만 특별한 화일 이나 특별한 서가에 보관될 것이다.

3. 이들은 정부문서(Government Documents)(혹은 정부출판물)로 분류되어서 書架나 혹은 버터컬화일에 알파벳순이나 번호순으로 배열될 것이다.

4. 한 圖書館에 있어서 어떤 政府刊行物은 다른 도서관자료처럼 분류되고 목록 될 것이며, 같은 도서관에서 어떤 政府刊行物은 政府刊行物로 취급되어 분리된 장소에 보관될 것이다.

5. 이들은 분류하지 아니하고 發行官署의 명칭의 알파벳순으로 배열될 것이다.

만약 政府刊行物이 다른 圖書館資料처럼 취급되면 이들은 그 圖書館에서 사용하는 도서분류표에 따른 번호가 주어져서, 請求번호순에 따라서 서가에 배열될 것이다. 이 경우에 있어서 讀者는 그가 다른 종류의 도서관자료를 찾는 것처럼 카드목록을 통해서 그들을 찾을 것이다.

만약에 이들이 그 圖書館에서 사용하고 있는 分類表에 따라서 분류되지만 그 圖書館의 한 화일이나 한 섹숀에 排架되면, 'Gov. Doc.' 라는 낱말이나 또는 유사한 기호가 請求번호에 부가될 것이다.

만약 이들이 分類는 안 되지만 알파벳순이나 번호순으로 배열되면, 그 가까이에 하나의 리스트나, 索引이나, 目錄이 있게 될 것이다.

일반적으로 文書管理處에 의해서 발행된 印刷된 書誌나 리스트는 그들이 委託圖書館에서처럼 하나의 分立된 集書로 취급될 때는 政府出版物에 대한 하나의 索引으로서 이바지한다. 政府出版物을 카드목록에서 찾는 대신에 學生은 그가 定期刊行物索引을 참조하는 것과 같은 방법으로 *Documents Catalog*나 *Monthly Catalog*와 같은 印刷된 書誌를 참조할 것이다. 도서관은 이러한 書誌를 이 集書에 있어서의 項目의 체크리스트로 사용하게 될 것이다. 이 경우에 체크된 출판물

은 그 圖書館이 所藏하고 있는 출판물이며, 印刷된 기호는 분류기호
와 所在기호이다. 이 기호는 그 출판물을 발행한 政府機關을 표시하
는 알파벳 글자와, 각 官署와 출판물의 종류를 표시하는 아라비아數
字를 플러스한 하나의 結合된 것이다.

예를 들면 국방성(Defense Department)은 그 제목의 첫째의 특정적
인 글자에서 D로 표시되고, 국방장관(Secretary of defense)은 D1로
표시되고, 모든 年間報告는 I.이라는 기호가 주어진다. 이와 같이 국
방장관의 年間報告를 위한 기호는 Di.I.이다.

印刷된 기호로 된 모든 項目은 중요하며, 그 출판에 대한 모든 參
照－즉 叢書형태(리프레트이거나 會報이거나 광고(circular)이거나 단
행본이거나)및 年度등은 중요하다. 이러한 종류의 조직을 사용하는
圖書館에서는 주어진 출판물을 찾기 위해서(文書管理處로 하나의 출
판물을 주문하는데 있어서와 마찬가지로) 이들을 전부 복사할 필요
가 있다.

印刷된 書誌는 열거된 出版物에 대한 記述的이며 評價的인 註解를
제시하고 있어서 특정한 문제를 의해서 선택할 政府出版物의 종류를
결정하는데 유용하다.

印刷된 리스트와 書誌에 겸해서 특정한 목적을 위해서 政府出版物
을 선택하는데 있어서 研究者에게 도움이 되도록 마련된 參考圖書가
있다. 아래에 열거된 것은 (1) 政府出版物에 대한 索引으로 이바지하
는 印刷된 리스트와 書誌이며 (2) 그들을 발견하고 이용하는데 도움
이 되는 參考圖書이다.

書誌와 리스트

Ames, John, G. *Comprehensive Index to the Publications of the United
States Government*, 1881－1892. Washington, D.C. Government
Printing Office, 1905 2Vols.

Poore, Benjamin Perley. *A Descriptive Catalogue of the Government Publications of the United States, September* 5, 1774 — to March 4, 1881. Washington, D.C.; Government Printing Office, 1885.

U.S. Documents Office. *Catalog of the Public Documents of Congress and of All Departments of the Government of the United States for the period from March* 4, 1893 *to December* 31, 1940. Washington, D.C. Government Printing Office, 1896 — 1945. 25Vols.

U.S. Library of congress, Division of Documents. *Monthly Checklisi of State Publications.* Washington, D.C.; Government Printing Office; 1910 — .

U.S. Superintendent of Documents. *United States Government Publications: Monthly Catalog.* Washington, D.C.: Government Printing Office, 1895 — .

——. *Price List of Government Publications.* Washington, D.C.; Government Printing Office, 1898 — .

——. Selected *United States Government Publications.* Washington, D.C.; Government Printing Office, 1928 —

유용한 參考圖書

Boyd, Anne Morris, and Rips, Rae E. *United States Government Publications.* 3d ed · Revised. New York, the H.W. Wilson Company, 1950 미국정부출판물에 대한 性格과 分配 目錄 및 索引을 解說한다. 미국정부의 여러 부처(즉 行政, 立法 및 司法部와 議會 法院등)의 중요

한 출판물을 열거하고 묘사하고 있다.

Brown, Everett S. *Manual of Government Publications, United States and Foreign.* New York, Appleton-Century-Crofts, Inc., 1950. 미국과 영국정부의 出版物 및 國際問題에 관한 出版物을 중점으로 다루고 있다.
Hirshberg, Herbert S., and Melinat, Carl H. *Subject Guide to United States Government Publications.* Chicago, American Library Association 1947. 情報와 參考를 위한 중요한 미국정부출판물을 발견하는 수단을 제시하고 있다.

Leidy, W. Philip. *A Popular Guide to Government Publications.* New York, Columbia University Press, 1953. 1940년부터 1950년까지에 발행된 性格上 大衆的인 政府出版物의 편찬물을 나타내고 있다.

Schmeckebier, Laurence F., and Eastin, Roy B. *Government Publications and Their use.* Revised ed. Washington, D.C., The Brookings Institution, 1961. 政府의 定期刊行物과 文書의 마이크로사진 再生品에 관계되는 새로운 자료를 수록하고 있다.

Wilcox, Jerome Kear. *Bibliography of New Guides and Aids to Public Documents use.* 1953-1956. New York, Special Libraries Association, 1957. 國際的이고 일반적인 案內書와 동시에 지방과 州 및 聯邦政府의 출판물의 이용에 대한 案內書를 수록하고 있다.

第4篇 主題分野에 있어서의 參考資料

第15章 主題別 參考資料

많은 主題專門家로서의 編輯職員들에 의해서 編輯되고 있는 一般 參考圖書는 각기 다른 主題分野에 관한 많은 情報를 제공한다. 그러나 일반참고도서의 목적은 광범하고 제한이 없는 適用範圍를 주는 것이기 때문에, 어느 한 主題에 관한 專門的인 論述은 필연적으로 제한된다.

한 特殊主題에 관한 일반적인 論述以上의 것을 要求하는 사람들을 위해서는 모든 主題分野에 있어서 專門化된 參考圖書가 있다.

하나의 主題參考圖書는 하나의 특수한 主題(즉 文學, 歷史, 音樂, 運動, 敎育 등)에 관한 information의 項目들이 많은 Source에서 한데 모아져서 各各의 項目이 迅速하고 容易하게 發見될 수 있도록 配列된 出版物이라고 定義할 수 있다.

主題別 參考圖書는 學生(혹은 一般人)에게 각기 다른 知識分野의 主題를 소개한다.

1. 정해진 分野에 있어서의 낱달과 語句에 대해서 一般辭典에서는 發見되지 않는 專門的인 定義를 賦與한다.
2. 하나의 主題分野에 있어서의 중요한 思想의 發展을 밝혀 준다.
3. 그 主題文獻의 發展에 대한 槪論을 소개한다.
4. 한 專門的인 分野에 있어서의 주요한 問題와 論爭에 대하여 權威있는 information을 提供한다.
5. 槪念을 說明하고 明白하게 밝힌다.
6. 그 分野의 文獻을 밝혀내고 說明하고 評價한다.

7. 思潮를 示唆하는 진상을 提示하고, 정해진 主題分野에 있어서의
   정해진 年間의 事件을 要略説明한다.

主題參考圖書는 研究하고 있는 主題의 고유한 特性에 대하여 적용
된다. 예를 들면 音樂에 있어서는 音樂論題와 樂譜에 관한 辭典이 있
고, 藝術에 있어서는 再生品과 公賣物의 目錄이 있고, 科學에 있어서
는 圖表와 公式에 관한 HandBook이 있다.

主題參考圖書의 種類와 目的

各 主題分野에 있어서의 參考圖書의 種類는 一般的인 分野에 있어
서의 그것과 同一하다. 그리고 이들은 더 制限된 規模(主題範圍)에
대한 類似한 目的에 이바지한다.

1. 書誌 및 案内書
  a. 問題 되고 있는 (當該)分野의 文獻을 指摘해 준다.
  b. 그 圖書館에는 없는 著作도 指示해 주기 때문에 더 細密한 調
     查를 위한 補助資料로서 이바지한다.
  c. 目錄 card에 收錄할 수 없는 叙述的이며 評價的인 情報를 提供
     한다.
  d. 著作을 辭典, 歷史, 百科事典, 便覽, 索引 및 批評書(主題가 文
     學인 경우)등의 形式에 따라서 配列한다.

2. 索引類
  a. 한 主題에 관한 定期刊行物記事가 어디에서 發見될 수 있는가
     를 指示한다.
  b. 戱曲, 短篇小説, 隨筆 및 詩 등이 發見될 수 있는 文集을 指示
     한다.
  c. 圖書 및 圖書의 部門을 分析한다.

3. 辭典類

a. 用語와 概念에 대한 專門的인 定義와 說明을 提供한다.

b. 用語를 確立시키는데 도움이 된다.

c. 낱말과 語句에 관한 現行 및 歷史的인 慣用에 대한 指針으로서 이바지한다.

d. 問題에 대하여 간결한 解答을 준다.

e. 年代記를 알 수 있을 것이다.

f. 書誌的인 information을 준다.

g. 發音이 表示될 것이다.

4. 百科事典類

a. 한 主題에 대한 相異한 樣相과 觀點에 관한 '槪略的인 論述'을 준다.

b. 歷史的인 背景과 思潮 및 그 主題分野以外의 外部的인 事件의 양상 (한 時代의 文獻에 관한 社會的條件의 영향과 같은)을 說明한다.

c. 한 主題分野에 있어서의 思想의 發展을 밝힌다.

5. 便覽(HandBook)

a. 參考文獻, 引喩, 年月日, 引用文 및 文獻에 있어서의 人物들을 알아낸다.

b. 文學作品의 줄거리를 要約한다.

c. 統計와 有用한 基本文獻을 提示한다.

6. 年鑑과 年報

a. 着手한 것과 完成한 研究프로젝트를 포함하는 지난해의 事件을 槪略 說明한다.

b. 發見하기 어려운 information의 項目을 위한 Source를 提供한다.

7. 叢書(全集)

a. 隨筆, 詩, 戱曲, 短篇小說, 定期刊行物 및 기타의 文學形式으로부터의 選集이나 引用文을 한 場所에 모은다.

   b. 文學, 歷史, 敎育, 心理 및 기타의 主題分野에 있어서의 敎科를
위한 資料源으로서 이바지한다.

8. 地圖와 地名事典

  a. 모든 主題分野에 있어서의 地理的인 information을 提供하고 地圖로도 表示한다.

  b. 産業, 生産物 및 文獻에 관한 所在를 重點으로 한 綜合的인 그림을 提示한다.

9. 傳記(人名)事典

  a. 한 主題分野에 있어서의 主要人物, 즉 著者, 學者, 科學者, 敎育者 등에 관한 간략한 information을 提供한다.

  b. 한 著者의 著作에 관한 書誌와 書評이 包含되는 경우도 있다.

10. 歷史的 參考圖書는 다음의 事項을 包含하는 發展에 관한 實際的인 information과 思潮 및 주요 事實을 提供한다.

  a. 年代

  b. 事件의 解說

  c. 傳記的 data

  d. 書誌的 information

11. 專門會誌는 一定한 知識分野의 最近의 記事와 論說, 書評 및 기타의 그 主題에 대해서 專門的으로 관련된 資料를 提供한다.

한 主題分野에 있어서의 參考圖書의 選擇은 一般的인 分野에 있어서와 마찬가지로 解答될 問題의 性格에 달려 있다. 즉, ① 要求되는 information의 種類 ② 그 問題가 속하는 主題分野 ③ 時間과 場所와 같은 그 問題에 作用하는 要素.

主題參考圖書의 利用

主題參考圖書의 效果的인 利用은 ① 各種의 主題參考圖書의 目的 ② 그 資料의 構成과 配列 및 ③ 各 圖書의 뚜렷한 特徵에 관한 理解에 달려 있다. 한 主題參考圖書를 사용하기 전에 우리는 그 圖書의 目次와 그의 目的을 說明하고 있는 序文페이지와, 計劃과 配列 및 어떠한 特徵이 있으면 그것을 檢討해야만 한다.

다음의 各章에서는 여러 主題分野와 各 分野에 있어서의 現在의 代表的인 參考圖書를 소개하고자 한다. 여기에 論述된 主題分野는 그것이 Dewey 十進分類表에서 組織되어 있는 바와 같은 知識의 主類이다. 한가지만을 例外로 하고 이들은 이 分類表에 나타난 順序에 따라서 表示되어 있다. 그 例外는 歷史가 社會科學으로서 論述되었다는 점이다. 前項에서 論及된 參考圖書가 모두 各主題分野에서 發見되는 것은 아니다. 그러나 다음 章에서 提示되는 實例는 以上에서 論及된 順序에 따라서 表示하였다.

새로운 參考圖書와 舊版에 대한 新版이 계속해서 出版되고 있기 때문에 圖書館에서의 參考資料에 관한 最新性을 유지하기 위해서는 card目錄을 빈번히 調査해 올 必要가 있다. 여기에 列擧된 書名은 利用할 수 있는 수많은 圖書가운데 少數의 部分만이 代表的으로 列擧된 것이기 때문에 示唆에 불과하다. 各 讀者는 그것을 補充하고 조만간 새로운 出版物로 그것을 交替하게 될 것이다.

第16章 哲學과 心理學

Dewey十進分類法은 一般的인 것으로 시작해서 專門的인 著作에로 展開되고 있다. 專門的인 類內에서도 一般的인 것으로 시작해서 特殊한 主題로 展開된다.

哲 學

L.C. 分類法에 있어서와 마찬가지로 Dewey十進法에 있어서의 最初의 主題類는, 歷史的으로 가장 一般化된 學問이며 科學의 科學인 哲學이다. 사랑한다고 하는 *Philein*과 智慧를 意味하는 *sophia*, 이 두 개의 Greek의 낱말에서 由來한 哲學은 智慧의 追求와 追求된 智慧라고 하는 두 가지 意味로 생각되어 왔다.

元來 哲學은 모든 事實이 說明될 수 있는 一般的인 原理를 意味한다. 그리하여 哲學은 技術的인 規則과 實際的인 技術以外의 모든 學問을 內包한다. 中世의 大學에 있어서 哲學은 科學과 文藝의 全體를 包括하는 總括的인 主題였다. 이 包括的인 意味는 現在에 있어서 哲學博士學位(Ph. D.)에로 進陟되었다.

가장 廣範한 學究的인 意味에 있어서 哲學은 온갖 出處에서 誘導된 모든 知識에 관한 批評的인 研究와 構成이다. 또한 哲學은 正確한 知識(特定한 時間에)이 있을 수 없는 人生의 分野에 있어서의 事態와

問題에 관해서 일어나는 條理整然한 問題點에 있다. 哲學의 問題點 가운데 대부분은 人間의 正確한 知識이 流布되고 發展함으로써 科學의 主題로 넘어갔다. 要는 哲學의 廣範하고 連續的인 考察과 問題(提起)의 目的은 世界를 理解하기 위한 것이었고 또한 世界를 理解하기 위한 것이다.

次元이 좀 낮은 學術的인 意味에 있어서, 哲學은, 예를 들면 George Bernard Shaw의 戲曲作品에 表現한 바와 같은 그의 哲學이나 Robert Frost의 詩에 表現된 바와 같은 그의 哲學과 같이, 人生과 現實과 價値에 대한 組織化되고 보다 못지않은 철저한 個人的인 見解나 態度를 나타낸다.

哲學의 基本文獻은 哲學者自身들의 著作과 이러한 著作에 대한 批評的 記錄이다. 그리하여 '確立'된 哲學과 같은 것은 없고, 다만 哲學者와 그들의 哲學이 있을 뿐이라고 말할 수 있다. 오랜 前代의 偉大한 哲學家들은 Aquinas와 Aristotle에서부터 Descartes, Dewey, Hegel 및 Kant를 통해서 Russell, Santayana, Sartre 및 Whitehead에 이르기까지 alphabet의 全 音階에 걸쳐 있다.

이러한 偉大한 思想家와 기타의 그들과 類似한 사람들이 發展시킨, 人生과 現實과 價値와 宿命에 관한 思想, 理論, 思索 및 原理의 體系는 觀念主義(idealism), 實用主義(pragmatism), 現實主義(realism), 合理主義(rationalism), 自然主義(naturalism), 實證主義(positivism), 絕對主義(absolutism), 器具主義(instrumentalism) 및 實存主義(existentialism)와 같은 이름으로 불리어지고 있다. 哲學的 思考에 대한 이러한 體系와 기타의 體系로 區分된 特殊한 分野나 分派는 形而上學(metaphysics), 認識論(epistemology) 論理學, 倫理學 및 美學(aesthetics)을 包含한다.

哲學에 있어서의 有用한 參考圖書의 數는 限定되어 있다.

參考圖書와 哲學史에 관한 圖書

書誌와 索引[1]

Essay and General Literature Index, 1934—. 哲學을 위한 參考的 價値를 가지는 評論集과 기타의 文獻集을 索引한다.

International index to Periodical Literature, 1907—. 哲學分野에 있어서의 定期刊行物을 索引한다.

辭典과 百科事典

Baldwin, James Mark(ed.). *Dictionary of Philosophy and Psychology*. New ed. New York, Macmillan, 1925. 3Vols. (RePrinted by Peter Smith, 1946.) 現代의 發展에 비하면 낡았으나 아직 有用하다. 全分野를 包括한다.

Runes, Dagobert D.(ed.) *The Dictionary of Philosophy*. New York, Philosophical Library, 1942. 哲學的思考의 全域을 包括하는 哲學的 用語에 대하여 간단한 定義를 내리고 說明한다.

Urmson, J. O.(ed.). *The Concise Encyclopedia of Western Philosophy and Philosophers*. New York, Hawthorn Books, 1960. Abelard로부터 現代까지의 哲學에 관한 分析的 傳記의 記事를 提供하고, 特殊한 論題에 관해서 論述한다. 最近의 書誌가 있고, 人物寫眞이 들어 있다.

---

1) 13章의 書誌도 보라.

傳記(人名)辭典[2]

Runes, Dagobert D.(ed.). *Who's Who in Philosophy*. vol. 1. New York, Philosophical Library, 1942. 英美哲學者들을 列擧하고 있다.

哲學史

Clark, Gardon H. *Thales to Dewey; A History of Philosophy*. Boston, Hougthon Mifflin, 1957.

Durant, will. *The Story of Philosophy*, revised ed. New York, Simon and Schuster, 1933.

Miller, Hugh. *An Historical Introduction* to Modern Philosophy. New York, Macmillan, 1947.

Russell, Bertrand. *A History of Western Philosophy*. New York, Simon and Schuster, 1945.

Schneider, Herbert W. *A History of American Philosophy*. New York, Simon and Schuster, 1946.

Webb, Clement Charles Julian. *A History of Philosophy*.(The Home University Library.) New York, Henry Holt, 1915.

心理學

　마음이나 영혼을 意味하는 **Psyche**라는 낱말에 法律을 意味하는 logos를 더한 Greece말에서 온 **Psychology**는 歷史的으로 모든 樣相에 있어서의 精神-즉 그의 機能, 組織과 構成, 및 行動에의 영향-을 다루는 科學이었다. 한때는 哲學의 한 部門이었고, 아직도 密接한 同伴者인 心理學은 發展하여 19世紀에 學問의 한 分離된 分派가 되었다.

　近年에 心理學은 個人의 全體로서의 生體에 관한 진지한 硏究라고 생각되었고, 生理的機能보다도 生體와 그의 活動을 硏究하는 것이라

───────────

2) 10章의 傳記辭典도 보라.

고 생각되었다. 예를 들면 頭腦의 機能에 관한 硏究는 心理學的 素材보다도 生理學的인 素材가 더 많다고 생각된다. 그리하여 心理學의 一般的인 素材는 自然環境과의 相互關係에 있는, 그리고 그의 社會的 環境 및 영향과의 相互關係에 있는 全體的인 生體(人間과 下級動物)의 活動에 관한 硏究이다.

心理學은, 예를 들면 行動主義心理學 혹은 Gestalt(形態)心理學이라고 하는 한 學派나 體系를 흔히 가리키며, 그러한 用語로 識別된다.

아마도 現代心理學을 알기 위한 가장 좋은 그리고 가장 包括的인 方法은 그의 많은 分科 가운데의 몇 가지를 아는 것이다. 이러한 分科들은 硏究된 問題의 種類에 의해서 결정되고 그러한 問題의 種類를 描寫하기 위해서 命名된 것이다. 心理學的 硏究의 이러한 種類와 分野는 연결되어 있기 때문에 누구나 年代順으로나 혹은 現在의 그의 重要性에 따라서 그것들을 調整할 수가 없다. 心理學의 分科 가운데 더욱 重要한 몇 가지 分科는 變態心理學, 分析心理學, 動物심리학, 應用심리학, 實驗심리학, 發生심리학, 運動(motor)心理學 및 生理心理學이다. 心理學의 기타의 分科는 兒童심리학, 靑年심리학, 成年심리학, 敎育심리학, 社會심리학 및 産業심리학이다. 기타 醫學, 宗敎, 敎育, 生理學 및 社會學의 基本的인 槪念과 原理 및 體驗結果에 관해서 심하게 惹起되는 硏究(問議되는)의 分野는 精神醫學, 精神分析學, 精神療法精神病理學이다.

心理學에 있어서의 代表的인 參考圖書

書　誌3)

Boring,　edwin　G.(ed.). *Harvard　List　of　Books　in　Psychology.*

---

3) 第13章의 書誌도 보라.

Cambridge, Mass, Harvard Univ. Press, 1955. Supplement. 1958.

索引과 抄錄
Annual Review of Psychology. Stanford, Calif., Annual Reviews, Inc., 1950 – 現代의 心理學的 文獻을 批評하고, 가장 活動的인 一般的인 分野에 있어서의 最近의 硏究와 理論에 관한 批評的인 鑑定을 代表한다.
Education Index
International Index
Rsychological Abstracts. Washington, D.C., American Psychological Association, 1927 – (Monthly). 心理學에 관한 새로운 圖書와 記事에 대하여 主題別로 group을 지어서 各各에 대한 抄錄의 表示를 주어 目錄을 收錄한다.

辭典과 百科事典
Seligman, Edwin R.A. and Johnson, Alvin (eds.) *Encyclopaedia of the Social Sciences*[4] New York, Macmillan, 1930～1935. 15 vols. 心理學에 관한 主題가 包含되어 있다.

English, Horace Bidwell. and English, Ava C.(eds.). *A Compound Dictionary of Psychological and Psychoanalytical Terms*. New York, Longmans, Green & Co., 1958. 專門的이며 技術的인 面에서 빈번히 使用되는 모든 用語의 定義를 내린다. 詳細하지는 못하다.

Harriman, Philip Lawrence (ed.). *Encyclopedia of Psychology*. New York, Philosophical Library, 1956. 現代心理學에 있어서의 重要한 思潮를 重點으로 하며, 包括的인 書誌를 提供한다.

---

4) 第18章, 書誌的인 說明과 註解 및 心理學分野에 있어서의 有用한 기타의 資料를 보라.

Harris, Chester W. and Liba, Marie R. (eds.). *Encyclopedia of Educational Research*

Honroe, Paul(ed.). *A Cyclopedia of Education*

Warren, Howard C. (ed.). *Dictionary of Psychology,* Boston, Houghton Mifflin Co., 1934. 英語와 外國語의 用語와 廣範한 書誌를 收錄한다.

傳記辭典과 人名錄[5]

American Men of Science. 9th ed. vol. Ⅲ. 心理學分野에 있어서의 生存 人物을 收錄한다.

Leaders in Education.

Murchison, Carl (ed.) *The Psychological Register.* vols. Ⅱ and Ⅲ Worcester, Mass, Clark Univ. Press, 1929. 全般的이며, 國家別로 配列 되어 있고, 各 被傳者들의 著作을 列擧한다.

哲學과 心理學의 專門誌

American Journal of Psychology, 1887−(Quarterly.)

Journal of General Psychology. 1928−(Quarterly.)

Journal of Philosophy. 1904−(Fortnightly)

Journal of the History of Ideas. 1940−(Quanterly)

Modern Schoolman, 1925−(Quanterly)

Philosophical Review. 1892−(Quarterly)

Psycholohical Review. 1894−(Bimonthly)

---

5) 第10章. 傳記 辭典도 보라.

第17章 宗敎와 神話學

Dewey十進分類表의 第二의 主題는 宗敎에 配定되어 있다. 이 類는 異敎徒의 宗敎와 神話學을 包含해서 모든 宗敎를 包括한다.

宗 敎

많은 宗敎가 있고 宗敎에 대한 많은 定義가 있다.

宗敎는 아마도 아주 一般的으로 4次元－즉 變化하고 混亂이 君臨하는, 그리고 우리가 모두 完全하고 華麗하게 絶對的으로 實在하는, 어떤 存在에 도달하기 위해서 외롭고 不幸을 느끼는 物質界에서 우리를 救하는 하나의 次元－에 있어서의 信仰이라고 定義될 것이다. 우리가 그 存在에 묶여 있다고 느끼는 것, 우리가 그 (絶對者)에게 속해 있고 그를 찾으려고 열망하고 그를 동경하고 갈망하고 있다고 느끼는 것, 그것이 宗敎的인 意識이다.[1]

宗敎… 人間의 神과의 관계를 가지는 信仰과 實踐의 組織體…[2]

… 要컨대, 宗敎는 어떠한 支配하는 힘에 관한 信仰과 이러한 힘이 崇拜되고 服從되는 方法에 관계된다.[3]

---

[1] André-Jean Festugiere. *Personal Religion Among the Greeks.*(Berkeley, Calif., Univof California Press, 1954) p.1.

[2] Donald Attwater (ed.). *The Catholic Encyclopaedic Dictionary.* New York, Mamillan, 1958. p.449. 出版社의 許諾을 얻어 引用함.

宗教文獻은 아마도 範圍와 多樣性에 있어서 가장 廣範한 主題일 것이다. 모든 文化에 관한 最初의 記錄을 나타내는 圖書와 圖書館에 관한 硏究(第1章)는 宗敎的인 혹은 道德的인 著作이다. 寺院의 記錄이 最初의 歷史的인 記錄을 이루고 있다.

各 宗敎의 基本的인 聖書에 附加해서 歷史的인 硏究, 信仰的이며 靈感的인 文獻, 敎會說과 解說에 관한 著作, 聖徒들의 生涯, 敎會法典, 敎會禮典, 및 公報的文獻 등을 包含하는 많은 種類의 宗敎的 文獻들이 있다.

宗敎分野에 있어서의 參考圖書는 기타의 모든 參考圖書와 마찬가지로 實際的 information의 編輯物이며, 여러 가지의 宗敎와 宗敎文獻에 관한 專門的인 質問에 解答하기 위해서 計劃된 것이다. 이러한 參考圖書는 辭典과 百科事典, 傳記辭典, 用語索引4), 人名錄, 年鑑, 및 索引을 包含한다.

宗敎에 있어서의 代表的 參考圖書

索引5)

The Catholic Periodical index.

Easay and General Literature index.

International index.

Reader's Guide to Periodical Literature.

---

3) Lester Asheim, *The Humanities and the Library*. Chicago, American Library Association 1957. p.3.
4) 用語索引(Concordance)은 Alphabet順이나 이와 類似한 順序로 한 圖書나 혹은 한 著者의 著作에 있어서의 主要한 낱말이나 key word를 列擧한 것이다.
5) 第10章의 書誌도 보라.

用語索引

Cruden, Alexander (comp.). *A Complete Concordance to the Holy Scriptures of the Old and New Testaments*, New ed. Westwood, N,J.,; Fleming H. Revell Company, N.d. 經外書에 대한 用語 索引을 收錄한다.

Joy, Charles R.(comp.). *Harper's Topical Concordance*. New York, Horper & Brother, 1940. 聖定英譯聖書를 論題別로 索引한다.

Nelson's Complete Concordance of the Revised Standard Version of the Bible. compiled under the supervision of John W. Ellison. New York, Thomas Nelson & Sons,1957. 各 key ward의 前後關係와 位置를 알려 준다.

Thompson, Newton Wayland, and Stock, Raymond (omps.)·*Complete Concordance to the Bible (Douay Version)*. St. Louis, B. Herder Book Company, 1945. Douay Roman Catholic 英譯聖經에 대한 實際의 낱말 을 索引하고 있다.

辭典類

Attwater, Donald(ed.). *The Catholic Encyclopaedic Dictionary* .New York, The Macmillan Company, 1958. Catholic Church의 神學, 哲學, 敎會法 및 典禮에 있어서의 用語·人名·語句를 定義하고 說明한다. Roman Catholic Church의 一般的인 Calendar에 나오는 聖徒들의 傳記 가 包含되어 있다.

Cross, F. L.(ed.). *Oxford Dictionary of the Christian Church*. New York, Oxford University Press, 1957. 歷史的發展, 學說, 定義, 傳記를 收錄한다. 學識 있는 大衆을 對象으로 한 것이다.

Mathews, Shailer and Smith, Gerald B.(eds.). *A Dictionary of Religion and Ethics.* New York, the Macmillan Company, 1923. 宗敎와 倫理의 用語를 定義하고 論評한다. 故人의 傳記를 收錄하고 있다.

Miller, Madeleine S. and Miller, J. Lane. *Harper's Bible Dictionary.* 6th ed. New York, Harper & Brothers, 1959. 一般讀者의 水準을 對象 으로 한 것이며, 地圖와 揷圖가 있다.

百科事典

The Catholic Encyclopedia. New York, Catholic Encyclopedia Press, 1907－1922. 17vols. Supplement II. edited by Vincent C. Hopkins. New York, Gilmary Society, 1954. (Loose leaf, 新版準備中). 論文式 百 科事典이다. Catholic에 관계되는 主題에만 限定되지는 않았다. 科學, 哲學, 民法과 敎會法, 敎育, 音樂 및 藝術에 관한 文獻에 현저하게 寄與 하도록 하였다. Vol. 17은 Supplement이다.

Ferm, Vergilius(ed.). *An Encyclopedia of Religion.* New York, Philosophical Library, 1945. 主要宗敎에 관한 定義, 歷史的背景, 書誌 및 神 學을 說明하고 있다.

Hastings, James(ed.) *Encyclopaedia of Religion and Ethics.* New York, Charles Scribner's Sons, 1908－1927 12vols, and index, 모든 宗敎에 관한 記事, 모든 偉大한 倫理體系와 動向, 宗敎的 信仰과 慣習, 哲學的 思想, 道德的 慣例 및 重要한 人物과 場所를 收錄하고 있다.

The Jewish Encyclopedia. New York, Funk Wagnalls, 1901～1906. 12vols. 유태인들의 太古부터 現在까지의 歷史, 宗敎, 文學 및 慣習을 記述하고, 傳記와 書誌를 收錄하고 있다.

Mayer, Frederick Emanuel (ed.). *The Religious bodies of America*. 2d ed. St. Louis, Concordia Publishing House, 1956. 美國의 敎會의 歷史的 發展, 學說 및 實際問題를 취급하고 있다.

The New Schaff-Herzog Encyclopedia of Religious Knowledge. Based on 3d ed. Grand Rapids, Mich., Baker Book House, 1951. 13vols. 太古부터 現在까지의 聖經的, 歷史的, 學說的 및 實際的인 神學의 事典으로서 傳記도 收錄하고 있다.

Roth, Cecil (ed.). *The Standard Jewish Encyclopedia*. New York, Doubleday & Company 1959. 單行本: 이스라엘과 美國에 重點을 두고 있다. 現代의 Hebrew人들의 生活과 文化에 관한 記事로서 有用하다. 生存人物의 傳記를 收錄하고 있다.

Zaehner, Robert Charles (ed). *The Concise Encyclopedia of Living Faiths*. New York, Hawthorn Books, 1959. 現存信仰만을 收錄하고 있다. 삽도가 있다.

年 鑑
American Jewish Yearbook, 5660‒. September 5, 1899‒
Narthern Baptist Convention Yearbook, 1941‒
Official Catholic Directory, 1886‒
Southern Baptist Handbook. 1921‒
Yearbook of the Congregational Christian Churches of the United States of America. 1879‒
Yearbook of American Churches. 1916‒

人名辭典
辭典類와 宗敎百科事典, 一般百科事典 및 傳記辭典을 보라.

神話學

　神話學은 흔히 社會人類學者들이 사람의 神과 女神에 관한 起源, 特性 및 奇談을 說明하는 이야기와 說話(神話)를 包括하는 것이라고 생각하는 複合語이다. 다시 말하면, 神話는 超自然的인 것과 관련되며, 특히 宗敎的인 祝祭, 饗宴, 祭式 및 信仰과 聯關된다. 이러한 理由로 神話學은 종종 社會科學者들에 의해서 原始宗敎의 한 部分으로써 類別된다. 神話學과 宗敎는 記錄된 歷史以前의 그들의 始源을 가진다.

神話學에 있어서의 代表的인 參考圖書

Bulfinch's Mythology. New York, Thomas Y. Crowell Company, 1947. 寓話時代, 騎士道時代, 및 칼大帝의 傳說을 收錄한다.

Frazer, Sir James (ed). *The Golden Bough: A Study in Magic and Religion*. 3d ed. revised. New York, St. Martin's Press, 1955. 12vols. 原始宗敎에 관한 包括的인 情報集이다. 그들의 有史以前의 始源에 대한 많은 神話와 祭式을 밝히고 있다.

Gray, Louis Herbert (ed). *The Mythology of All Race, Greek and Roman*. 26th ed. Boston, Marshall Jones Company, 1958. 13vols. 冊과 삽화를 收錄하고 있다.

Hastings, James (ed). *Encyclopaedia of Religion and Ethics*. 神話學과 民俗學에 관한 記事를 收錄하고 있다.

Larousse Encyclopedia of Mythology. New York, Prometheus Press, 1959. 世界의 神話學을 收錄한다. 國家別로 區分되어 있다.

第18章 歷史・社會科學・敎育

筆寫의 發明과 時間測定의 始源은 최초의 歷史的 年代記를 이루는 寺院의 記錄의 보존을 가능하게 하였다.[1]

歷史는 과거의 事件을 기록하는데 관한 그리고 事件의 관계와 意義를 解釋하는데 관한 硏究分野이다. 歷史는 古代 中世 및 現代로 구분되며, 이 각각의 구분은 中世구라파역사나 혹은 현대영국사와 같이 地理的으로 區分되기도 할 것이다. 歷史는 그의 經濟的, 文化的, 社會的, 政治的, 軍事的 및 文學的인 局面으로 더 細分될 수도 있다. Dewey十進分類表의 歷史類(900)는 관계분야로서 傳記와 地理도 포함하고 있다.

傳記는 國家나 文化에 대해서가 아니라 個人에 관해서 적용되는 歷史의 形式이다.(제10장을 보라).

地理學(geography)은 地球에 대한 희랍말의 연결형(복합어를 만드는데 있어서)인 geo에다 쓰는 것(筆)을 의미하는 graphia를 더한 것인데, 地球의 表面에 관한, 그의 形態와 실제적인 특징, 그의 自然的 및 政治的인 細分, 그리고 그의 風土와 生産物과 人口에 관한 묘사와 관련된 科學이다. 이것은 흔히 數學的地理學, 物理的地理學 및 政治地理學으로 구분된다.

많은 一般參考圖書―즉 백과사전, 辭典, 便覽, 地圖帖, 地名辭典, 索引 및 書誌―들이 歷史分野에 있어서의 자료를 제공한다. 그러나

---

1) T. R. Glover,"Historiography; Antiquity," *Fncyclopaedia of the Social Sciences,*― (1932). p.68.

기본적으로 歷史學徒들에게 도움을 주기 위한 목적으로 마련된 특수한 參考圖書가 있다. 이것들은 書誌, 案內書, 索引, 백과사전, 年代記, 편람, 辭典, 歷史, 地圖帖 및 一般歷史書들을 포괄하고 있다.

地理學의 연구에 있어서 기본적인 자료로 認識되고 있는 地圖帖과 地名辭典에 겸해서 地理學의 文獻에 대한 書誌와 索引이 있고, 地名과 用語에 대한 辭典이 있으며, 일반적으로 地名辭典과 地圖帖에서 발견되지 아니하는 解說的인 資料와 地圖를 제시하는 案內書가 있다.

社會科學2)은 社會의 구성원으로서의 개인의 活動을 다루는 知識分野로 이루어진다. Dewey 一進分類表의 社會科學類(300)에 포함되는 것은 社會學, 統計學, 政治學, 經濟學, 法律學, 政府論, 社會福祉, 教育3) 大衆奉仕와 公益事業 및 風俗과 民俗4)이다.

여러 가지의 社會科學의 主題에 기여되는 수많은 參考圖書가 있다. 이들은 書誌, 案內書, 索引, 辭典, 百科事典, 便覽, 年鑑, 傳記辭典, 名鑑 및 地圖帖을 포괄한다.

歷史와 社會科學에 있어서의 代表的인 參考圖書

一般的인 것

案內書와 索引

Hoselity, Bert F.(ed.) *A Reader's Guide to the Social Sciences.* Glencoe, Ill., Free Press, 1959. 社會科學의 文獻에 대해서 論述形式으로 일

---

2) 社會科學(Social Sciences)은 초등학교와 中等學校에서의 研究에 적절한 社會科學의 主題部分인 그리고 社會的인 目的에 중점을 두는 研究課程으로 발전된 社會的 研究(Socialstudies 사회공부)와 혼돈되어서는 아니 된다.
3) 主題分野로서의 教育學은 pp.161-165에 論及되고 있다.
4) 社會科學에 관한 충분한 論述은 edwin R.A. Seligman의 "社會科學이란 무엇인가?(What Are the Social Sciences?) Encyclopaedia of the Social Sciences, I (1930), pp.3-7을 보라.

반적인 槪論을 나타내고 있으며, 지난 200년간에 있어서의 社會科學의
발전을 論述하고 있다.

International Index. New York, The H. W. Wilson Company, 1907-.
(季刊) 社會科學과 人文科學에 있어서의 定期刊行物文獻에 대한 案內書
로서 미국과 영국 및 캐나다에서 출판된 定期刊行物을 수록하고 있다.

Reader's Guide to Periodical Literature.

Education Index.

Cumulative Book Index.

辭典과 百科事典

Seligman, Edwin R. A., and Johnson, Alvin (eds.) *Encyclopaedia of the
Social Sciences*. New York, The Macmillan Company, 1930-1935.
15vols. 모든 社會科學에 관한 記事를 제시하고 기타의 모든 類綠科學
에 대한 각 科學의 관계를 밝히고 있다.

The Worldmark Encyclopedia of the Nations. New York, Harper &
Brothers, 1960. 모든 나라의 地理的 歷史的 政治的 社會的 및 經濟的
狀況과 그들의 國際的인 관계 및 國際聯合의 조직에 대한 실제적인 案
內書(副書名)이다.

Zadrozny, John T.(ed.) *Dictionary of Social Science*. Washington, D. C.,
Public Affairs Press, 1959. 社會科學者와 일반인을 위한 것으로 주요한
社會科學에 있어서의 더욱 중요한 學術用語에 대한 실제적인 用法을
제시하고 있다.

傳記辭典

Cattell, Jacques (ed.). *American Men of Science*. 9th ed. New York. R.
R. Bowker Company, 1956. Vol. Ⅲ, The Social and Behavioral

Sciences. 地理學 人類學 및 기타의 社會科學에 관한 간략한 傳記的情報를 제시하고 있다.

Directory of American Scholars.

歷　史

書誌와 案內書

American Historical Association. *Guide to Historical Literature*. George Frederick Howe, Chairman, Board of Editors. New York, The Macmillan Company, 1961. *Dutcher*의 *Guide to Historical* Literature의 後繼者로서 동일한 일반적인 배열에 따르고 있다.

Dutcher, George Matthew. and others(eds.). *Guide to Historical Literature*. New York, The Macmillan Company, 1931. 選擇書誌로서 큰 主題와 國家名을 標目으로 하여 배열되어 있으며, 專門會誌에 실린 레뷰를 索引하고 있다.

Handlin, Oscar, and others(eds.). *Guide to American History*. Boston, Belknap Press of Harvard University, 1954. 知識層의 一般讀者와 學生 및 學者에 대한 것으로 政治史 社會史 憲政史 및 經濟史에 있어서의 選擇資料를 제시하고 있다.

Library of Congress, Reference Division. *A Guide to the Study of the United States of America*. Washington, D. C., U. S. Government Printing Office, 1960. 美國人의 生活과 思想의 발전을 반영시키고 있는 代表的인 도서들(副書名)을 소개하고 있다.

辭典과 百科事典

Adams, James Truslow (ed.). *Dictionary of American History*. 2d ed. Revised. New York, Charles Scribner's Sons, 1942. 5vols. and index. 百科事典처럼 詳細하지는 아니하며 짧은 記事에 署名되어 있다.

Keller, Helen Rex. *Dictionary of Dates*. New York, The Macmillan Company, 1934. 2vols. 國家別로 배열되어 있고 다음은 年代順으로 배열되어 있다. 1930년까지의 歷史的인 事件을 개관하고 있다.

Langer, William L.(ed.). *An Encyclopedia of World History*. Revised ed. Boston, Houghton Mifflin Company, 1952. 古代 中世 및 現代史를 카바하고 있으며, 年代順으로 배열되어 있다.

Morris, Richard B.(ed.) *Encyclopedia of American History*. New York, Harper & Brothers, 1955. 美國人의 生活과 제도에 관한 기본적인 歷史的 事實을 年代順과 論題順배열로 제시하고 있다. 유명한 美國人에 관해서는 간략한 傳記的 情報를 수록하고 있다.

Woodcock, Percival George (ed.). *Concise Dictionary of Ancient History*. New York, Philosophical Library, Inc., 1955. 記錄된 歷史의 시초부터 로마의 멸망까지의 期間을 희랍과 로마의 歷史를 중점으로 해서 카바하고 있다.

歷史地圖帖

Adams, James Truslow(ed.). *Atlas of American History*. New York, Charles Scribner's Sons, 1943. Dictionary of American History와의 姉妹圖書.

Heyden A.A.M. Van der, and Scullard, H.H. (eds.). *Atlas of the Classical World*. New York, Thomas Nelson & Sons, 1959. 희랍과 로마의 宗敎的, 經濟的, 군사적, 文學的, 예술적 및 政治的인 歷史에 관계되는 地圖 圖解 및 本文을 수록하고 있다.

Lord, Clifford L., and Lord, Elizaheth H.(eds.). *Historical Atlas of the United States*. Revised ed., New York, Henry Holt and Company, Inc., 1953. 1950년까지의 미국의 政治的 經濟的인 歷史와 人口 및 自然資源에 대한 地圖를 제시하고 있다.

Palmer, R.R.(ed.). *Atlas of World History*. Chicago, Rand McNally & Company, 1957. 地圖로 世界의 歷史를 카바하고 있으며 여러 개의 政治的 社會的인 地圖가 있다.

Shepherd, William R. (ed.). *Historical Atlas*. 8th revised ed. New York, Barnes & Noble, Inc., 1956. B.C. 1450년부터 현재까지의 世界의 歷史에 관한 地圖를 제시하고 있다.

歷史參考圖書
Cambridge Ancient History. New York, Cambridge University Press, 1929-1939. 12vols. 5vols. of plates.
Cambridge Mediaeval History. New York, Cambridge University Press, 1911~1936. 8vols.
Cambridge Modern History. New York, Cambridge University Press, 1902~1922・13vols. and atlas.

專門學術誌
American Heritage. 1949-(隔月刊)

American Historical Review.1895 – (季刊)

English Historical Review. 1886 – (季刊)

地理學

書誌와 案內書

Wright, John K., and Platt, Elizabeth (eds.). *Aids to Geographical Research*. 2d ed. Completely revised. New York, Columbia University Press for the American Geographical Society, 1947. 地理學分野의 文獻을 열거하고 묘사하고 있다.

地圖帖[5]

Bartholomew, John W.(ed.). *Advanced Atlas of Modern Geography* 3d ed. New York, McGraw Hill Book Company, Inc., 1957.

Bartholomew, John W.(ed.). *The Times Atlas of the World.* Mid-century ed. London, The Times Publishing Company, 1955～1959.

Encyclopaedia Britannica World Atlas. Chicage, Encyclopaedia Britannica inc., 1960.

Espenshade, Edward B.(ed.). *Goode's World Atlas*. 11th ed. Chicago, Rand McNally & Company, 1960.

Hammond's Ambassador World Atlas. Maplewood, N.J., C. S. Hammond & Company, 1954.

---

5) 地圖帖과 地名辭典의 註解에 대해서는 제11장을 보라.

Rand McNally Standard World Atlas. Chicago, Rand McNally & Company, 1958.

地名辭典

Collocott, T.C., and Thorne, J. O.(eds.) *Macmillan World Gazetteer and Geographical Dictionary* Revised ed. New York, The Macmillan Company, 1957.

Seltzer, Leon E.(ed.). *Columbia-Lippincott Gatetteer of the World*. New York, Columbia University Press, 1952.

Webster's Geographical Dictionary. Revised ed. Springfield, Mass.; G. & C. Merriam Company, 1959.

專門學術誌

Economic Geography. 1925－.(季刊)

Geographical Review. 1916－.(季刊)

Journal of Geography. 1902－(6月과 8月을 제외하고 月刊)

社會科學

書誌와 案內書

Coman, E.T. *Sources of Business Information*. Englewood Cliffs, L. J.; Prentice-Hall, Inc., 1949. 書誌와 편람, 敎科書, 정기간행물을 열거하고 있다－주로 미국.

Forrester, Gertrude (ed.). *Occupational Literature*. New York, The H.

W. Wilson Company, 1958. 도서와 팸플릿에 관한 註解書誌를 제시하고 있다. 職業名에 의한 알파벳순으로 배열되어 있다.

N.W.*Ayer & Son's Directory of Newspapers and Periodicals*. Philadelphia, N.W. Ayer & Son, Inc., 1880-. 미국의 小都市와 都市, 그의 주요産業, 出版物 및 運送手段등에 관한 案內書로서 이바지한다.

索引

Business *Periodicals Index*. New York, the H. W. Wilson Company, 1958-.(7月을 제외하고 月刊) 1958년 1월에 Industrial Arts index를 계승한 두 개의 索引 가운데 하나이며, 實業(business)과 관계분야에 있어서의 정기간행물을 主題에 의해서 索引하고 있다.

Cumulative Book Index. 1898-. 모든 나라에서 출판된 영어로 된 현행 도서를 著者 書名 및 主題에 의해서 索引하고 있다.

Index to Legal Periodicals. New York, The H.W. Wilson Company for the American Association of Law Libraries, 1908-.(8月을 제외하고 月刊) 法庭協會와 司法會議의 法律定期刊行物과 보고서를 著者와 主題에 의해서 索引하고 있다.

Industrial Arts Index. 1913~1957. 實業과 財政에 관한 정기간행물 기사를 索引하고 있다.

Occupational Index. New York, New York University, 1936-.(季刊)職業의 主題에 관한 현행출판물을 열거하고 초록한다.

Public Affairs Information Service Bulletin. New York, Public Affairs

Information Service, 1915-.(週刊) 社會科學分野에 있어서의 현행文獻
에 대한 主題案內書로서, 圖書, 文書 定期刊行物記事를 수록하고 있다.

辭典
Fairchild, Henry Pratt (ed.). *Dictionary of Sociology*. New York,
Philosophical Library, Inc., 1944. 社會學分野에 있어서의 專門的이며
權威 있는 定義를 주고 있다.

Horton, Byrne J., and others(eds.). *Dictionary of Modern Economics*.
Washington, D.C.; Public Affairs Press, 1948. 用語를 定義하고, 최고재
판소의 판결을 포함하는 經濟學에 영향을 주는 중요한 要素를 나타내
고 있다. 書誌와 傳記를 주고 있다.

Lazarus, Harold(ed.) *American Business Dictionary*. New York, Philo-
sophical Library, Inc., 1957. 實業分野에 있어서 著述하고 記事를 쓰는
사람들의 日常의 요구에 응하기 위해서 實業(Business)의 語彙를 나타
내고 있다.

Nemmers, Erwin E. and Janzen, Cornelius C. (eds.) *Dictionary of
Economics and Business*. Paterson, N.J.; Littlefield, Adams &
Company. 1959. 大學의 商學과 經濟學課程에서 사용되는 用語를 카바
하고 있다.
Palgrave's Dictionary of Political Economy. Edited by Henry Higgs.
London, Macmillan & Co., 1923-. 3vols. 經濟思想에 관한 개관을 나
타내고, 영국과 미국 기타의 영어사용국에 있어서의 經濟思想과 그의
硏究의 發展을 나타내고 있다.

Sloan, Harold S., and Zurcher, Arnold J.(eds.). *Dictionary of*

Economics. Revised ed. New York, Barnes & Nobles, Inc., 1957. 經濟學의 모든 分野에 있어서의 經濟學的 用語의 定義와 解說을 수록하고 있다. 이에 관련된 미국의 상항에 관한 개요를 수록하고 있다.

Smith, Edward C., and Zurcher, Arnold I.(eds.) *New Dictionary of American Politics*. Revised ed. New York, Barnes & Noble, Inc., 1955. 미국의 정치학분야와 州·縣 및 市政에 있어서 일반적으로 사용되는 用語를 定義하고 있다.

편람

The Book of States. Chicago; The Council of State Government, 1935 ─. (2年刊)州政府와 官吏, 奉仕機構 및 이들의 財政運用에 대한 방법에 관한 권위 있는 정보를 수록하고 있다.

Economic Almanac. New York; National Industrial Conference Board, inc., 1940─.(年刊) 미국과 기타의 국가에 있어서의 實業 노동 및 政府에 관한 유용한 사실(facts)을 제시하고 있다.

Political Handbook of the World. New York, Council on Foreign Relations, Inc., 1927─.(年刊) 政府와 政府官吏 政黨지도자 정치적사건 및 신문에 관한 정보를 제공하고 있다.

South American Handbook. London, Trade and Travel Publications, 1924─. (年刊) 南美와 中美를 카바하고 있다. 政府와 運送 통신전달 自然資源에 관한 정보를 나타내고 있다.

Taintor, Sarah A. and Munro, Kate M.(eds.). *The Secretary's Hand book*, 8th ed. Completely Revised by Kate M. Munro. New York, The

Mcmillan Company, 1958. 書翰作成에 있어서의 準則과 정확한 形式을 제시하고 있다. 정확한 관례의 편람이다.

年鑑과 年誌6)

The American Yearbook. 1910~1919. 1925 New York, Thomas Nelson & Sons, 1929－. 科學, 社會科學 및 人文科學에 있어서의 事件과 진전을 기록하고 있다. 모든 나라를 카바하고 있으나 미국을 중점으로 하고 있다.

Social Work Yearbook. New York, Russell Sage Foundation, 1930－. (2年刊)社會事業과 관계분야에 있어서의 조직적인 活動을 묘사하고 있다.

The Statesman's Yearbook. London, Macmillan & Co., 1864－. (年刊) 주어진 年度에 대한 世界의 통계적 歷史的인 모습을 나타내고 있다. U.S. Bureau of the Census. *Statistical Abstract of the United States.* Washington, D.C., U.S Government Printing Office, 1878－. 미국의 모든 정치적 사회적 産業的 및 經濟的 機關에 관한 통계를 요약하고 있다. 書誌를 수록하고 있다.

Yearbook of the United Nations. New York, United Nations, Department of Public Information, 1947－. 국제연합과 그의 관계 정부기관의 活動에 관한 포괄적인 설면을 제시하고 있다.

The Yearbook of World Affairs. New York; Frederick A. Praeger, Inc., 1947－ 사회과학에 있어서의 主題에 관한 長文의 記事를 제공하고 있다.

---

6) 제12장 年鑑과 편람도 보라.

地圖帖7)

Van Royen, William (ed.). *Atlas of the World's Resources.* Vol. Ⅰ. *The Agricultural Resources of the World.* Vol. Ⅱ. The Mineral Resources of the World(by William Van Royen and Oliver Bowles). Englewood Cliffs, N. J.; Prentice-Hall, for the University of Maryland, 1952 − 1954. 世界의 농업생산물의 地理的分布에 관한 개관을 제시하고, 鑛山物生産과 매장량에 관한 世界의 정세를 나타내고 있다. 地圖와 그래프를 수록하고 있다.

傳記辭典8)

American Men of Science. 9th ed. Vol. 3
Directory of American Scholars
Who's Who in American Educatiom

專門學術誌

American Political Science Review. 1906 −.(季刊)
Annuals of the American Academy of Political and Social Science. 1890 −(隔月刊)
Journal of Educational Sociology. 1927 −(9月부터 5月까지 月刊)
Journal of Political Economy. 1892 −. (隔月刊)
Social Education. 1937 −.(10月부터 5月까지 月刊)

---

7) 地圖帖과 地名辭典은 제11장을 보라.
8) 傳記辭典은 제10장을 보라.

教育學

'教育'(Education)이란 낱말은 여러 가지 의미를 가지고 있다. 그리고 이 분야에 있어서의 參考圖書에 관한 研究를 시작하기 전에 하나의 主題分野로서의 그의 의미를 밝힐 필요가 있다. 教育에 관한 여러 가지 의미 가운데 두 가지의 간략한 論述은 知識分野로서의 그의 의미를 明確히 하는데 도움이 될 것이다.

넓은 의미에 있어서 教育은 사람이 태도와 能力과 行動樣式을 발전시키고 知識을 얻는 形式的 教育과 非形式的 教育 두 가지의 모든 方法의 총화이다.

또 하나의 좀 좁은 의미로는 教育은 사람들이 개인으로서의 그들의 충분한 가능한 발전을 더욱 신속히 효과적으로 얻기 바라고, 또한 그들의 社會에 있어서의 유능한 市民으로서 生活하는 方法을 배우고자 하는 學校와 같은 組織化되고 調整化된 환경의 영향 하에 놓여 있는 社會的과정이다. 初等學校와 高等學校 및 大學은 이러한 조정된 과정에 있어서의 몇 가지 단계이다.

하나의 主題分野, 즉 하나의 知識分野로서의 教育學은 指導와 學習의 原理와 실제를 다루는 科學이다. 教育學은 教師나 教育監이나 教育行政家의 對備를 위한 專門的인 과정으로 이루어지는 高等教育기관에 있어서의 教科課程에 주어진 이름이다. 이 과정에 포괄된 것은 教育哲學과 教育史(즉 社會的進展), 學習과 指導에 적용되는 心理學, 教科課程, 教育方法, 行政 및 監督이다.

다음의 參考圖書들은 教育者의 이 主題分野에 있어서의 수많은 專門的인 질문을 言語로 解答하기 우해서 마련된 것이다.

이것은 이 分野의 參考圖書가운데의 샘플에 불과하다.

書誌・案內書・索引

Alexander, Carter, and Burke, Arvid J. *How to Locate Educational Information and Data*. 4th ed. New York; Bureau of Publications. Teachers College, Columbia University, 1958 · 教育學分野의 資料를 열거하고 그 資料들을 이용하는 方法을 설명하고 있다. 圖書館에 있어서의 調査의 방법을 설명하고 있다. 教育學을 전공하는 大學院學生들을 위해서 마련한 것이지만 學部學生에게 유용하다.

Association of American Colleges. *A Guide to Graduate Study: Programs Leading to the Ph. D. Degree*. 2d ed. Edited by Frederick W. Ness, Washington, D. C.; Association of American Colleges, 1960. 各大學院에 관해서 그의 規模 入學資格 登錄金 Ph. D. 學位를 위한 研究分野에 대해서 묘사하고 있다.

Children's Catalog. 10th ed. New York; the H. W. Wilson Company, 1961.(1960年 追補) 兒童을 위한 선택된 도서목록에 대해서 著者 書名 및 主題索引을 제시하고 있으며, 叙述的인 論評과 評價를 가하고 있다. *Cumulative Book Index*. 영어로 된 教育學分野에 있어서의 출판된 도서를 수록하고 있다.

The Education Index. New York, The H. W. Wilson Company, 1929 一. 教育學관계의 미국과 영국의 定期刊行物, 圖書, 팸플릿, 論文 및 報告書를 著者와 主題에 의해서 索引하고 있다. 月刊本은 教育學分野에 있어서의 최근의 出版物의 체크리스트를 수록하고 있다.

The Educational Film Guide. New York, The H. W. Wilson Company, 1954－1958 volume · (年刊 追補) 敎室用과 非映畵館用의 모든 主題에 관한 16미리 영화 필름의 標題目錄으로서 學年水準을 표시하고 열거된 書名에 대한 主題索引을 제공하고 있다.

Filmstrip Guide. 11th ed. New York, The H. W. Wilson Company, 1953. Supplement. 1955－1958. 無料로 이용할 수 있는, 혹은 購入하거나 貸借하거나 無料貸出할 수 있는 모든 主題에 관한 필름스트립을 열거하고 있다.

Strang, Ruth, and others. *Gateways to Readable Books.* 3d ed. New York, the H. W. Wilson Company, 1958. 讀書가 어렵다고 생각하는 靑年들을 위한 많은 분야에 있어서의 註解圖書目錄(副書名).

Standard Catalog for High School Libraries. 7th ed. New York, The H. W. Wilson Company, 1957.(年刊追補) 中等學校와 高等學校圖書館을 위한 도서를 열거하고 評價하고 있다.

Standard Catalog for High School Libraries. 7th ed. With *Catholic Supplement.* 正規本(上揭의)에 열거된 도서에 부가해서 가톨릭도서관협회에 의해서 가톨릭高等學校도서관을 위해서 특별히 선택한 643권의 도서와 73개의 팸플릿과 24종의 雜誌를 수록하고 있다.

辭典과 百科事典

Good, Carter Victor (ed.). *Dictionary of Education.* New York, McGraw-Hill Book Company, 1959. 敎育學과 그 관계분야에 있어서의 專門的인 用語를 定義하고 解說하고 있다.

Harris, Chester W. and Liba, Marie R. (eds.). *Encyclopedia of Educational Research* 3d ed. New York, the Macmillan Company, 1960. 教育의 모든 局面에 있어서의 研究狀況을 제시하고 研究方法과 才能있는 그룹과 정신이 지연된 그룹과 같은 특수한 그룹의 특성에 관한 記事를 수록하고 있다.

Monroe, Paul (ed.). *A Cyclopedia of Education.* New York, The Macmillan Company, 1911. 5 vols. 學問과 藝術로서의 教育學의 모든 局面을 나타내고 있다. 특히 教育史와 教育哲學에 가치가 있다.

Rivlin, Harry N.(ed.). *Encyclopedia of Modern Education.* New York The Philosophical Library, 1943. 教育學에 있어서의 현재의 業績에 대한 개관을 제시하고 일반인과 동시에 專門的인 研究者들을 위한 오늘날의 教育問題를 解說하고 있다.

便覽
Feingold, Leonard and Feingold, LilliaN. *Scholarships, Fellowships and Loans.* Cambridge, Mass.; Bollman Publishing Company, 1949－1955. 3vols.

Handbook of Private Schools. 41st ed. Boston; Porter Sargent, Publisher, 1960.

International Handbook of Universities. Paries, International Association of Universities, 1959－. 71개국에 있는 綜合大學校에 관한 일반적인 情報를 제공하고 있다.

Junior Colleges and Specialized Colleges. Boston, Porter Sargent,

Publisher, 1960.

UNESCO. *Study Abroad*. New York, International Documents Service, Columbia University Press, 1948 — .(年刊)

傳記 辭典과 名鑑

American Council on Education. *American Junior Colleges*. 5th ed. Washington, D. C.; American Council on Education, 1960. 미국과 카날 소오네(Canal Zone), 괌(Guam) 푸에르토리코(Puerto Rico)에 있어서의 初級大學에 관한 情報를 제공하고 있다.

American Council on Education. *American Universities and Colleges*. 8th ed. Washington, D. C. American Council on Education, 1960. 미국에 있어서의 認可된 高等教育機關에 관한 詳細한 情報를 제공하고 있다.

Cattell, Jacques. (ed.). *Directory of American Scholars*. New York, R. R. Bowker Company, 1942. 1951. 1957. 제1권과 2권은 人文科學과 社會科學에 있어서의 學者들을 수록하고, 제2권에서는 單科大學과 綜合大學의 行政家와 教授 및 주요한 學術團體의 임원을 수록하고 있다.
Cattell, Jacques and Ross, E. E.(eds.). *Leaders in Education*, 3d ed. Lancaster, Pa.; The Science Press, 1948. 教育에 있어서의 教師, 行政家, 研究者들을 수록하고 있다.

Patterson's American Education. Chicago; Educational Directories, Inc., 1904 — . (1904년부터 1953년까지는 *Patterson's American Educational Directory*라는 書名으로 발행되었다). 學校와 圖書館 州의 教育制度 및 教育公務員에 관한 분류된 人名錄을 수록하고 있다.

U.S. Office of Education. *Education Directory*. Washington, D. C., Government Printing Office. 1912-.(年刊) 聯邦과 州, 縣, 市 및 高等敎育의 官吏 및 敎育協會의 官吏들을 수록하고 있다.

Who's Who in American Education. Nashville, Tenn.; Who's Who in American Education, inc., 1928-.(隔年刊) 미국과 캐나다에 있어서의 敎育分野의 橫斷面을 제시하고 있다.

敎育學에 있어서의 專門誌의 例
Childhood Education. 1924-.(6月부터 8月까지는 제외하고 月刊)
Educational Leadership. 1945-(6月부터 9月까지는 제외하고 月刊)
Elementary School Journal. 1900- (6月부터 8月까지는 제외하고 月刊)
Journal of Educational Psychology. 1910-.(6月부터 9月까지는 제외하고 月刊).
Catholic Educational Review. 1911-. (6月부터 8月까지는 제외하고 月刊).

第19章 言語學

言語學(學問의 애호와 談話와 對話의 애호에서 由來한)은 人間의 談話에 관한, 그리고 그것을 사람에게 표현하는데(reveal) 관한 學問의 領域이다.

하나의 主題로서의 言語學은 그것이 讀書와 文獻을 理解하는데 중요했기 때문에 가장 먼저 研究되었으며, 初期의 著作은 대부분 희랍語, 라틴語, 헤부류語로 쓰여졌기 때문에 희랍語, 라틴語, 헤부류語의 研究에 중점을 두었었다. 이러한 言語의 研究가 19世紀에 學問의 分科로서 생겼을 때, 이것은 言語學(linguistics)이라 불리었다.

言語學은, 人間의 談話에 관한 科學的인 研究로서, 言語의 音聲과 形式과 意味에 관한 研究와, 한 言語의 다른 言語에 대한 관계에 관한 研究를 포함한다.

하나의 知識分野로서의 言語學의 研究는 다음과 같은 것이 포함된다.

1. 言語形態學(morphology),즉 말의 원형(pattern)에 대한 歷史的 發展에 관한 研究.
2. 文章構成論(syntax), 즉 言語의 사용과 形式 그리고 品詞와 品詞의 여러 가지 形式에 관한 研究.
3. 語源學(etymology), 즉 낱말의 起源에 관한 研究.
4. 意味發達論(semantics), 즉 낱말의 意味와 意味의 變化에 관한 歷史的 心理的인 研究.

言語와 言語學의 研究에 있어서, 한 言語에 관한 일반적인 낱말辭典과, 한 言語의 낱말을 단순히 열거할 뿐만 아니라, 그의 여러 가지의 意味를 제시하는 辭典, 이 두 가지의 辭典은 주요한 道具이다. 이 後者의 辭典은 다음과 같은 것이 있다.

1. 낱말의 歷史的인 발전에 기초를 둔 辭典
2. 語源學的 辭典
3. 慣用辭典
4. 俗語 方言 口辭典
5. 同意語와 反意語辭典
6. 發音辭典

기타의 言語研究에 있어서 유용한 參考圖書類는 書誌 索引 一般言語史 및 傳記辭書등이다.

言語學에 있어서의 有用한 參考圖書

書誌와 索引[1]

Collison, Robert Lewis. *Dictionary of Foreign Languages.* New York; Hafner Publishing Company, 1955. 주요한 外國語의 一般辭典과 技術的인 辭典에 관해서 歷史的이며 解說的인 註를 제시하고 있다.
Education Index. 言語學分野의 敎育的인 정기간행물을 수록하고 있다.
International Index. 言語와 言語學分野의 정기간행물을 수록하고 있다.

---

1) 제13장 書誌도 보라.

主題分野로서의 言語學辭典

Pei, Mario, and Gaynor, Frank (eds.). *A Dictionary of Linguistics*. New York; Philosophical Library, Inc., 1954. 歷史的인 言語學分野에 있어서 더욱 빈번히 사용되는 用語와 약간의 현대의 用語, 文法用語 및 世界의 주요한 方言에 관한 간단한 묘사를 제시하고 있다.

言語의 특정한 局面에 관한 辭典

語源學2)

Partridge, Eric (ed.). *Origins*. 2d ed. New York; The Macmillan Company, 1959. 科學보다도 文化를 중점으로 하고 있다. 現代英語에 있어서 가장 일반적인 낱말을 수록하고 있다.

낱말의 歷史的 發展

Craigie, Sir William, and Hulbert, James R.(eds.) *A Dictionary of American English on Historical Principles*. 2d ed. Chicago, University of Chicago Press, 1960. 4 vols. 미국에서 起源된, 혹은 어디보다도 미국에서 더 많이 사용하고 있는 낱말과 미국의 歷史에 있어서 중요한 낱말을 표시하고 있다. *Oxford English Dictionary*의 계획에 따르고 있다.

Murray, Sir James Augustus Henry, and others (eds.). *The Oxford English Dictionary*. London. Oxford University Press, 1933. 12 vols. and supplement. 1150년 이후 英語에 들어온 각 낱말의 歷史的인 발전을 나타내고 있다.

---

2) 語源學辭典에 있어서는 定義와 같은 겻은 주어지지 아니한다. 낱말의 意味는 語源學을 통해서 결정된다.

發音

Kenyon, John S., and Knott, Thomas A. (eds.). *A Pronouncing Dictionary of American English* Springfield, Mass.; G. & C. Merriam Company, 1953. 「국제음성협회」(International Phonetic Association)의 알파벳에 따라서 발음만을 주고 있다.

俗語, 方言, 口語

Berrey, Lester V., and Van Den Bark, Melvin (eds.). *The American Thesaurus of Slang.* 2d ed. New York; Thomas Y. Crowell Company, 1953. 낱말이 나타내는 아이디어에 따라서 배열된 口語 俗語 상말集으로서 이용의 편의를 위해서 알파벳순 낱말 색인이 있다.

Mathews, Mitford N.(ed.). *A Dictionary of Americanisms on Historical Principles.* Chicago; University of Chicago Press, 1956. 植民地時代부터 현재까지 미국에 있어서 英語에 부가된 낱말을 수록하고 있다.

Wentworth, Harold, and Flexner, Stuart B. (eds.). *Dictionary of American Slang.* New York; Thomas Y. Crowell Company, 1960. 語源 引用文 및 相互參照가 제시되어 있다.

同意語와 反意語

Roget's International Thesaurus. New ed. Revised. New York, Thomas Y. Crowell Company, 1946. 낱말이 나타내는 아이디어에 따라서 낱말을 그룹으로 하고 기본적으로 索引을 사용하게 하였다.

The New American Roget's College Thesaurus in Dictionary Form. New York, Grosset & Dunlap, Inc., 1958. 傳統的인 辭典배열에 따르고 있다.

Webster's Dictionary of Synonyms. Springfield, Mass.; G. & C. Merriam Company, 1942. 識別과 圖解에 의해서 같은 意味를 가진 낱말들을 구별하고 있다.

慣用

Evans, Bergen, and Evans, Cornelia (eds.). *A Dictionary of Contemporary American Usage.* New York, Random House, Inc., 1957. 미국에 있어서의 현행 영어를 카타하고 현행의 훌륭한 慣用을 중점으로 하고 있다.

Fowler, Henry Watson(ed.). *A Dictionary of Modern English Usage* London, Oxford University Press, 1940. 論題에 의한 알파벳순으로 배열하고 쓰는(write) 방법과 써서는 아니 되는 방법을 설명하고, 낱말과 語句의 慣用을 설명하고 있다.

外國의 낱말과 語句3)

Mawson, C.O. Sylvester (comp.). *Dictionary of Foreign Terms.* New York, Thomas Y. Crowell Company, 1934. 영어와 미국의 著作에서 발견되는 50개 국어 이상에서 格言과 모토 및 引用文을 수록하고, 由來된 國語를 표시하고 있다.

Newmark, Maxim(comp.). *Dictionary of Foreign Words and Phrases.* New York, Philosophical Library, Inc., 1950. 現行慣用을 중점으로 해서 현대의 英語 語彙로 되어버린 外國의 用語에 대한 英語의 같은 말이나 定義를 제시하고 있다.

---

3) 제7장 辭典도 보라.

傳記辭典4)

Directory of American Scholars. 言語學分野에 있어서의 살아 있는 사람을 수록하고 있다.

言語의 歷史

Baugh, Albert C. *A History of the English Language.* Revised ed. New York, Appleton-Century-Crofts, Inc., 1957.

Bloomfisld, Leonard. *Language.* New York; Henry Holt and Company, 1946.

Graff, William L. *Language and Linguistics.* New York, Appleton-Century-Crofts, Inc., 1932.

Hayakawa, S.I. *Language in Thought and Action.* Revised ed. New York, Harcourt, Brace and Company, Inc., 1949.

Jesperson, Otto. *Language: Its Nature, Development, and Origin.* New York, The Macmillan Company, 1922.

Pei, Mario. *The Story of Language.* Philadelphia, J. B. Lippincott Company, 1949.

Vendryes, J. *Language: A Linguistic Introduction to History.* New York, Alfred A. Knopf, Inc., 1925.

---

4) 제10장 傳記辭典도 보라.

專門誌

American Speech. 1925－. (季刊)

Modern Language Association of America. Publications. 1884－.(年5回)

Modern Language Notes. 1886－. (7月부터 9月까지는 제외하고 月刊)

Studies in Philology. 1906－. (季刊)

第20章 科學

　　科學이란 낱말은 學習한다 또는 探知한다는 것을 意味하는 **Latin**語에서 由來한 것으로 그의 가장 廣範한 意味로는 學問과 知識과의 同意語이며, 一般的인 用法으로는 體系化된 知識體를 意味한다. 더 한정된 意味로는 科學은 自然現象에 관한 그리고 自然現象 사이의 관계에 관한 體系化된 知識이다.

　　Dewey十進分類法의 500類는 純粹科學이 배정되어 있고, 여기에는 數學, 天文學, 物理學, 化學, 人類學, 地質學, 植物學 및 動物學이 포함된다. 應用科學(技術科學)은 600類에 배정되어 있고, 여기에는 醫藥學, 工學, 農學, 家政學, 經營學, 化學技術, 製造學 및 建築學이 포함된다.

　　科學에 관한 圖書는 기타의 다른 어느 主題分野의 圖書보다도 더 迅速히 시대에 뒤진다. 그리하여 이 가운데 어떠한 分野의 論題에 관한 資料를 찾는 學生은 최신의 情報를 위해서는 定期刊行物, 抄錄誌 및 原資料(科學的인 會合에서 읽혀진 記錄物, 報告書 및 特許申請書와 같은)를 參考해야만 한다. 이러한 資料에 부가해서 이 광범한 主題分野에서 일어나는 많은 問議에 대한 解答을 제시하기 위해서 마련된 參考圖書가 있다. 가장 유용한 參考圖書의 種類 가운데에는 書誌와 案內書, 專門誌, 抄錄誌1), 索引, 편람, 辭典과 用語辭典(英語와 外

---

1) 抄錄誌는 定期刊行物記事와 기타의 文獻에 대한 要略이나 槪要을 열거하여 提供한다. 抄錄은 그 記事이 나타난 原語로 되었거나, 혹은 그것이 英語나 기타의 言語로 번역될 것이다.

國語의), 百科事典, 年鑑, 人名錄, 傳記辭典 및 一般歷史2)가 있다.

이와 같이 迅速히 變化하는 分野에 있어서 새로운 資料를 維持하기 위해서는 定期刊行物과 抄錄誌에 있는 書誌와 圖書館 카드目錄을 빈번히 調査하는 것이 중요하다고 하는 것은 지나친 强調가 아니다.

科學分野에 있어서 유용한 參考圖書

書誌와 案內書3)

Crane. Evan Jay, and others. *A Guide to the Literature of Chemistry*, 2d ed. New York, John Wiley & Sons, 1957. 文獻調査를 위한 절차와 그 分野의 文獻에 관한 最新性을 維持하는 方法을 제시한다. 收錄範圍가 광범하다.

Cumulative Book Index. New York. The H. W. Wilson, 1898-. 科學分野에 있어서 英語로 印刷된 圖書를 主題와 著者에 의해서 索引한다.

Hawkins, Reginald Robert (ed.). *Scientific, Medical and Technical Books published in the United States of America.* 2d ed. New York, R. R. Bawker, 1958. 科學과 醫藥學 및 技術科學에 있어서의 選擇書目을 說明한다.

Mellon, Melvin Guy. *Chemical Publications*. 3d ed. New York, McGraw Hill, 1958. 모든 化學出版物을 槪說하고 그들을 유용하게 이용하는 方法을 說明한다.

---

2) 이러한 種類의 參考圖書와 그들이 寄與하는 目的에 대한 論述을 위해서는 pp. 138-140을 보라.
3) 제13장의 書誌도 보라.

Parke, Nathan Grier. *Guide to the Literature of Mathematics and Physics*. 2d revised ed. New York, Dover Publications, 1958. 관계分野의 著作을 收錄한다. 각종의 參考資料의 有用性을 중점으로 다룬다. 圖書館의 利用法과 한 主題에 관한 資料의 索出法을 제시한다.

索引

The Agricultural Index. New York, The H. W. Wilson, 1916- 農業과 그 關係分野의 出版物에 대한 主題案內書이다. 定期刊行物, 팸플릿, 會報 및 報告書를 收錄한다.

Applied Science and Technology Index. New York, The H. W. Wilson 1958. -(8月을 제외하고 月刊) Industrial Art Index를 代替한 두개의 索引中의 하나이다. 航空學, 自動機械學, 物理學, 化學, 工學, 産業과 機械工學 및 關係分野에 있어서의 定期刊行物을 主題에 의해서 索引한다.
Education Index. 1929- . 科學分野에 있어서의 敎育的인 出版物을 索引한다.

Engineering Index. 1906- . New York, Engineering Index, 1934. - .(Annual.)1884年에 發足한 *Engineering Index*의 계속이며, 土木工學, 電機工學등등의 主題索引으로 區分되었다.

Industrial Arts Index. New York, The H. W. Wilson, 1913-1957.經營學, 科學 및 技術科學의 分野에 있어서의 定期刊行物에 대한 主題索引이다. 1958年1月에 두개의 獨立된 索引(*Applied Science and Technology Index*와 *Business Periodical Index*.)으로 나누어졌다.

Readers' Guide to Periodical Literature. 1900- . 非技術科學的 科學定期刊行物을 索引한다.

辭典

Besserer, C. W. and Besserer, Hazel (comps.). *Guide to the Space Age*. Englewood Cliffs, N. J., Prentice Hall, 1960. 宇宙工學分野와 그 關係 分野에 있어서의 學術用語를 定義한다. 가능한 한 非技術的인 言語를 사용하고 있다.

Chambers's Technical Dictionary. Edited by C. F. Tweney and L.E.C. Hughes. 3d ed. revised, with supplement. New York, Macmillan, 1958. 自動調整, 原子核物理學 및 電子工學에 있어서의 學術用語를 定義하고 說明한다.

DeVries, Louis(ed.). *German-English Science Dictionary*. 3d ed. New York, Mc Graw-Hill, 1959. 物理學, 化學, 生物學, 農學 및 關係科學을 專攻하는 學生들을 위한 것이다. 새로운 學術用語에 대한 Supplement 가 있다.

Gray, H. J.(ed.). *Dictionary of Physics*. Longmans, Green, 1958. 약간의 書誌와 傳記도 제공한다.

Hinsie, Leland E., and Shatzky, Jacob (ed.). *Psychiatric Dictionary*. 3d ed. (Oxford Medical Series.). New York, Oxford University Press. 1960. 精神病學分野의 學術用語의 發音, 삽도 및 引用文을 제시한다.

James, Glenn, and James, Robert C. (eds.). *Mathematics Dictionary*. 2d ed. Princeton, N. J., D. Van Nostrand, 1959. 工學과 기타의 專門分野에 서 數學을 使用하는 學生들을 위한 것이다. 學術用語를 광범하게 수록 하고 있으며, 外國語의 索引이 있다.

Spitz, Armand, and Gaynor, Frank. *A Dictionary of Astronomy and Astronautics*. New York, Philosophical Library, 1959 天文學과 宇宙工學分野의 學術的인 問題에 대한 解答을 제공한다.

Stedman's Medical. Dictionary. 19th ed. Baltimore, The Williams & Wilkins, 1957. 낱말의 由來와 發音을 表示한다. 삽도와 傳記的인 說明이 있다.

百科事典

Clark, George L. and Hawley, G. G.(eds.). *The Encyclopedia of Chemisty*. New York, Reinhold Publishing Corporation, 1957. Supple-ment. l958. 化學分野의 概觀을 說明한다. 記事에 署名되어 있다.

Clark, Randolph L. J. and Cumley, Russell W. (eds.). *The Book of Health*. New York, Elsevier Press 1953. 萬人을 위한 醫學百科事典(副書名)이다. 現在의 醫學知識全體를 나타낸다.

The McGraw-Hill Encyclopedia of Science and Technology. New York, McGraw-Hill, 1960. 15Vols. 生物科學, 物理科學, 地球科學 및 工學分野를 收錄한다. 모든 科學的인 또는 技術的인 主題에 관한 간략하고 詳細한 索引이 있고, 書誌가 수록되어 있다.

Rudaux, Lucien, and Vaucouleurs, Gerard de (eds.). *Larousse Ency-clopedia of Astronomy*. New York, Prometheus Press, 1959. 全的으로 宇宙科學에 寄與한다. 天文學의 基本的인 기초를 나타낸다.

Van Nostrand's Scientific Encyclopedia. 3d ed. Princeton, N.J.,D. Van Nostrand, 1958. 主要科學과 技術科學分野의 包括的인 參考文獻을 제

시한다.

Handbook of Chemistry and Physics; Handbooks. A Ready-Reference. Cleveland, Ohio, Chemical Rubber Publishing Company, 1914— 化學과 物理學의 資料에 관한 간편한 參考圖書(副書名)이다.

Jordon, E. L. *Hammond's Nature Atlas of America.* New York, C. S. Hammond, 1952. 科學者가 아닌 自然愛護家를 위해서 마련된 것이다. 삽도와 說明을 제공한다.

'Putnam's Nature Field Books' New York, G.P.Putnam's Sons, 1928이 叢書는 特殊한 科學의 主題에 관한 分立된 卷本을 포함한다. 이에 포함된 書名은 *Field Book of America Wild Flowers,* by F.S.Mathews; *Field Book of the Stars,* by W. T. Olcott; *and Field Book of Common Rocks and Minerals,* by F.B.Loomis.이다.

Urquhart, Leonard Church. *Civil Engineering Handbook.* 4th ed. New York, McGraw-Hill, 1959. 方法 및 data를 제공한다. 土木工學의 主要 分學을 커버한다. 原理,

年 鑑

The American Yearbook. 1929—. 科學에 있어서의 發展의 槪要를 說明한다.

U. S. Department of Agriculture. *Yearbook of Agriculture.* Washington D. C.; Government Printing Office, 1894— 各號마다 하나의 特定主題를 커버한다.

U. S. Department of Interior, Bureau of Mines. *Minerals Yearbook.*

Washington, D. C., Government Printing Office, 1933-. 國家의 鑛産物에 있어서의 成就와 發展을 論評한다. 統計的인 槪況을 수록한다.

傳記辭典類[4])

Cattell, Jaques (ed.). *American Men of Science*. 9th ed. Vol. Ⅰ; The Physical Sciences. (Living persons.) vol. *The Biological Sciences*.(Living persons.) vol. *The Social and Behavioral Sciences* (人類學에 있어서 現役人事를 수록) New York, R. R .Bowker Company, 1956.

Directory of American Scholars.

Howard, A. V.(ed.). *Chamber's Dictionary of Scientists*. New York, E.P. Dutton & Co., 1952. 收錄範圍가 광범하다. 古代부터 現在까지의 科學者를 수록하고 있다.

Leaders in American Education.

Leaders in American Science. Nashville, Tenn. Who's Who in American Education, Inc., 1953-1959. (2年刊). 科學分野의 産業, 政府 및 敎育界에 있어서의 著名한 生存人物의 生涯에 관해서 略述한다. 美國과 캐나다를 카바하고 있다.

專門學術誌

American Journal of Physics. 1933-(6月과 8月을 제외하고는 月刊)
Journal of Chemical Education. 1924. (月刊)
Mathematics Teacher. 1908- (6月과 9月을 제외하고 月刊)
Natural History. 1900-(7月과 8月을 제외하고 月刊)
Science. 1883-.(週間)
Sky and Telescope. 1941-(月刊)

---

4) 제10장 傳記辭典類도 보라.

抄錄誌

Biological Abstracts. 1926－.(月刊, 12月은 月 2回刊)

Chemical Abstracts. 1907－. (月2回刊)

Mathematical Review. 1940－.(8月을 제외하고 月刊)

第21章 藝術

藝術(Art)은, 라틴어의 *ars*에서 유래한 것인데, 그의 소유자로 하여
금 탁월한 手法으로 수행할 수 있도록 하는 어떠한 技術이나 知能이
다. 이 낱말의 意味는 (1) 아이디어와 靈感과 經驗을 아름다운, 혹은
意義 있는 形式으로 표현하는 美術(fine arts), (2) 실용적이며 예술적
인 應用藝術(useful arts), (3) 창조적이 아니라 장식하는 裝飾藝術
(decorative arts), (4) 휴식과 즐거움을 주는 娛樂藝術(recreational arts)
을 포함한다.

知識分野로서의 藝術은 어떠한 실용적인 目的을 위해서가 아니라,
그 자신을 위해서 아름답거나 상상적이거나 心琴을 울리는 것을 創
造하거나 生産하거나 나타내는 것과 관련된 藝術(技術이나 知能)이
다. 傳統的으로 藝術은 音樂, 繪畵, 彫刻, 무용, 희곡, 建築術 및 詩를
포함한다.

듀이十進分類表의 藝術類(700)에는 詩를 제외하고 위에서 나열한
모든 藝術이 포함된다. 風景畵와 都市美術, 그림과 裝飾藝術, 印刷와
印刷術, 寫眞術 및 娛樂도 역시 700類에 놓여 있다.

藝術作品 즉 繪畵, 彫刻, 樂譜, 희곡작품 등은 藝術主題分野에 있어
서 기본적인 源資料를 구성한다. 그러나 藝術作品과, 그것을 生産한
藝術家와, 여러 分野의 技術的인 用語와, 學派와 動向과 思潮에 관한
歷史的 背景과, 사용된 실제적인 技術을 理解하고 감상하는데 있어서
學生에게 도움이 되도록 마련된 많은 參考圖書가 있다. 이러한 參考

道具는 書誌, 案內書와 目錄, 定其刊行物 文獻에 대한 索引과 繪畵와 挿圖에 대한 索引, 辭典과 百科事典, 傳記辭典, 편람, 歷史 및 專門會誌1)가 포함된다.

藝術分野의 유용한 參考圖書

書誌, 案內書, 索引

The Art Index. New York, The H.W. Wilson Company, 1929 - .(季刊). 藝術雜誌와 博物館出版物을 著者와 主題에 의해서 索引하고 있다. 藝術과 應用藝術을 수록하고 있다.

Baker, Blanche M. *Theatre and Allied Arts.* New York, The H.W. Wilson Company, 1952. 6,000종 이상의 歷史的 傳記的 技術的 및 文化的 著作을 열거하고, 註解를 제시하고 있다.

Chamberlin, Mary. Guide to *Art Reference Books.* Chicago: American Library Association, 1959. 藝術의 文獻에 관해서 評價하고 있다.

Logasa, Hanna. *Index to One-Act Plays*, 1900 - 1924. Boston; F.W. Faxon Company, 1924. 4개의 追補는 1924년부터 1957년까지의 기간을 포함하고 있다.

Monro, Isabel &., and Monro, Kate M. *Index to Reproductions of American Painitings.* New York: The H.W. Wilson Company, 1948. 800권 이상의 圖書에 있는 미국의 繪畵의 복제품을 藝術家의 이름 書

---

1) 이러한 參考圖書의 종류와 이들이 이바지하는 目的에 대한 論述은 p.138-140을 보라.

名 그리고 때로는 主題에 의해서 열거하고 있다.

Monro, Isabel S. and Monro, Kate M. *Index to Reproductions of European Paintings*. New York; The H.W. Wilson Company, 1956.

Monro, Isabel S. and Monro, Kate M. *Costume Index Supplement*. New York; the H.W. Wilson Company, 1956. 1937년에 Costume Index가 出版된 이후에 나타난 347개의 圖書에 있는 挿圖와 本文을 主題에 의해서 索引하고 있다.

辭典과 百科事典
Adeline's Art Dictionary. Translated from the French and enlarged. New York; D. Appleton-Century Company. Inc., 1910. 간단하고 明確한 定義와 解說을 주고 있다. 많은 挿圖가 있다.

Apel, Willi. *Harvard Dictionary of Music*. Cambridge, Mass; Harvard University Press, 1956. 技術的인 書誌와 간단한 音樂解說에 관한 定義의 포괄적인 目錄과 記事를 제시하고 있다.

Dictionary of Modern Ballet. New York; Tudor Publishing Company 1959. Diaghilev와 Isadora Duncan에서부터 오늘날까지 현대무용에 관한 완전한 記錄을 제시하고 있다.

Encyclopedia of World Art. New York; McGraw-Hill Book Company Inc., 1959-. 15vols. (현재 진행 중) 藝術家의 傳記와 時代와 思潮 및 藝術의 領域에 관한 論文的 叙述을 수록하고 있다. 藝術의 형태, 수단, 技術 및 藝術의 개념과 問題에 관한 論述을 수록하고 있다.

Encyclopedia of Painting. Edited by Bernard S. Myers. New York; Crown Publishers. Inc., 1955. 先史時代부터 현재까지 世界의 畵家와 繪畵에 관한 실제적이며 비평적인 說明을 주고 있다. 學生과 일반대중에 대한 것이다.

Ewen, David. *Encyclopedia of Concert Music*. New York; Hill and Wang, Inc., 1959. Encyclopedia of the Opera에 대한 姉妹本으로 半古典과 大衆音樂을 포함해서 과거와 현재의 器樂의 모든 분야에 있어서 잘 알려진 作曲을 카바하고 있다.

Ewen, David. *Ewen's Musical Masterworks*, 2d ed. New York; Arco Publishing Company, 1954. 모든 音樂分野에 있어서 수많은 音樂作品에 관한 간단한 論述을 주고 作曲家에 의한 알파벳순으로 배열하고 있다. 오페라의 푸롯트에 관한 개요와 作曲家와 作品에 관한 평가를 수록하고 있다.

Feather, Leonard G. *Encyclopedia of Jazz*. New York; Horizon Press, 1955. 歷史 傳記 語彙 書誌 및 레코드에 대한 案內를 수록하고 있다.

The Focal Encyclopedia of Photography. New York; The Macmillan Company, 1956. 寫眞의 技術과 藝術 및 寫眞業에 관해서 제시하고 있다.

Grove's Dictionary of Music and Musicians. 5th ed. Edited by Eric Blom. London; Macmillan & Co., 1954. 9 vols. 定期刊行物 記事를 수록하고 있다. 書誌와 作曲家의 作品에 대한 분류배열을 하고 있다. 音樂分野의 모든 局面을 카바하고 있다.(1961년 追補)

Menke, Frank G. *The Encyclopedia of Sports*. New and revised ed. New York; A. S. Barnes and Company, 1953. 스포츠의 배경과 規則 關係者에 관한 情報를 수록하고 있다.

The Praeger Picture Encyclopedia of Art. New York; Frederick A. Praeger, Inc., 1958. 古代부터 現代까지 繪畵 彫刻 건축술 및 기타의 藝術을 개관하고 있다.

Scholes, Percy A. *The Concise Oxford Dictionary of Music*. New York; Oxford University Press, 1957. Scholes의 *Oxford Companion to Music* 의 요약版으로서 作曲家, 音樂作品, 音樂연주 및 用語에 관한 간략한 情報를 주고 있다.

Thompson, Oscar (ed.). *The International Cyclopedia of Music and Musicians*. 8th ed. Revised by Nicolas Slonimsky. New York; Dodd, Mead, & Company, Inc., 1959. 定義, 書誌, 傳記, 오페라, 프롯트의 줄거리 音樂家 이름의 發音을 제공하고 있다.

便覽

Ewen, David. (ed.). *Complete Book of the American Musical Theater*. New York; Henry Heolt and Company, Inc., 1958. 1886년 이후의 300 이상의 作品에 관해서 프롯트, 연주의 歷史, 스타, 노래 作曲家, 歌劇作詞者 및 叙情詩人을 수록하고 있다.

Ewen, David. (ed.). *Complete Book of 20th Century Music*. 2d ed. Englewood Cliffs, N. J. Prentice-Hall, 1959.

Hartnoll, Phyllis (ed.). *The Oxford Compaion to The Theatre*. 2d ed.

New York, Oxford University Press, 1957. 모든 나라에 있어서의 文學劇보다도 大衆劇을 중점으로 하고, 미국에 있어서의 演劇史를 상세히 제시하고 있다.

Reinach, Salomon. *Apollo*. New York; Charles Scribner's Sons, 1935. 全體的인 年代를 통한 藝術史에 관한 解說便覽 (副書名)

傳記辭典
American Art Annual. Washington, D. C.; American Federation of Arts, 1898−. 현행의 人名錄과 관습상의 情報를 제시하고 있다.

Ewen, David (ed.). *American Composers Today*. New York; The H. W Wilson Company, 1949.

Ewen, David (ed.). *European Composers Today*. New York; The H.W. Wilson Company, 1954.

Ewen, David (ed.). *Living Musicians*. New York; The H.W. Wilson Company, 1940.

First Supplement. 1957. 각 作曲家의 가장 중요한 作品을 열거하고, 傳記的인 情報를 주고 초상화를 수록하고 있다.

Directory of American Scholars. lst ed.

Who's Who in American Art. New York; R. R. Bowker Company, 1937−. 미국과 캐나다의 藝術家의 傳記, 公開展示의 目錄 및 地理的인 索引을 주고 있다.

專門學術誌

American Artist. 1937−(9月부터 6月까지 月刊)

Musical America. 1898−. (16號)

The Musical Quarterly. 1915−.

Journal of Health-Physical Education-Recreation. 1930−.(5月에서 8月까지는 제외하고 月刊)

School Arts. 1901−.(7月과 8月은 제외하고 月刊)

第22章 文 學

文學分野에 있어서의 參考圖書에 관한 어떠한 論述이던 文學 (Literature)이라고 하는 用語에 대한 定義와 限界가 먼저 論及되어야만 한다.

가장 넓은 意味에 있어서 文學(文獻) (literature)은 모든 보존된 著作을 포함한다. 좀 더 제한된 그러나 아직 일반적인 표시로는 이것은 미국의 文獻이나 英國의 文獻처럼 한 國家의 전체적인 著作이다. 이것은 또한 地理學文獻, 敎育學文獻, 혹은 歷史學文獻과 같이 특정한 主題에 관한 모든 著作에 주어진 이름이다.1)

특히 한 主題分野로써의 文學은 상상적이고 藝術的인 質이나 形式이나 표현이 현저한 著作類이다. 文學의 形式은 詩, 희곡, 散文小說 및 隨筆이다.

文學分野의 參考圖書는 다른 어느 主題分野보다도 수가 많다. 모든 文學形式을 다 커버하는 參考圖書가 있고, 詩 희곡 小說처럼 각 文學의 形式別로 된 參考圖書도 있다.

각 參考圖書는 특정한 目的에 이바지하도록 마련되어 있기 때문에 아래에 열거된 代表的인 圖書는 그들이 이바지하는 目的과 그들이 解答하는 問題의 종류에 따라서 그룹으로 되었다. 각 圖書의 뚜렷한 특징은 書誌的인 記入으로써 註記되었다.

---

1) 譯註: 영어에서 LiterAture는 文獻과 文學의 두 가지의 의미를 가지나 우리나라에서는 文獻과 文學으로 區分되어 표현되므로 번역된 결과에는 論理上 모순이 있음.

書誌와 案內書

文學에 있어서의 書誌와 案內書는 기타의 知識分野에 있어서와 마찬가지로 이 分野의 文獻을, 所在를 찾고 묘사하고 評價하기 위해서 마련된다. 이들은 著作을 詩, 희곡, 小說, 수필과 같이 形式에 따라서 그룹으로 하기도 하고, 모든 著作을 완전히 수록하기도 할 것이며, 다만 文學의 한부분만 열거하는 선택적인 것도 있을 것이다. 모든 書誌와 案內書가 이러한 일을 다 하는 것이 아니다.

Baker, Ernest A., and Packman, James (eds.). *A Guide to the Best Fiction, English and American*. New and enlarged ed. New York; The Macmillan Company, 1932. 열거된 各 圖書의 內容 성격 및 文體를 묘사하고 있다. 著者 書名 및 主題索引이 있다.

Bateson, F. W. (ed.). *The Cambridge Bibliography of English Literature*. New York; Cambridge University Press, 1941. 4vols. Supplement; A. D. 600 – 1900. Edited by George Watson. New York; Cambridge University Press, 1957. 文學그룹과 文學形式에 의해서 年代順으로 배열된 4권의 책이며, 追補版은 영어와 라틴어로 된 圖書의 形態를 갖춘, 그리고 1955년까지 大英帝國에 관계된 모든 著作에 관한 완전한 書誌를 제시하고 評價를 가하고 있다.

Blanck, Jacob (comp.). *Bibliography of American Literature*. New Haven; Yale University Press, 1955 – 1959. 3vols. 미국文學의 과거 150년에 한정된 선택적인 書誌이다. 作品에 관해서 敍述은 하고 있으나 評價는 하지 않고 있다.

Dickinson, Asa Don. *The World's Best Books*. New York; The H. W. Wilson Company, 1953. B.C. 1050년부터 A.D. 1950년까지의 기간 동안의 名著를 수록하고 있다.

The Fiction Catalog. New York; The H. W. Wilson Company, 1950. Supplement. 1951 – 1955; 1956 – 1958; 1960. 小說作品을 著者 書名 主題에 의해서 열거하고 있다. 註解가 있고, 특히 靑少年에게 적합한 책을 표시하고 있다.

Literary History of the United States. Edited by R. E. Spiller and others. New York, The Macmillan Company, 1948. 3vols. 제3권은 書誌이다. 文學을 著者 時代 및 文學形態에 의해서 分類하고, 묘사하고 評價하고 있다.

Literary History of the United States; Bibliography Supplement. Edited by Richard M. Ludwig. New York; The Macmillan Company, 1959.

索引

文學分野에 있어서의 索引은 定期刊行物에 있는 記事의 所在를 지시하거나, 한 全集에 들어 있는 詩나, 引用文이나, 옛날이야기나, 희곡이나, 隨筆이나 기타의 著作의 所在를 지시한다. 情報를 찾는 사람은 그가 필요한 詩나 희곡이나 수필의 書名과 著者를 항상 알지는 못하기 때문에, 이러한 項目을 主題에 의해서 所在를 찾는 手段이 역시 필요하다. 要語(key word)의 手段에 의해서 引用文을 찾는 것도 필요할 것이다. 다음의 索引들은 이러한 종류의 目錄의 일부나 전부를 제시하고 있다. 이들은 이용할 수 있는 索引가운데 代表的인 것이다.

Book Review Digest. 1905−. 각권에 열거된 圖書에 대한 主題・書名索引을 수록하고 있다.

Brewton, John E., and Brewton, Sara W.(comps.). *Index to Children's Poetry*. New York; The H. W. Wilson Company, 1942. First Supplement. 1954. 兒童과 靑少年을 위한 選集에 들어 있는 詩를 主題, 著者, 書名 및 第1行에 의해서 索引하고 있다.

Cook, Dorothy E., and Monro, Isabel W.(comps.). *Short Story Index* New York; The H. W. Wilson Company, 1953. *Short Story Index Supplement*, 1950−1954. 1956. *Short Story Index Supplement*, 1955−1958. 著者 書名 및 主題를 記入으로 하여 열거하고 있다.

Eastman, Mary Huse(comp.). *Imdex to Fairy Tales, Myths, and Legends*. 2d ed. revised and enlarged. Boston; The F. W. Faxon Company, 1926. First Supplement. 1937. Second Supplement. 1952. 書名이나 書名의 要語에 의해서, 主題에 의해서, 그리고 民族과 地理的인 범주에 의해서 索引하고 있다.

Essay and General Literature Index. 1900−1933. New York; The H. W. Wilson Company, 1934. (Supplements, 1934−1954 年2回 追補 1954)著者와 主題 그리고 필요하면 書名에 의해서 圖書나 圖書의 한 부분을 索引하고 있다.

Granger's Index to Poetry and Recitations. 3d ed. revisde and enlarged. Chicago; A.C. McClurg & Company, 1940. 標準的이고 大衆的인 詩集과 散文暗誦集을 書名 著者 및 第1行에 의해서 索引하고 있다.

Granger's Index to Poetry. 4th ed. Completely revised and enlarged. New York; Columbia University Press, 1953. *Supplement to Fouth Edition.* 1957. (제4개정판과 추보판은 散文選集을 수록하지 않고 있다.). 1955年 12月까지 출판된 詩集을 書名 第1行 및 主題에 의해서 索引하고 있다.

Ottemiller, John H.(comp.). *Index to Plays in Collections.* 3d ed. revised and enlarged. New York; Scarecrow Press, 1957. 1900년과 1956년 사이에 출판된 全集에 나타나 있는 희곡을 著者와 書名에 의해서 索引하고 있다.

Sell, Violet, and Others. (comps.). *Subject Index to Poetry for Children and Young People.* Chicago; American Library Association, 1957. 文學 形式과 동시에 主題에 의해서 索引하고 있다.

Mest, Dorothy Herbert, and Peake, Dorothy M.(comps.). *Play Index.* 1949-1952. New York; The H. W. Wilson Company, 1953. 모든 종류의 희곡을 著者 書名 主題 및 配役의 수와 종류에 의해서 커버하고 있다. 註解를 수록하고 있다.

辭典과 百科事典

文學辭典과 文學百科事典은 낱말과 語句를 밝히고, 小說 神話 傳說의 場所와, 人物과 事件에 대한 관계를 確認하며, 文學의 歷史的 地理的 社會的 經濟的 文化的 背景을 說明하고, 著者들과 그들의 著作에 관한 傳記的 비평적인 情報를 제시하며, 경우에 따라서는 發音과,

개요나 프롯트 및 書誌的 參照를 제시한다. 몇 가지의 유용한 文學辭典과 文學百科事典은 다음과 같다.

Brewer's Dictionary of Phrase and Fable. Revised and enlarged ed. New York; Harper & Brothers, 1953. 논픽션과 民間說話와 傳說에 있는 語句와 引喩을 定義하고 確認하고 說明한다. 發音을 주고 있으며, 범위가 전체적이다.

Cassell's Encyclopaedia of Literature. Edited by S. H. Steinberg. New York; Funk & Wagnalls Company, 1953. 2vols. 모든 文學形式을 카바하고 있다. 定義, 背景的資料, 프롯트에 대한 간단한 개요 및 書誌를 주고있다. 古代부터 현재까지의 著者에 관한 傳記的인 情報를 수록하고 있다.

Columbia Dictionary of Modern European Literature. Edited by Horatio Smith. New York; Columbia University Press, 1947. 20世紀와 그 직전의 유럽 대륙에 한정되어 있다. 傳記와 書誌 및 評價的인 論評을 제시하고 있다.

Newmark, Maxim(Comp.). *Dictionary of Spanish Literature*. New York; Philosophical Library. Inc., 1956. 스페인語를 가르치는 敎科書에서 발견되는 文學을 카바하고 있다. 文學을 평가하고 뚜렷이 밝히고 프롯트를 요약한다. 傳記와 背景的인 資料를 제시한다.

Richards, Robert Fulton(ed.). *Concise Dictionary of American Literature*. New York; Philosophical Library, Inc., 1955. 美國文學에 있어서 중요한 것이 무엇인가를 지적하고 評價하고 있다.

Shipley, Joseph T.(ed.). *Dictionary of World Literature*. New York; Philosophical Library. Inc., 1943. 批評과 文學形式과 技巧를 중점으로 하고 있다. 著作에 대한 개요나 傳記的인 情報는 주지 않고 있다.

Shipley, Joseph T.(ed.). *Encyclopedia of Literature*. New York; Philosophical Library, Inc., 1946. 2vols. 주요한 世界文學의 개관을 나타내고 있다.

便 覽

편람은 文學的用語, 著作, 思潮 및 文學에 영향을 주는 動向, 그리고 文學에 관계되는 事件 場所 및 人物에 관한 質問에 대한 짧고 간결한 解答을 제시한다. 아래에 열거된 *Oxford Companion* 叢書는 그 叢書에 있어서 중점으로 하는 점은 각각 다르지만 各卷을 통해서 이러한 종류의 情報를 제시하고 있다. *Oxford Companion* 바로 다음에 열거된 기타의 편람서들은 이상어 열거된 情報의 어떤 類型이나 모든 類型을 제시하고 있다.

Hart, James D.(ed.). *The Oxford Companion to American Literature*. 3d ed. New York; Oxford University Press, 1956. 美國文學에 영향을 주고 영향을 받은 미국의 精神과 미국인의 感情을 나타내고 있다.

Harvey, Sir Paul (ed.). *The Oxford Companion to English Literature*. 3d ed. New York; Oxford University Press, 1946. 英國의 著者와 文學作品 및 현재나 혹은 歷史的으로 중요한 思潮를 중점으로 하고 있다.

Harvey, Sir Paul(ed.). *The Oxford Companion to Classical Literature.* New York; Oxford University Press, 1937. 모든 文學에 있어서 발견되는 古典的인 引喩에 관한 情報를 제공하고 있다. 傳記的인 資料와 背景的인 資料를 주고 있다.

Harvey, Sir Paul, and Heseltine, Jant E.(eds.). *The Oxford Companion to French Literature.* New York; Oxford University Press, 1959. 自國語가 나타난 때부터 1939년까지의 프랑스의 文學的生活을 개관하고 있다.

Barnhart, Clarence L., and Halsey, William D.(eds.). *The New Century Handbook of English Literature.* New York; Appleton Century-Crofts, Inc. 1956. 일반대중에 대한 것으로 英國의 作家와 作品에 중점을 두고 있으며, 發音을 표시하고 있다.

Benét, William rose(ed.). *The Reader's Encyclopedia.* New York; Thomas Y. Crowell Company, 1955. 世界文學과 藝術에 대한 百科事典으로서 思潮, 動向, 引喩, 프롯트, 小說가운데의 人物, 神話, 傳說, 傳記, 현행 俗語 등을 카바하고 있다.

Johnson, Burges(com.). *New Rhyming Dictionary and Poet's Handbook.* Revised ed. New York; Harper & Brothers, 1957. 韻律이 맞는 낱말을 그룹으로 하고, 口語 俗語 術學的인 낱말에 대한 특징을 나타내고 있다.

The Reader's Companion to World Literature. New York; The Dryden Press, Inc., 1956. 著者, 作品, 文學의 類型, 用語, 神話, 時代 및 思潮를 제시하고 있다.

Thrall, William Flint, and Hibbard, Addison(eds.). *A Handbook to*

Literature. Revised and enlarged by C. Hugh Holman. New York; the Odyssey Press, Inc., 1960. 文學研究에 특유한 낱말 文句 및 思潮를 解說하고 있다. 영국과 미국의 文學史의 槪要를 수록하고 있다.

文學全集

圖書의 摘要(Book Digests)
Keller, Helen Rex. *The Reader's Digest of Books.* New and greatly enlarged. New York; The Macmillan Company, 1929. 圖書에 대한 간략한 摘要를 제시하고, 著者의 알파벳순으로 배열하였다.

Magill, Frank N. (ed.). *Masterplots.* New York; Salem Press, Inc., 1955. First series, 3vols. *Annual volume*, 1954. 각 摘要 앞에는 作品의 類型, 著者, 프롯트의 類型과 時期, 場所, 最初의 出版年度 및 主要人物을 열거하고 있다.

Magill, Frank N.(ed.). *Masterpieces of World Literature in Digest Form* Third series. New York; Harper & Brothers, 1960. First series, second series, 1956. 배열은 *Masterplots*와 비슷하다. 제3총서는 詩와 哲學的인 作品을 중점으로 하고 있다. 약간의 隨筆形式의 批評이 있고 범위는 전체적이다.

詩集
Oxford Book of American Verse. Chosen and edited by Bliss Carman. London; Oxford University, Press, 1928.

Oxford Book of American Verse. Edited by F.O. Matthiesen, New York; Oxford University Press, 1950.

Oxford Book of English Verse, 1250 – 1918. Newed. Chosen and edited by Arthur Quiller-Couch. New York; Oxford University Press, 1939.
Oxford Book of French Verse. Chosen by St. John Lucas. London: Oxford University Press, 1926.

Oxford Book of Irish Verse. Edited by Donagh McDonagh London: Oxford University Press, 1958.

Stevenson, Burton Egbert(comp.). *The Home Book of Verse, American and English*, 9th ed. New York: Henry Holt and Company, Inc. 1953.
Stevenson, Burton Egbert(comp.).
Home Book of Modern Verse. 2d ed New York; Henry Holt and Company, Inc., 1953.

引用文圖書

引用文의 圖書는 (1) 강연이나 論文의 主題에 관한 引用文과, (2) 주어진 引用文에 관한 정확한 낱말과 소스를 제시한다. 많은 引用文集이 있는데 各 引用文集은 다른 引用文集에서 빠진 어떤 引用文을 수록하고 있어서, 이들은 서로 補完한다. 하나의 引用文圖書의 유용성은 (1) 수록된 引用文의 종류, (2) 제시된 參照의 종류(著者名, 引用文을 가져온 著作, 引用文이 所在할 수 있는 全集, 그에 따른 페이지 수, 節, 行, 要語)와 (3) 각 引用文이 索引된 方法(著者 書名 主題 첫 行要語)에 달려 있다. 몇 개의 유용한 引用文集을 아래에 열거한다.

Bartlett, John(ed.). *Familiar Quotations*. 13th ed.; Completely revised. Boston: Little, Brown & Company, 1955. "친숙하거나 친숙할 만한 가치가 있는" 引用文을 나타내고 있다. 著者 主題 및 要語의 索引이 있다.

The Oxford Dictionary of Quotations. 2d ed. New York: Oxford University Press, 1953. 價值에 기초를 둔 것이 아니라 大衆性에 기초를 둔 引用文을 수록하고 있다. 要語의 索引이 있다.

Stevenson, Burton Eghert(ed.). *Home Book of Quotations*. 9th ed. New York: Dodd, Mead & Company, Inc., 1959. 미국의 政治的인 引用文, 캠페인 슬로건 대중가요에서 뽑은 文句(Catch line)를 중점으로 하고 있다. 古典과 現代文에서 選擇한 것을 수록하고 있다.

Taylor, Archer, and Whiting, Bartlett J.(comps.). *A Dictionary of American Proverbs and Proverbial Phrases*, 1820－1880. Cambridge, Mass.; The Belknap Press of Harvard University, 1958. 引用文을 年代 順으로 배열하고 書誌가 있다.

Walsh, William Shepard(ed.). *International Encyclopedia of prose and Poetical QuotAtions*. Revised ed. Philadelphia: John C. Winston Company, 1951. 수록된 引用文에 대한 완전한 用語索引(concordance)을 제시하고 있다. 현대作家와 政治家의 著作과 강연에서의 引用文을 중점을 두었다.

傳記辭典

一般百科事典, 傳記辭典, 便覽 및 文學史는 著者의 生涯와 著作에 관한 많은 情報를 제공한다. 이러한 소스에 겸해서 오로지 著者에만 기여하는 傳記辭典이 있다.

Kunitz, Stanley J., and Haycraft, Howard(eds.). *The Junior Book of Authors*. New York; The H.W. Wilson Company, 1934. 著者의 生涯와 Lewis Carroll와 Louisa M. Alcott에서부터 현재까지 靑少年讀者를 위한 도서에 대한 解說을 포함하고 있다.

Kunity, Stanley J., and Haycraft, Howard(eds.). *British Authors before 1800*. New York; The H. W. Wilson Company, 1952.

Kunitz. Stanley J., and Haycraft, Haward(eds.). *British Authors of the Nineteenth Century*. New York; The H. W. Wilson Company, 1936.

Kunitz, Stanley J., and Haycraft, Howard(eds.), *American Authors*, 1600 — 1900. New York; The H. W. Wilson Company, 1938.

Kunitz, Stanley J., and Haycraft, Howard(eds.). *Twentieth Century Authors*. New York; The H. W. Wilson Company, 1942.

Kunitz, Stanley J.(ed.). *Twentieth Century Authors: First Supplement*. New York; The H. W. Wilson Company, 1955. Kunitz와 Haycraft에 의해서 편집된 이 著者叢書에 있는 傳記的 情報는 著作의 리스트, 書誌

및 수록된 著者의 초상화를 수록하고 있다.

Hoehn, Matthew. *Catholic Authors*. Newark, N.J.; St. Mary's Abbey: 1948. 1930년부터 1947년까지의 가톨릭계의 著者에 관한 長文의 스케치를 제시하고 있다.

Magill, Frank N.(comp.). *Cyclopedia of World Authors*. New York, Harper & Brothers, 1958. 그의 著作이 *Masterpieces of World Literature in Digest Form.*에 수록된 著者에 관한 傳記的인 스케치를 수록하고 있다.

Cattell, Jacques(ed.). Directory of American Scholars. 3d ed. New York; R. R. Bowker Company, 1957. 文學과 語學에 관계있는 사람을 수록하고 있다.

歷史와 評論의 參考圖書

The Cambridge History of English Literature. London; Cambridge University Press, 1907−1927. 15vols. 英文學에 있어서의 思潮와 英國의 文學에 관한 外國文學의 영향과 書誌를 중점을 두고 있다.

The Cambridge History of American Literature New York: G. P. Putnam's Sons, 1917-1921. 4vols. 思潮와 評價와 광범한 書誌를 주고 있다.

The Oxford History of English Literature. New York: Oxford University Press, 1947−. 12vols.(진행중) 각권이나 혹은 각권의 半은 하나의 독립

적인 도서이며, 12권은 계속적이며 포괄적인 英文學을 제공해 줄 것이다. 書誌를 수록하고 있다.

Moulton, Charles Wells(ed.). *The Library of Literary Criticism of English and American Authors*. Buffalo: Moulton Publishing Company, l901-1905. 8vols. (1934년에 New York에서 Peter Smith에 의해서 再刷) 著者名의 알파벳순에 의해서 배열되었다. 미미한 作家와 탁월한 作家를 다 수록하고 있다. 수많은 作家들에 의한 資料의 편찬물이다.

Nyren, Dorothy(ed.). *A Library of Literary Criticism*. New York Frederick Ungar Publishing Co., 1960. 1900년 이후 탁월해진 미국作家를 커버하는 學術誌와 圖書에서 모은 文學評論集으로서 硏究 中에 있는 著者에 의한 도서의 選擇書目을 수록하고 있다.

專門的인 文學誌

American Literature. 1929－. (季刊)
College English 1939－. (月刊)
English Journal. 1912－. (7月과 8月을 제외하고 月刊)
Poetry. 1912.(月刊)
Saturday Review. 1924－. (週刊)

第5篇 研究論文을 위한
圖書館 利用

第23章 大學研究論文

研究(Research)라는 낱말은 調査 問議 追求를 의미하며, 이 말은 '다시 찾는다는 것'을 의미하는 프랑스의 말 *recher*에서 由來한 것이다.

진실한 研究論文은 한 主題에 대한 篤學的인 調査뿐만 아니라 역시 改訂의 目的을 위해서 그 主題가 研究論文에 의해서 밝혀진 사실에 비추어서 그에 관한 結論을 인정한 비평적이며 철저한 研究論文도 포함한다.

초보적인 研究는 학생이 參照하는 최초의 百科事典이 그가 한 問題에 해답하는데 혹은 한 研究課題를 수행하는데 요구되는 정보를 제시하는 것이 불충분해서 그가 여러 가지 소스를 參照하려고 노력할 때 비롯한다고 말 할 수 있다.

일반적으로 大學의 研究論文(學部水準에서)은 한 지정된 主題를 평가하는 것이 아니라 學生의 調査나 혹은 研究의 결과를 표현하려고 하는 敍述이다.

學部水準의 研究論文―(때로는 term paper라고도 한다)… 은 여러 가지 종류 가운데의 하나가 될 것이다.

1. 讀者에게 公知시키는 목적이나 혹은 한 期間의 進展을 표시하는 목적을 위한 사실에 관계되는 報告書가 될 경우도 있고.

2. 한 事件이나 情勢나 혹은 한 期間을 分析하는, 學理의 조사연구에 기초를 둔 報告書가 될 경우도 있으며,

3. 하나의 學位論文[1]… 즉 한 論題나 問題를 論證에 의해서 陳述하고 主張하는 논문일 경우도 있고,

4. 說服이나 薦擧의 목적을 위해서 사실에 관한 추천과 평가의 形式을 취하는 論文일 경우도 있을 것이다.

어떠한 것이든지 研究論文의 成功的인 달성은 한 主題에 관한 주의 깊은 調査研究에 달려 있다. 즉 資料를 선택하고 평가하는 能力과, 명확하고 훌륭한 證據文獻을 註記하는 能力과, 脚註와 書誌의 목적을 유지하는데 있어서는 사실에 관한 명백하고 論理的이고 秩序整然한 진전과 陳述에 달려 있다.

節 次

研究論文을 쓰는데 있어서 몇 가지 基本的인 節次는 다음과 같다.

1. 主題의 選擇; 論題를 選擇하는데는 다음과 같은 要素를 考慮한다.
   a. 主題가 당신이 그것을 讀者들에게 흥미를 가지게 할 수 있을 만큼 充分한 것인가?
   b. 論文을 쓰는데 있어 指定된 時間內에 그것을 진지하게 研究할 수 있는가?
   c. 당신의 指導敎授가 主題로 指定한 낱말수의 範圍內에서 당신이 그 主題를 알맞게 다룰 수 있는가?
   d. 論文을 쓰기 위해서 당신이 그에 관한 充分한 資料를 發見할 가능성이 있는가, 혹은 圖書나 新聞이나 雜誌에 收錄하는데 흥미를 끌기에는 너무나 새로운 것이 아닌가, 혹은 너무나 專門的인 것이 아닌가, 혹은 너무나 制限된 것이 아닌가?

2. 만약 選擇한 論題가 指定된 論文을 위해서는 너무나 廣範하거나 너무나 一般的인 것이면 그 主題를 縮少하라.

---

1) 學位論文(thesis)은 역시 일반적으로 M.A. M.S學位인 學位를 志望하는 사람에 의해서 제출된 dissertation에 주어진 名稱이다.

a. 그 主題가 어떻게 分化되었는가를 알기 위해서는 그 主題로 card目錄을 찾아서 그에 직접적으로 딸린 主題標目을 보라. 더 細分된 主題와 關係主題標目을 찾기 위해서는 각 card 밑에 列 擧된 主題目錄을 注視하라. 예를 들어서 당신의 일반적인 論題 가 '圖書'(Books) 라면 당신은 card目錄에서 다음과 같은 事項 을 發見할 것이다.

Books　　　　　　　　　　　　Books-Printing-History

Books-Advertising　　　　　　Books-Psychology

Books-Format　　　　　　　　Books-Statistics

Books-History　　　　　　　　Books, Talking

Books-Microphotographic reproductions

b. 定期刊行物索引에서 當該 主題를 發見하고 그 主題에서 細分 된 主題를 注視하라. 예를 들면;

Books　　　　　　　　　　　　Books-Conservation and

Books-Care　　　　　　　　　　　　restoration

Books-Censorship　　　　　　Books, Talking

See Censorship　　　　　　　See Phonograph records

　　　　　　　　　　　　　　　　　－Books.[2]

c. 一般百科事典에서는 當該 主題를 어떻게 細分하였는가를 보라.

d. 당신은 時期에 따라서 혹은 地理的인 位置에 따라서, 혹은 歷史 的 社會的 文化的 政治的인 重要性에 따라서 當該 論題를 縮少 할 것이다.

---

[2] *Readers' Guide to Periodical Literature.* (New York, The H. W. Wilson Company March, 1955－February, (1956). p.165.

예를 들면;

植民地下의 美國에 있어서의 印刷者와 出版.

植民地下의 美國에 있어서의 印刷者에 대한 政治的影響.

印刷術의 發明에 관한 文化的意義.

中世의 大學의 經濟的背景.

1960年代에 있어서의 圖書.

　다음의 主題目錄에 있어서 一般的인 것에서 特殊한 것으로의 進展
을 註視하라.

圖書와 圖書館에 관한 이야기

圖書와 圖書館－古代

圖書와 圖書館－古代－Assyria

圖書와 圖書館－古代－Assyria-669-626 B.C

　3. 研究하고자 하는 主題의 局面을 選定하라.

　4. 論文의 目的을 決定하라.

　　a. 公報를 위한 것인가?

　　b. 進展을 보여 주기 위한 것인가?

　　c. 한 事件이나 情勢나 時代를 分析하기 위한 것인가?

　　d. 說服과 推薦을 위한 것인가?

　5. 論文의 잠정적인 假說을 論하라. 즉 이것은 辯護하거나 糾明하
거나 展開시키려고 試圖하는 論題에 관한 論述이다. 예를 들면 ‘修道
院의 設立은 中世紀 동안에 文學을 保存하고 發展시키는데 아주 重
要한 것이었다.’ 혹은 ‘印刷術은 發明과 探險의 紀元을 促進시켰다.’

　　a. 論文을 그 論文이 包括하거나 論及하는 主題分野, 즉 地理學
　　　社會學 經濟學 歷史學 文學 政治學으로 分析하라.

　　b. 어떠한 資料源이 當該 論文을 쓰는데 必要할 information을 補
　　　給할 것인가를 決定하라.

　　(1) 基本(源)資料3)－面接, 設問, 書信, 日記, 筆寫物, 研究記錄

(memoir)

(2) 二次貿料 – 圖書, 會誌, 百科事典 및 기타의 參考圖書.

c. 當該 主題가 미치는 年代를 決定하라.

6. 資料를 위한 基礎調査를 시작하라. 앞의 여러 章에서는 한 主題에 관한 資料를 對備하는데 그의 有用性을 강조하면서 參考資料를 論及하였다. 主題標目은 card目錄과 索引과 大部分의 參考圖書에 대한 열쇠이므로 이러한 資料 가운데 어떤 것을 사용하기 전에 當該 主題가 열거됨직한 標目을 우선 決定하는 것이 필요하다.

a. 도서관에서 當該 主題나 혹은 그에 관한 적절한 局面이 論及된 圖書를 찾기 위해서 card目錄을 調査하라. 그 圖書가 다루고 있는것, 그것이 收錄하고 있는 解說的인 資料의 量과 種類, 提示된 書誌的 參照, 取扱된 論題의 數 및 가장 重點을 둔 論題등을 알기 위해서 그 card全體를 詳細히 읽어라.(列擧된 最初의 主題標目은 가장 廣範한 收錄範圍를 가지는 主題이다.) 이것은 當該 主題에 관한 資料로 引導할 것이다. 기타의 主題에 대하여 指示해 줄 主題標目을 調査하라. 예를 들면, 當該 主題가 'The Book in the 1960s'라면 당신이 資料를 發見할 標目은,

Books	Libraries-History
Books-Format	Microfilm Books
Books-History-Twentieth Century	Microcards
Books-Statistics	Paperback books
Books, Talking	Printing-History.

b. 分類番號를 알고 書庫 가운데의 당해 部門을 훑어보고 도움이 될 만한 圖書의 目次와 索引 을 調査해 보라.

---

3) 基本(源)資料는 다른 사람에 의해서 解說되지 아니한 資料이다. 二次資料는 다른 사람에 의해서 報告되었거나 分析되었거나 解說된 資料들이다.

  c. 當該 主題에 관해서 圖書와 pamphlet 및 報告書의 한 部分과 같이 card目錄에는 列擧되지 않을 資料에 무엇이 記錄되었는지를 알아보기 위해서 印刷된 書誌나 案內書를 調査하라.

  d. 一般的인 定義를 위해서는 一般的인 事典을 利用하고, 專門的인 定義나 用語를 위해서는 主題辭典을 利用하라.

  e. 一般百科事典에서 當該 論題에 관한 槪要를 發見하고, 特殊하고 專門的인 information을 위해서는 主題百科事典을 參照하라.

  f. 定期刊行物에서 最近의 資料를 發見하기 위해서, 그리고 叢書(全集)에서 選擇的인 資料를 發見하기 위해서는 一般索引과 主題索引을 引用하라.

  g. 統計的인 情報나 혹은 人物, 事件, 年月日 그리고 애매하거나 神話的인 數字 등의 暗示的인 것을 確認하기 위해서는 Handbook를 調査하라.

  h. 당신의 主題와 관련된 重要한 人物은 人名辭典에서 찾아라.

  i. 地名的인 所在와 事實은 atlas나 地名辭典의 도움으로 確認하라.

  j. 可能한 限 源資料를 利用하라.

當該 主題에 관한 廣範한 見解를 얻기 위해서, 그것을 多樣한 面에서 보기 위해서, 그에 대해서 영향을 주었거나 寄與한 要素를 發見하기 위해서, 그것과 관련된 個人이나 group이나 機關을 알기 위해서, 그에 관한 現在의 思考와 同時에 過去의 見解를 잘 알기 위해서, 그리고 當面한 分野의 用語를 理解하기 위해서, 多樣한 資料源을 使用하는 것이 긴요하다.

  7. 豫備的인 讀書를 하라.

  a. 그 主題의 敎科書나 혹은 歷史書에서 背景이나 혹은 槪觀的인 記事를 읽어라.

  b. 百科事典에서 一般的인 記事를 調査하라.

  c. 定期刊行物에서 大衆的인 記事를 읽어라.

  d. 우선 資料를 대충 훑어보라.

   e. 次後의 通讀을 위해서 간단한 參照 note를 만들고, 이러한 參
      照를 쉽게 發見하기 위해서 적절한 information을 주라.
8. 資料를 調査할 때 당신이 使用하겠다고 생각하는 資料에 관한
   잠정적인 書誌를 作成하라.
  a. 書誌를 card에 作成하라.
    1) 統一的인 size의 card를 使用하라.
    2) 各各의 書誌的參照를 위해서 個別的인 card를 使用하라.
  b. 各 參照(card)에는 基本的인 information을 주라.
    1) 著者.
    2) 書名.
    3) 出版事項.
    4) information이 發見될 수 있는 페이지
  c. 各 著作에 관한 간단한 說明的인 論述을 收錄하고 內容이나
     當該 主題를 위한 有用性을 指示하라.

[표-14] 書誌 카드 見本

```
                                          Ref
                                          912
                                          Sh4h
       Shepherd, William R.
       Historical Atlas.   8th ed.   New York:
       Barnes & Noble, Inc., 1956.

           Has map of Phoenicia, p. 6.
```

9. 論文에 관한 주요한 區分의 잠정적인 윤곽을 作成하라. 圖書 및

圖書館의 略史 第一章의 주요區分의 윤곽은 다음과 같다.

Ⅰ. 緒論.

Ⅱ. 命題(Thesis) 古代부터 現在까지의 圖書와 圖書館에 관한 이야기
는 基本的으로 筆體, 筆寫文獻의 形式 및 그들을 保存하고 利用
에 便利하도록 하는 方法에 관한 이야기다.

Ⅲ. 原始的인 交信手段.

Ⅳ. 筆寫, 圖書 및 圖書館.

　A. 古代

　　1. Sumerians, Babylonians, Assyrians

　　2. Egyptians

　　3. 기타의 Semitic人들

　　4. 中國人

　　5 .Greek人

　　6. Roma人

　B. 中世

　　1. 修道院

　　2. 大學

　　3. 活字로써의 印刷

　C. 現代

　　1. 1500～1900

　　2. 20世紀

10. 通讀을 시작하라.

11. note를 作成하라

a. 記入할 note의 種類는 다음과 같은 것이 包含된다.

　① 한 著者의 思考나 思想에 대한 당신 自身의 말로써 된 再論述.
　　당신의 釋義에 있어서 文脈에서 그것을 擇할 때, 당신이 原論
　　의 意味를 상실하지 않는 것이 중요하다.

② 句讀點을 包含해서 正確하게 複寫된 直接的 引用.

어떠한 省略이 있으면 반드시 省略符號(…)로써 表示되어야 하며, 어떠한 挿入이 있으면 挿入表〔　〕로 表示해야만 한다.

③ 한 冊이나 사람에 관한 批判的이거나 批評的인 論評.

b. note를 위해서는 card를 使用하라.

① 始終一貫 統一的인 規格의 card를 사용하라.

② 各參照를 위한 최초의 card에는 完全한 書誌的 information을 주다.

    (a) 著者의 完全名.

    (b) 完全한 書名.

    (c) 出版事項; 出版地, 出版者, 年度

    (d) page數와 卷號.

    (e) 定期刊行物記事의 年 月 日 卷號 및 page수

    (f) 新聞記事의 年 月 日 및 page수

c. 各各의 參照에 하나의 card를 사용하라. 만일 note를 完全히 하기 위해서 하나 以上의 card가 必要할 때에는 모든 card에 번호를 주고 最初의 card 다음의 모든 card에는 著者의 姓을 記入하라.

d. card의 上部에 當該 槪要를 細分할 主題標目을 위한 space를 남겨두라.

12. 論文을 格式化하다.

a. 展開하려는 基本的인 思考를 表現하는데 있어서 그것을 간명하게 論述하라.

b. 그 主題에 대한 하나의 approach로 限定하라.

c. 석연치 않은 낱말이나 文句의 사용을 피하라.

13. 主題를 더욱 制限하기 위해서 이미 作成한 note를 調査하라.

14. 論調나 文章의 形式에 있어서 豫備的인 詳細한 槪要를 作成하라. 어떠한 形式을 채택하던 당신의 槪要에 始終一貫 同一한 形式을 사용하라.

a. 槪要가 하나의 論調로 構成되고, 各 部分과 細分이 적절한 强調

를 받고, 그 槪要의 各 部分이 다른 部分과 적절한 관계에 있나
를 確認하라.4)

b. 附加的인 讀書와 note作成에 의해서 槪要에 있어서의 gap을 메꿔라.

c. 不適當한 資料는 버리라.

15. 槪要를 다시 作成하라.

16. 論文의 最初의 草案을 作成하라.

17. 필요할 때에는 footnote를 사용하라.

a. 직접적인 引用文의 소스를 주라.

b. 釋義(paraphrase)한 見解나 論述의 소스나 일반적인 知識이라고
생각될 수 없는 특수한 資料의 소스를 알려주라.

c. 당신이 사용한 統計的 情報와 그래프와 차트에 대해서 확신하게
하라.

d. 특수한 점에 관한 부가적인 讀書를 시사하라.

e. 論文의 本文에 있는 논술을 밝히거나 부연하기 위한 說明을 가하라.

f. 論文의 다른 부분에 대한 相互參照를 주라.

18. 書誌를 작성하라.

a. 당신이 論文을 쓰는데 사용한 資料의 소스를 주라.

b. 부가적인 讀書資料를 시사하라.

c. 脚註에 論及한 각 資料에 대한 標目을 수록하라.

19. 論文을 修訂하라.

20. 전체적인 論文을, 目的의 명확성, 중요한 아이디어와 區分에
대한 적절한 강조, 갭과 부적당한 자료의 제거, 사실을 표현하
거나 解釋하는데 있어서의 정확성, 낱말선택의 타당성, 文法的
構成과 形式에 관한 정확성, 記述에 있어서의 단일성과 일관
성, 文獻情報의 적절성 및 書誌形式과 脚註形式의 일관성 등에

---

4) 하나의 槪要에 있어서의 細分(目)의(혹은 한 列擧(目次)에 있어서의 項目)관계는
다음과 같은 순서로 indentation과 綴字와 數字를 사용하여 表示하라; I,A,B,l,A,b
(l),(A),(b)(i).

대해서 評價하라.

21. 論文의 최종적인 草案을 記述하라.

脚註와 書誌

脚註는 研究論文의 本文에 사용한 어떠한 종류의 情報源에 관한 정확한 所在를 提示한다. 書誌는 引用(證)한 著作들을 전체적으로 記述한다. 脚註와 書誌의 形式-즉 項目을 열거하는 순서와, 句讀點 大文字 書名에 있어서 낱말의 underline등은 한 大學이나 한 大學內의 한 學科에서 通用되는 形式便覽(Manual of style)5)에 따라 다르다.

各 學科마다 다른 形式을 취할 것이다. 一般的으로 差異點은 收錄된 項目에 있는 것이 아니라 그들이 表現되는 形式에 있다. 脚註와 書誌의 形式은 같지 않다. 그리고 圖書, 定期刊行物과 新聞記事, 百科事典記事 및 特殊資料의 項目記入(entries)이 각기 다르다.

研究論文을 쓰기 전에 學生은 반드시 脚註와 書誌를 作成하는데 必要한 形式을 알아야 하며 이러한 指定된 形式을 항상 따라야 한다.

脚註

一般的으로 脚註는 一連番號가 주어지며, page의 밑에 page를 가로 지른 짙은 線으로 本文과 區分해서 番號順으로 配置된다. 그러나 모든 脚註가 論文의 끝에 註의 項(section)에 配置되기도 한다.

---

5) Kate L. Turabian. *A Manual for Writers of Term papers, Theses, an Dissertations.* (Chicago, University of Chicago Press, 1955)와 William Giles Campbell, *Form and Style in Thesis Writing* (Boston, Houghton Mifflin Company, 1954) 두개의 形式便覽이 있다.

脚註의 參照索引으로서 Arabia數字가 사용된다. 그러나 별표와 기타의 記號가 사용되기도 한다. 어떠한 參照記號가 사용되든 그것이 參照하는 推移에 따라야만 하고, 그 行 바로 위에 그 記號 다음에(만약에 句讀點이 있으면 句讀點 앞에)配置되어야 한다.

脚註參照의 最初의 引證(citation)은 論理的인 順序로 완전한 information을 提示해야만 한다.

1. 著者의 姓名(一般的으로 倒置되지 않는다)

2. 出版物의 書名.

3. 出版事項; 場所, 出版者, 및 年度.

4. 卷號와 page數.

5. 定期刊行物의 年月日.

다음에 열거된 것은 脚註를 作成하는데 사용되는 한 形式 가운데의 例이다.

1) Charles H. Haskins, *The Rise of Universities* (Ithaca, N.Y.; Great Seal Books, 1957) p.10.

2) William C. Hayers, "Daily life in Ancient Egypt," *The National Geographic Magazine*, LXX (October, 1941) 419－515.

3) "Phoenicia," *The Encyclopedia Americana*, XXI (1958). 786-788.

4) Arthur Haseloff, "Illuminated Manuscripts" *Encyclopaedia Britannica*, 14th ed. XII, 95－100.

一般的으로(한 論文에서) 脚註가 한번 주어진 다음에는(동일한 文獻에 대하여)完全한 參照의 形式이 반복되지 않는다. 다음과 같이 略式이 사용된다.

1. 同一한 著作에 대한 參照가, 그 사이에 어느 다른 參照없이, 각기 連續사용될 때는 ibid.라는 略字를 사용한다. *ibid.*는 Latin語인 *ibidem*에서 由來한 것으로 同一한 場所를 의미한다.

1) Louis B. Wright, *The Cultural Life of the American Colonies*, 1607－1763 (New York; Harper & Brothers, 1957). p.70.

2) Ibid. (Ibid.는 完全參照의 자리에 사용되며, 그 資料源이 꼭 같다
   는 것을 表示한다.)
3) Ibid., p.87(이 경우에 Ibid는 page數 이외의 모든 것을 代身한다.)
   2. 同一한 著者에 의한 하나 以上의 參照가 있지 않는 限, 하나의
參照가 完全히 提示된 다음에는 書名의 자리에 略字가 사용된다. 이
省略形式은 著者의 姓과 *op. cit*라는 略字를 쓴다. *op. cit*는 *Opere
Citato*에서 온 것으로 이미 引用된 著作을 의미한다.

1) Charles H, Haskins, *The Rise of Universities* (Ithaca, N.Y.; Great
   Seal Books, 1957). p.10.
2) James W. Thompson, *The Medieval Library*(New York; Hafner
   Publishing Company, 1957). p.49.
3) Haskins, *op. cit.*, p.40.

書 誌6)

　書誌를 作成하는데 唯一한 正確한 形式은 없다. 그러나 이에 따르
는 어떠한 形式을 固守해야 할 몇 가지 原則이 있다.
　1. 모든 書誌的項目은 그 研究論文의 目的에 一致해야만 한다.
　2. 모든 項目은 正確하고 明白하게 그리고 論理的으로 表示되어야
　　 한다.
　3. 주어진 論文을 위해서 指定된 書誌的形式은 모든 項目에 있어서
　　 一律的으로 따라야 한다.
하나의 書誌的(項目)記入에는 다음과 같은 項目이 包含된다.
　1. 著者의 姓名.
　2. 標題紙에 나타난 書名.

---

6) 書誌에 관한 論述을 위해서는 第13章을 보라.

3. 版次(그것이 初版이 아닌 경우).

4. 項目이 帙名으로 사용된 경우 帙의 卷號.

5. 出版地, 出版社名, 出版年度

6. 圖書의 페이지 수 및 價格(만약 이 項目을 指導教授가 要求하는 경우).

書誌的項目은 種類(圖書, 新聞, 定期刊行物)에 따라서 혹은 研究論文의 主要區分에 따라서 group으로 區分된다. 項目은 그 group內에서는 Alphabet順으로 배열된다.

書誌作成을 위한 形式 가운데 몇 가지 예는 다음과 같다.

圖 書

單一著者

Haskins, Charles H. *The Rise of Universities*. Ithaca, N.Y.; Great Seal Books, 1957.

2人著者

Arnett, L. D., and Arnett, Esther T. *Readings in Library Methods*. New York, G.E. Stechert & Company, 1931.

여러著者

Dutcher, George Matthew, et al. [or Dutcher, George Matthew, and Others]. *Guide to Historical Literature*. New York, The Macmillan Company, 1931.

機關이나 學術團體로서의 著者.

American Council on Education. *American Universities and Colleges.* 8th ed. Washington, D.C., American Council on Education, 1960.

U.S. Bureau of the Census. *Statistical Abstract of the United States.* Washington, D.C. Government Printing Office, 1960.

한 著作者의 著書의 한 版本

Kenyon, Frederic George. *Books and Readers in Ancient Greece and Rome.* 2d ed. New York, Oxford University Press, 1951.

딴 사람에 의해서 編輯된 한 著者의 著書

Chiera, Edward. *They Wrote on Clay: the Babylonian Tablets Speak Today.* Edited by George G. Cameron. Chicago, University of Chicago Press, 1938.

飜 譯 書

Herodotus. *The History of Herodotus.* Translated by George Rawlinson. New York, Tudor Publishing Company, 1951.

하나의 編集된 全集

Walsh, William Shepard (ed.) *International Encyclopedia of Prose and Poetical Quotations.* Revised ed. Philadelphia, John C. Winston Company, 1951.

叢書가운데의 한卷

Mellon, Melvin Guy. *Chemical Publications.* 2d ed. (International

Chemical Series.) New York, McGraw-Hill Book Company, Inc., 1958.

記 事

百科事典－署名과 無署名.

Haseloff, Arthur. "Illuminated Manuscripts," *Encyclopaedia Britannica*, 14th ed., XII, 95－100.

"Phoenicia" *The Encyclopedia Americana*, XXI (1958), 786－788.

定期刊行物

Hayes, William C. "Daily Life in Ancient Egypt" *The National Geographic Magazine*, LXXX (October, 1941), 419～515.

全集에 들어 있는 論說

Wsller, Robert. "Msss Medis," *Arts, Artists, and Thinkers*, ed. John Murrsy Todd. New York, Longmsns, Green & Co., Inc., 1958.

新聞

Jonss, Jack. "A Visit to a Land of Many Facets," *The Sunday Star* (Washington, D.D.) March 5, 1961, sec. F. p.1.

非出版資料

Arkansas Library Commission. "Statistics for County and Regional Libraries." Little Rock, Arkansas Library Commission, 1941. (Typewritten.).

一般的으로 사용되는 略字表

一般的으로 사용되는 略字

anon. Anonymous 匿名의

bibl. Bibliography 書誌

c., ca. About (*circa*) 約

cf. Compare 對比

comp. Compiler, Compiled 編纂者, 編纂

ed. Edition, editor, edited. 版, 編者, 編

e.g. For example (*exempli gratia*) 예를 들면

enl. Enlarged 增補

et al. And others 기타

fig. Figure 圖形

ff. Following 다음의

fl., flor. Flourished (*floruit*)융성

front. Frontispiece 卷頭畵

ibid. In the same place (*ibidem*) 같은 곳의(上揭의) (위에서 提示한 文獻
   의 어느 다른 부분을 계속해서 다시 밝힐 때)

i.e. That is (id est) 즉, 다시 말하면

illus. Illustrations, illustrator, illustrated. 挿圖

imprint 目錄카드나 書誌項目에 있어서의 出版地 出版社 出版年度(出版
   事項)

infra. Below (*infra*) 후에 논급된, 아래쪽에

loc. cit. In the place cited(loco citato) 같은 引用文에 (위에서 引用한 文獻
   의 같은 章·節이나 같은 페이지를 계속해서 다시 引用하는 경우)

ms.(mss.) Manuscript (manuscripts)筆寫本

n.d. No date of publication in imprint 出版事項에 出版年度無

op. cit. In the work cited (*opere citato*)위에서 引用한 같은 著書에 (위
에서 引用한 동일한 文獻을 다시 引用하는데 있어서 계속이 아니고
그 앞에 다른 文獻을 하나 이상 提示하고 引用하는 경우)

pam. pamphlet 팸플릿

passim. Throughout; here and there. 여기저기 여러 군데에

pl. plate, plates. 版畵 圖版

p., pp. page, pages. 페이지

Pseud. Pseudonym. 假名 雅號

q.v. Which See (*quod vide*) 參照

sb. Substantive 실질적인

sup., supp., suppl, Supplement. 追補 補遺

supra. Above (previously mentioned) (supra) 이미 論及한

tr., trans. Translated, translator. 飜譯, 譯者

viz. To wit, namely (*videlicet*) 즉, 다시 말하면

vl. Volume 卷, 冊

選定된 一般辭典에 대한 比較分析

Funk & Wagnalls New Standard.

범위: 英語에 있어서의 모든 活用되는 낱말. 英語를 사용하는 國民의 수 많은 사람이 사용하는 사투리(方言)

收錄語彙: 표준말 技術用語 科學用語 方言의 낱말, 傳記的 地理的 神話 的 聖經에서 나오는 人名.

낱말의 解說: 綴字法, 發音, 品詞, 語形變化, 語源, 反年代順의 定義, 同 意語, 反意語, 由來.

특징: 삽도 신문과 정기간행물에서의 解說的인 引用文, 附錄, 外國의 낱 말, 異義 있는 綴字, 간략綴字法, 人口統計.

Oxford English Dictionary

범위: 英語에 있어서 현재 사용하고 있는 또는 1150년 이후에 사용된 모든 낱말.

수록어휘: 표준말, 退化된 낱말, 口語의 낱말 英語式의 技術用語, 1500년 이전의 方言.

낱말解說: 綴字, 發音, 品詞, 語形變化, 어원, 用法, 歷史的인 순서의 정 의, 동의어, 由來.

특징: 각 낱말이 영어에 들어온 年代와 각 用例의 解說的인 引用.

Webster's New International Dictionary (2d ed.)

범위: 약 1500년부터 비롯한 현대 영어의 모든 文學的인 어휘와 대부분 의 技術的 科學的인 어휘.

수록어휘: 표준말, 技術用語, 科學用語, 퇴화된 말, 俗語, 方言, 외국의

낱말, 格言, 고유명사, 小說에 나오는 人名.

낱말解說: 철자, 발음, 품사, 어형변화 語源, 歷史的인 순서의 정의, 동의
어 解說, 반의어, 由來.

특징: 삽도, 文學으로부터의 해설적인 引用文, 페이지의 區分, "新語"섹숀,

附錄: 약자, 記號, 상징표, 發音記號준 地名辭典, 傳記.

American College Dictionary

범위: 대부분 빈번히 사용되는 낱말과 과학용어와 기술용어.

수록어휘: 표준말, 기술용어, 과학용어 퇴화된 말, 외국의 낱말, 고유명
사, 略字.

낱말解說: 철자, 발음, 품사, 어형변화, 語源, 서로 다른 綴字, 反年代順
의 정의, 동의어, 반의 어, 由來.

특징: 用語案內, 記號와 상징표, 人名.

Webster's Collegiate

범위: 大學生과 일반 독자의 요구에 부응하는 선정된 어휘.

수록어휘: 표준말, 技術用語, 과학용어, 制限選擇된 俗語, 方言, 퇴화된
말, 외국의 낱말, 고유명사.

낱말解說: 철자, 발음, 품사, 어형변화, 어원, 歷史的인 순서의 정의, 동
의어 解說, 반의어, 由來.

특징: 附錄, 약어, 記號와 상징표, 地名辭典, 韻律, 바른 철자법, 傳記, 句
讀點, 大學과 綜合大學校의 리스트.

選定된 一般百科辭典의 比較分析

Americana

水準: 敎養있는 成人.

特殊補助: 記事 다음의 書誌, 相互參照, 論題의 索引, 本文의 地圖, 發音, 署名된 記事

重點: 科學, 技術, 文學的 藝術的著作의 評價, 歷史的인 文書의 本文, 미국의 小都市와 都市 및 州에 관한 정보, 各世紀의 歷史.

Britannica

水準: 敎養있는 成人

特殊補助: 記事 다음의 書誌, 相互參照, 상세하고 포괄적인 索引, 地圖 (地圖帖으로 된), 署名된 記事.

重點: 科學, 응용과학, 의학, 20世紀以前의 藝術, "깊이 있는 主題의 카바".Collier's

水準: 初級大學, 高等學校, 一般大衆

特殊補助: 書誌(末卷에 記事에 따른 것이 아니라 主題에 따른), 相互參照, 索引, 本文에 地圖, 發音, 署名된 記事.

重點: 모든 현대적인 主題, 다중적인 文體.

Compton's

水準: 高等學校, 上級國民學校.

特殊補助: 記事 다음에 書誌, 相互參照, 各卷에 실제索引, 本文에 地圖와 기타의 視覺資料, 發音, 寄稿者의 리스트.

重點: 광범한 主題의 記事, 많은 記事로 된 研究槪要, 실제索引(fact-index)
　　讀書 容易性, 圖解資料.

World Book

水準: 高等學校, 아동, 家庭.

特殊補助: 記事 다음 약간의 註解가 있는 초보적인 書誌. 상호참조, 本文
　　에 地圖와 기타의 視覺資料, 署名된 記事.

重點: 讀書容易性(아동과 초등학교 수준을 위해서 쓰여졌다) 讀書와 研
　　究案內, 삽도, 질서정연, 간단한 文體, 研究槪要.

Columbia

水準: 官公署 家庭 일반대중

特殊補助: 記事 다음에 간단한 書誌, 상호참조, 發音.

重點: 간결, 미국의 都市, 알기 어려운 사람의 이름, 地名.

選定된 一般索引의 特徵

Bbliographic Index, 1938−. 月 2回刊
索引方法: 主題
索引범위: 書誌만; 도서와 팜플릿으로 발행된 것, 도서와 팸플릿과 정기
　　간행물記事에 나타나는 것, 약간의 外國의 정기간행물도 포함.
特殊補助: 索引된 정기간행물의 리스트, 상호참조, 見本項目에 관한 解
　　說, 略字에 대한 풀이.

Eography Index, 1946−. 季刊
索引方法: 主題
索引범위: 傳記만; Wilson indexes에 索引된 정기간행물에 수록된 것, 英
　　語로 된 개인과 集合傳記에 관한 현행圖書에 수록된 것, 정기간행
　　물과 New York Times에 수록된 중요한 사람의 死亡者略歷.
特殊補助: 索引된 정기간행물의 리스트, 상호참조, 略字에 대한 풀이, 專
　　門別에 의한 索引, 標本項目의 解說.

Book Review Digest, 1905−. 月刊
索引方法: 書評된 도서의 著者, 主題, 書名.
索引범위: 약 70개의 英國과 미국의 정기간행물에 수록된 書評만.
特殊補助: 索引된 정기간행물의 리스트, 項目에 대한 解說, 書評의 기리,
　　累加5年 索引.

Catholic Periodical Index. 1930. 季刊
索引方法: 著者, 主題.

索引범위: 選定된 가톨릭계의 정기간행물에 대한 완전한 索引, 어디에서
나 가톨릭의 관점에서 쓰여진 많은 記事를 註記.
특수보조: 索引된 정기간행물의 리스트 略字풀이, 項目의 解說.

Essay and General Literature Index, 1900－. 年 2回刊.
索引方法: 著者, 主題, 특징적인 書名.
索引범위: 隨筆集과 雜多한 著作集에 수록된 隨筆과 記事, 傳記, 評論,
　　　書評.
特殊補助: 索引된 圖書의 리스트, 利用指示, 略字풀이.

Reader's Guide to Periodical Literature, 1900－. 月 2回刊.
索引方法: 著者, 主題, 필요시는 書名.
索引범위: 약 100종의 一般定期刊行物과 非技術的인 정기간행물에 수록
　　　되는 記事, 詩, 희곡, 小說, 필름.
特殊補助: 索引된 정기간행물의 리스트, 상호참조, 項目의 解說, 略字풀이.

New York Times Index, 1913－. 月 2回刊.
索引方法: 主題.
索引범위: New York Times에 수록된 記事, 書評, 수필, 詩, 傳記.
特殊補助: 상호참조, 약간의 記事에 대한 줄거리.

選定된 主題索引의 特徵

Agricultural Index, 1916− . 月刊.

索引方法: 主題

索引範圍: 農業과 그의 응용분야에 있어서의 115개 이상의 정기간행물, 農業분야의 도서, 會報, 팸플릿, 報告書, USDA와 州의 實驗所의 報告書, 書評.

特殊補助: 索引된 정기간행둘의 리스트, 略字풀이, 項目의 解說, 상호참조, 新刊書 리스트.

Applied Science and Technology Index, 1958− . 月刊.

索引方法: 主題

索引範圍: 순수과학, 응용과학, 및 관계분야의 약 200종의 정기간행물.

特殊補助: 索引된 정기간행물의 리스트, 略字풀이, 상호참조.

Art Index. 1929− . 季刊.

索引方法: 主題, 著者.

索引範圍: 미국과 외국의 藝術과 응용예술분야의 100종 이상의 정기간행물, 博物館會誌와 年報, 書評과 展示에 대한 公告文을 커버한다. 圖解, 繪畵의 複寫物.

特殊補助: 索引된 정기간행물의 리스트, 略字풀이, 項目의 解說, 상호참조.

Business Periodicals Index, 1958− . 月刊.

索引方法: 主題

索引範圍: 事業(Business)과 商業 및 관계분야의 정기간행물에 대한 索引.

特殊補助: 索引된 정기간행물의 리스트, 略字풀이, 項目의 解說, 상호참조.

Education Index, 1929-. 月刊.

索引方法: 著者, 主題

索引범위: 미국과 영국의 教育分野의 120종 이상의 정기간행물, 연감,
　　　팸플릿, 도서, 學術協會의, 會報, 도서의, 부분, 書評.

特殊補助: 索引된 정기간행물의 리스트, 略字풀이, 項目의 解說, 專門的
　　　인 出版物과 政府刊行物의 分類된 체크리스트.

International Index, 1907-. 季刊.

索引方法: 著者, 主題.

索引범위: 社會科學과 人文科學에 있어서의 약 170종의 더욱 學術的인
　　　會誌(몇몇 외국의 것 포함).

特殊補助: 索引된 정기간행물의 리스트, 略字풀이, 項目의 解說, 상호참조.

選定된 傳記辭典의 特徵

Current Biography,
수록범위: 세계적 신문에 실리는 生存人物.
　　제시된 정보의 종류: 長文의 記事로서, 개인의 데이터, 다른 소스로
　　부터의 評價的인 論評, 出版物, 人物寫眞.
特殊補助: 특이한 人名의 발음, 書誌, 專門別索引.

Cyclopedia of Names
수록범위: 세계적. 生存者와 死亡者.
제시된 정보의 종류: 간단한 개인의 데이터.
特殊補助: 발음,

Dictionary of American Biography.
수록범위: 미국, 미국인의 生活에 어떠한 중요한 공헌을 한 죽은 사람.
제시된 정보의 종류: 學術的인 권위 있는 記事 개인의 데이터, 배경적인
　　資料, 評價的인 論評, 書誌.
特殊補助: 索引別卷, 署名된 記事.

Dictionary of National Biography
수록범위: 英國, 어떠한 活動方面에 있어서 어떤 뚜렷한 것을 달성한 죽
　　은 사람.
제시된 정보의 종류: 長文의 學究的인 客觀性있는 記事, 개인의 데이터,
　　배경적인 資料, 評價的인 論評.

特殊補助: 索引, 書誌, 署名된 記事.

International Who's Who
수록범위: 세계적. 모든 분야에 있어서 국제적으로 뚜렷한 生存人物.
　　제시된 정보의 종류: 간단한 記事, 개인의 데이터, 地位, 出版物.
特殊補助: 被傳者의 住所.

National Cyclopaedia of American Biography.
수록범위: 미국. 歷史上에 공헌한 生存한 사람과 죽은 사람.
제시된 정보의 종류: 長文의 記事로서, 개인의 데이터, 背景, 약간의 圖解.
特殊補助: 索引

Webster's Biographical Dictionary
수록범위: 세계적. 유명한 살아있는 사람과 죽은 사람.
제시된 정보의 종류: 간약한 개인의 데이터.
特殊補助: 發音

Who's Who
수록범위: 英國. 탁월한 살아있는 사람.
제시된 정보의 종류: 간단한 개인의 데이터, 地位, 敎育水準, 出版物.

Who's Who in America
수록범위: 미국. 모든 系列에 있어서 유용하고 훌륭한 成功을 한 살아있
　　는 사람.
제시된 정보의 종류: 간단한 개인의 데이터, 地位, 敎育水準, 出版物.
特殊補助: 발음; 제22권부터 시작.

World Biography
수록범위: 세계적. 어느 분야이든 중요한 살아있는 사람.
제시된 정보의 종류: 상세한 개인의 제22권부터의 데이터, 專門分野는
　　나타냈으나 出版物은 없다.

選定된 主題分野의 傳記辭典의 特徵

American man of Science
수록범위: 미국. 살아있는 사람
제시된 정보: 간단한 개인의 데이터, (科學分野)의 會員표시, 出版物, 科學的인 취미.
分野: 순수과학과 응용과학의 科學者; 제9개정판 3권, 社會科學, 心理學, 地理學者도 수록.

Catholic Authors
수록범위: 세계적·살아있는 사람과 죽은 사람.
제시된 정보: 개인의 데이터, 著作의 리스트.
分野: 가톨릭의 專門的인 著述家.

Cyclopedia of World Authors
수록범위: 세계적. 살아있는 사람과 죽은 사람.
제시된 정보: 批評的이며 傳記的인 데이터, 出版物, 書誌的인 參照.
分野: Masterpieces of World Literature와 Masterplots에 수록된 著者.

Dictionary of Scientists
수록범위: 세계적. 살아있는 사람과 죽은 사람.
제시된 정보: 간단한 개인의 데이터, 주요한 業績, 出版物.
分野: 科學史.

Directory of American Scholars

수록범위: 세계적. 살아있는 사람.

제시된 정보: 간단한 개인의 데이터, 地位, 出版物, 學術會員.

分野: 人文科學과 社會科學分野의 學者, 高等教育에 있어서의 行政家와 教授.

Encyclopaedia of Literature

수록범위: 세계적. 살아있는 사람과 죽은 사람.

제시된 정보: 개인의 데이터, 評價的인 論評, 出版物, 비평적이며 傳記的 인 資料에 대한 書誌的인 參照.

分野: 文學分野의 專門的인 著作家.

Grove's Dictionary of Music and Musicians

수록범위: 세계적. 살아있는 사람과 죽은 사람.

제시된 정보: 長文의 記事, 개인적인 데이터, 出版物이나 作曲集. 評價的 인 論評

分野: 音樂家, 作曲家, 藝術家

Junior Book of Authors

수록범위: 세계적. 살아있는 사람과 죽은 사람.

제시된 정보: 長文의 記事; 개인의 데이터, 評價的인 論評, 出版物.

分野: 兒童圖書의 著作者와 挿圖者.

Psycholo gical Register, vols, 2,3.

수록범위: 세계적. 살아있는 사람.

제시된 정보: 간단한 개인의 데이터, 出版物, 書誌.

分野: 心理學者.

Twentieth Century Authors

수록범위: 세계적. 살아있는 사람과 죽은 사람.

제시된 정보: 長文의 記事; 개인의 데이터, 評價的인 論評, 著者에 관한

　　　그리고 著者에 의한 著作의 리스트, 人物寫眞.
分野: 文學分野의 專門的인 著作家.

Who's Who in American Education

수록범위: 미국. 살아있는 사람

제시된 정보: 간단한 개인의 데이터, 地位, 學術的인 會員, 出版物.

分野: 모든 分野의 敎育者.

Who's Who in Art

수록범위: 세계적. 살아있는 사람.

제시된 정보: 간단한 개인의 데이터.

分野: 藝術家, 敎師, 디자이너, 評論家, 著作家, 蒐集家.

찾아보기

【국 문】

【영 문】

* 본 도서는 1971년에 출간 된 쳥랑 정필모 박사의 도서관 및 문헌이용법을 한국학술
정보(주)에서 새롭게 펴낸 것임.

● 저자 ●

정필모(鄭駜謨)   중앙대학교 영어영문학과 졸업
중앙대학교 대학원 문학석사
연세대학교 대학원 도서관학석사, 문학박사
중앙대학교 문헌정보학과 교수, 중앙도서관장, 인문과학연구소장
중앙대학교 문리과대학장, 부총장
(현) 중앙대학교 명예교수

주요 저서
文獻分類法, 文獻分類論, 國際百進分類法硏究, 目錄組織論,
目錄組織論(개정판), 高麗佛典目錄硏究, 文獻情報學原論,
文獻情報學原論(개정판), 文獻情報學原論(제3개정판),
文獻情報學原論(제4개정판), 圖書館 및 文獻利用法,
一般參考文獻槪說, 學術情報媒體의 標準化指針,
學術論文作成指針, 韓國文獻記號俵
동의보감에 나타난 암치료 처방전, 국제백진분류법

晴朗 鄭駜謨 博士著作全集 12

圖書館 및 文獻利用法

● 초판인쇄 │ 2004년 7월 10일
● 초판발행 │ 2004년 7월 15일
● 지 은 이 │ 진케이 게이즈
● 옮 긴 이 │ 정필모
● 펴 낸 이 │ 채종준
● 펴 낸 곳 │ 한국학술정보(주)
경기도 파주시 교하읍 문발리 파주출판정보산업단지538-2
전화 031) 908-3181(대표) · 팩스 031) 908-3189
홈페이지 http://www.kstudy.com
e-mail (e-Book 사업구) ebook@ kstudy.com
● 등 록 │ 제일산-115호(2000.6.19)
● 가 격 │
27,000원

ISBN   89-534-1846-1 94020   (Paper book)
89-534-1847-X 98020   (ebook)
89-534-1824-0 94020   (Paper set)
89-534-1825-9 98020   (ebook set)